V&R

SUSANNE HEINE

Wiederbelebung der Göttinnen?

Zur systematischen Kritik einer feministischen Theologie

VANDENHOECK & RUPRECHT
IN GÖTTINGEN

Susanne Heine, geboren 1942 in Prag, studierte evangelische Theologie und Philosophie in Wien und Bonn. Ordination zum geistlichen Amt 1968, Promotion zum Doktor der Theologie 1973 im Fach Neues Testament. 1978 Habilitation im Fach Religionspädagogik. Seit 1982 Professor für Religionspädagogik, Vorstand des neu gegründeten Instituts für Religionspädagogik in Wien.

CIP-Kurztitelaufnahme der Deutschen Bibliothek

Heine, Susanne:
Wiederbelebung der Göttinnen? : Zur systemat.
Kritik e. feminist. Theologie / Susanne Heine. –
Göttingen : Vandenhoeck und Ruprecht, 1987.
ISBN 3-525-60623-0

Das Motiv der ersten Umschlagseite ist die
Hellespontische Sibylle von Neroccio di
Bartolommeo Landi aus dem Jahre 1483 im Dom von Siena

Gesetzt aus Baskerville auf Linotron 202 System 3
Satz und Druck: Gulde-Druck GmbH, Tübingen
Bindearbeit: Hubert & Co., Göttingen

Inhalt

Einleitung

Wider die Kopflosigkeit des Herzens

1. Allenthalben wird das Ende der Frauenbewegung(en) und des Feminismus beschworen. Daß ihnen keine Zukunft beschieden wäre, haben Männer immer schon wissen wollen. Als in den sechziger Jahren in den reformatorischen Kirchen das Ringen um gleiche Rechte für Theologinnen begann, tröstete sich die kirchliche Obrigkeit: Wenn „sie" erst einmal heiraten und Kinder bekommen, würden die „Flausen" schon vergehen. Nun, in diesem Fall hat die Obrigkeit nicht Recht behalten; das Argument jedoch ist nach wie vor aktuell: Ehe und Kinder als Mittel der Disziplinierung. Es wäre unaufrichtig, zu leugnen, daß schon so manche feministische Existenz im Hafen der Ehe Schiffbruch erlitten hat[1].

Die Ziele waren weit gespannt, weit wie eben auch das „Schlachtfeld" des Geschlechterkrieges. Es gab und gibt viel zu tun: Physische Gewalt gegen Frauen, Hinderung der individuellen Lebensentfaltung durch Rollenklischees, Verweigerung des „Rechts auf Lust", rechtliche Benachteiligung durch Privatisierung der Familie, Verweigerung öffentlicher und höherer Berufsfelder, weniger Lohn für gleiche Arbeit und eine Fülle von Vorurteilen wie die Unfähigkeit zu klarem Denken und ethischem Handeln. Vieles ist auch erreicht worden, von Bewußtseinsveränderung bis hin zur Veränderung der wirklichen Verhältnisse. Das „Ganze" steht gleichwohl aus. Wäre es – Hand aufs Herz – zu erreichen gewesen? Hat es in der Geschichte dieses Menschengeschlechts jemals das „Ganze", „Vollkommene" als Wirkliches gegeben? Das „Ganze", so behaupte ich zunächst einmal schlicht, steht immer in der Zerreißprobe zwischen Streben nach Verwirklichung und eschatologischer Hoffnung, bedroht von einem „faschistischen" Heilsmythos, der unter vielen Verkleidungen unausrottbar scheint (das 3. und 4. Kapitel dieses Bandes werden darauf zurückkommen)[2]. Damit, daß nicht alles erreicht wurde, sind Frauen keineswegs am Ende. Wohl aber beendet die Resignation mit leichter Hand vollkommenheitschwangere Ideale, wenn diese die Wirklichkeit nicht zur Kenntnis nehmen.

Schwesterliche Solidarität war das Schlagwort des Anfangs, vorgestellt als weltumfassende Gemeinschaft aller Frauen. Man hätte aus der Geschichte analoger Versuche – von der Kommunistischen Internationale bis zur römischen Una Sancta – lernen können, daß solches zu hoch gegriffen war. Solidarität ist nicht Uniformität. Die Schwestern gerieten ins Streiten, Feminismus wie auch feministische Theologie haben längst divergierende Positionen entwickelt. Sind sie deswegen gescheitert? Ich behaupte: Das war der einzig mögliche Weg, einen starren Dogmatismus zu vermeiden, die Vergatterung auf eine bestimmte Linie, die blind macht für die konkrete Situation, das Erfordernis des Augenblicks. Auch das also ist kein überzeugendes Indiz für das beschworene Ende.

Selbstkritik in den eigenen Reihen brach auf. „Haben wir irgendwo etwas übersehen? Haben wir Differenzierungen unterschlagen, Ambivalenzen verschwiegen? Doppeldeutigkeiten überhört? Warum bekamen wir Beifall von der falschen Seite, überraschte uns die Zustimmung des Feindes?“[3] Es wurde zunehmend langweilig, als Frau über Frau nachzudenken, oder, wie die Kunsthistorikerin Alexandra Petzold humorvoll-aggressiv meinte: „Ich habe die Nase gestrichen voll, immer nur über die Opferhaftigkeit meines Frauseins zu reflektieren!“[4] In der Tat, die Debatte wird zunehmend sachlicher, weniger ideologisch, humorvoller, methodenkritischer geführt. Selbstkritische Betrachtungen und Kurskorrekturen sind kein Verrat an der Sache oder an den Schwestern. Selbstkritik und distanzierte Gegenproben zu eigenen Thesen gelten aus guten Gründen als wissenschaftliche Tugend, weil sie die Argumente zuspitzen und wirksamer machen. Die Preisgabe des „zärtlichen Denkens“ (Hegel), das von Widersprüchen in der Sache nicht behelligt werden will, scheint mir ein hoffnungsvoller Fortschritt. Und warum soll nicht heftig gestritten werden, wenn es die Erkenntnis fördert? Vom Ende des Feminismus kann nicht die Rede sein, im Gegenteil, die Front wird breiter, die Argumente differenzieren sich aus, unnötige Reibungsflächen fallen weg, und es bleibt mehr Kraft, sich auf die Sache, auf das jeweilige Gegenstandsfeld zu konzentrieren. Wissenschaftliche Kongresse von Historikerinnen, Kunsthistorikerinnen, Philosophinnen dokumentieren der Öffentlichkeit, was Frauen in der Forschung leisten, seit sie die fruchtlos-indoktrinierende „Bekehrung" des männlichen Teils der Menschheit bleiben lassen, ohne freilich notwendigen Konfrontationen aus dem Weg zu gehen.

Wie sehr mir die hier skizzierte Entwicklung nötig erscheint, habe ich bereits in meinem ersten Band zur historischen Kritik einer feministischen Theologie („Frauen der frühen Christenheit", 1986) ausgesprochen. Ich weiß nicht, ob es sich als Zufall werten läßt, daß ausgerechnet die feministische Theologie noch sehr stark im ideologischen Fahrwasser driftet und Selbstkritik als Bedrohung empfindet[5]. Man mag über das Nahverhältnis von Theologie/Kirche und Ideologie tiefsinnig werden, auch darüber, daß die Kirchen dazu neigen, im besten Falle bestehende Trends aufzugreifen, kaum jedoch selbst Innovatorisches entwickeln. Wie immer . . . es muß nicht so bleiben, auch wenn es oft so gewesen ist.

2. Feminismus und feministische Theologie sind in gewisser Weise inzwischen auch akzeptiert bis anerkannt. Aber es wäre zu schön, um wahr zu sein, wenn eine solche Anerkennung sich immer auf die Sache bezöge, um die es geht. Heute können Theologinnen Gottesdienste gestalten, die in Sprache und Vorstellung alles Männliche eliminieren: Gott wird zur Göttin, Jesus Christus zu Jesa Christa, der heilige Geist zur heiligen Geistin. Mit der Frage, ob dies der feministischen Weisheit letzter Schluß sein kann, werden sich das 1. und 5. Kapitel dieses Bandes befassen. Hier geht es mir zunächst einmal darum, nüchtern darauf hinzuweisen, daß ein solcher Gottesdienst niemanden mehr besonders aufregt. Ein Fortschritt? Nein. Was für die feministischen Insider eine Befreiung bedeuten mag, wird von den Outsidern belächelt oder als psychohygienische Aktion der vom „Schicksal" benachteiligten Frauen väterlich-gönnerhaft begrüßt: Wenn's ihnen hilft?!

Dazu kommen die „fortschrittlichen" Kreise, die alles begierig aufgreifen, was „modern" und ein bißchen anstößig-aufregend ist: die second-hand-Avantgarde. Erst das gewisse Maß an Anerkennung (nicht zu viel und nicht zu wenig) schafft die Ermutigung, ein Eisen anzugreifen, das sich gerade durch diesen Zugriff als im Zustand der Erkaltung befindlich erweist. Inzwischen gibt es Theologen, Männer, genug, die Feministisches von den Kanzeln träufeln lassen, und Religionslehrer genug, die mit einer Träne im Knopfloch vor den Kindlein beiderlei Geschlechts die schreckliche Geschichte des Patriarchats aufrollen. Glauben wir doch nicht, daß ein solchermaßen salonfähiger Feminismus noch irgendeinen Zahn oder eine Kralle aufwiese, die irgendjemanden zur wahrhaften „Umkehr" bewegen könnte!

Alles ist zweideutig, keine Sache „an sich" eindeutig, weil es immer auf die Motivation ankommt, mit der etwas aufgenommen und vermittelt wird. In gewisser Weise können Frauen es als Fortschritt verbuchen, daß Frauenfeindlichkeit nicht mehr so ganz unverhohlen ans Tageslicht tritt. Hier leistet sogar die second-hand-Avantgarde einige Dienste. Daraus aber auf zunehmende Frauenfreundlichkeit aus Überzeugung zu schließen, wäre ein verhängnisvoller Irrtum. Die klaren Gegner sind mir jedenfalls lieber, als die fortschrittlichen Feministen, die ihre Rolle nur solange spielen, als keine Frau aus Fleisch und Blut ihren Weg kreuzt. Hier lassen sich Beziehungen zur Erfahrung mit dem Antisemitismus feststellen. Zwar ist es wohl aufs Ganze gesellschaftlich verpönt, die innere Abneigung gegen „die" Juden offen zu zeigen. Das hält Ausschreitungen in Schach, bleibt aber dennoch ein dünnes Eis, das leicht bricht. Wer sich im privaten Kreis vom Kontakt mit Juden fernhält und sie im öffentlichen distanziert, mag ausreichend „anständige" Gründe dafür vorschützen bzw. seine Haltung durch ausdrücklichen Philosemitismus tarnen. Es gehört zu den erfolgreichen Taktiken, sich „durch Inanspruchnahme eines moralisch qualifizierten Urteils über das ‚Dritte Reich' im Verhältnis zu anderen Positionsvorteile zu verschaffen"[6]. Das gilt auch für die feministische Forderung nach Menschenrechten für Frauen: Sie chic zu bestätigen, bringt nicht in allen, aber in vielen Kreisen Vorteile, denen aber, um die es geht, immer wieder Enttäuschungen. Meist ist es dann zu spät; gut getarnt hat sich einer in den eigenen Reihen festgesetzt, den ganz andere Motive bewogen haben, Frauenfreundlichkeit zu suchen. Und wer könnte schon einen unwiderlegbaren Beweis für die Unaufrichtigkeit der Motivation erbringen? Anerkennung kann also auch Tarnfarbe sein.

Die Vorkämpferinnen der feministischen Theologie, die uns in den folgenden Kapiteln beschäftigen wird, haben inzwischen mindestens eine Frauengeneration geprägt. Ihre Thesen haben so etwas wie Allgemeingültigkeit erlangt und werden als „gesicherte Ergebnisse der Frauenforschung" weitergereicht; schon hat sich die Kompendienliteratur des Stoffes angenommen, Bildungshäuser und Volkshochschulen verbreiten ihn, und mancher universitäre Lehrauftrag verleiht ihm akademische Weihen. Die Spatzen pfeifen es bereits von den Dächern der Göttinnentempel: Der Juden- und Christengott sei schuld am Patriarchat und habe als übermächtiger Vater jahrhundertelang Frauen gedemütigt und zerstört; die Theologie des Patriarchats, so lautet die diesbezügliche opinio communis, habe verschleiert, daß Gott eigentlich Mutter sei, und habe vergessen lassen, wie frauenfreundlich die frühen Hochkulturen der Menschheit gewesen wären, jene Zeit der Schöpfergöttinen, da sich im heiligen Urzustand einer matriarchalen Epoche Natur, Frau, Geburt und Wiedergeburt ungehindert entfaltet hätten. Zerstörungswütige und machtgierige Männer, so diese Thesen weiter, wären der Untergang einer besseren Welt gewesen; seither hätten die Mythen und Bilder einstiger matriarchaler Spiritualität männlichen Kopfgeburten weichen müssen, als da sind: die Reflexion über Monotheismus und Polytheismus, über endlich und unendlich, über Diesseits und Jenseits, über Natur und Geist, über Gut und Böse . . .

Zugegeben, es liegt eine Faszination in diesen Thesen der Umkehrung gegenwärtig erfahrbarer Wirklichkeit. Aber stimmt denn das alles? Liegen hier nicht eine ganze Menge frommer „Lügen" verborgen, gegen die kaum jemand auftritt, weil sie zu offensichtlich sind? Mit einer kritischen Sichtung der feministischen Thesen zu Gott als Mutter, zum Göttinnenmythos, zu Matriarchaten und androgynen Mythen, zu „Jesa Christa" und schließlich zur Frage, ob es eine weibliche Wissenschaft gibt, will sich der vorliegende Band befassen.

Ich unternehme solches mit einer gewissen Süffisanz, mehr noch, manchmal mit Zorn. Die Unlogik mancher Argumentationsgänge kann einem den Atem verschlagen, und der Zorn steigt in mir auf, weil ich sehe und auch erfahre, wie sehr Frauen ihren berechtigten Intentionen damit schaden. Sie machen es den Gegnern ihrer humanen Absichten leicht, sich zu distanzieren, sei es durch Spott oder durch mitfühlende Empfehlung eines Psychiaters. Die wirksamste und meist geübte Form der Abwehr ist Ignoranz.

Gewiß, in Frauenkreisen hat die feministisch-theologische Literatur großes Echo gefunden, aber das, was Barbara Sichtermann die „Annäherung an die Höhle des Löwen", an „das Argument der Gegenseite"[7] nennt, fand bislang nicht wirklich statt. Sigrid Schade, Kunsthistorikerin in Berlin, meint treffend, es gäbe kein Für-Sich-Sein in der Repräsentation der Geschlechter, auch wenn dies beiden eine „narzißtische Kränkung"[8] bedeute. Und ich ergänze: Diese Kränkung nicht auszuhalten, führt Frauen und Männer in die Sackgasse der Isolation. Darum ist es kein Argument, sondern eine Unterstellung, wenn der Versuch, aus dieser Sackgasse herauszukommen, mit erhobenem Zeigefinger als „Überlaufen ins gegnerische Lager" abqualifiziert wird. Wer so urteilt, muß sich fragen lassen, ob hier nicht die beharrliche Weigerung Pate steht, sich mit etwas auseinanderzusetzen, dem nicht der eigene Stallgeruch anhaftet. Das, was sich in anderen Disziplinen abzeichnet, die Fähigkeit zur Gegenprobe und zu methodenkritischer Reflexion, sollte auch von Seiten einer feministischen Theologie wahr- und ernstgenommen werden.

Nicht alles, was in „Sachen Frau" nach Ende und Stagnation aussieht, ist ernsthaft am Ende; nicht alles, was nach Fortschritt und Anerkennung aussieht, ist ernsthafte Anerkennung. Aber wer oder was hindert daran, das Interesse weiter zu verfolgen, noch differenzierter, noch kritischer, noch hartnäckiger?

3. Differenzierungen des Denkens und noch größere Genauigkeit im Umgang mit Methoden und „Material" sind Voraussetzung für weitere und erfolgreiche Schritte. Die historische Kritik an bestimmten feministisch-theologischen Positionen bzw. die Kritik an der Art und Weise historischer Rekonstruktion war der Schwerpunkt meines ersten Bandes. Es liegt in der Natur der Sache, daß eine solche Kritik nicht ohne systematische Reflexion möglich war. Der thematische Schwerpunkt lag auf der Geschichte des Urchristentums unter dem Aspekt der Frauen. Im zweiten Band nun sind die Schwerpunkte umgekehrt gelagert. Es geht um die systematische Kritik unter Einbeziehung der historisch-kritischen Frage: Ist es damals wirklich so gewesen? Das

Themenfeld umfaßt noch viel weiter zurückliegende geschichtliche Perioden: die frühen Hochkulturen und die durch das Alte Testament repräsentierte Zeit. Je länger eine Geschichte zurückliegt, je spärlicher die Zeugnisse aus dieser Vergangenheit sind, desto schwieriger gestaltet sich die Rekonstruktion. Es wird sich zeigen, daß erst die systematische Reflexion plausible Urteile ermöglicht.

Die Begriffe „Systematik", „System" wecken ungute Assoziationen. Der Geist des Hegelschen absoluten Systems scheint beschworen; wird nicht die Wirklichkeit auf die Idee hingetrimmt, statt in ihrer Vielfalt wahrgenommen? Der Ideologieverdacht regt sich, und Karl Marx erhebt seine warnende Stimme, reale Verhältnisse nicht zum Vorteil der Mächtigen in den Rang geistiger Wesenheiten zu erheben. Und haben nicht schließlich die Kirchen immer persönliche Glaubensüberzeugung mit dem Anschein erwiesener und allgemeingültiger Wahrheit versehen?

So wäre denn kurz zu klären, was ich unter „systematisch" verstehe und in den folgenden Kapiteln ausführe. Ich gehe aus vom Gesamtraum des Wirklichen, in dem jeder Mensch zu jeder Zeit steht und stand: die zunächst auch verwirrende Vielfalt von Phänomenen, Fakten, Motiven, Erfahrungen. Jeder Mensch ist ein Systematiker, denn unwillkürlich versucht er das, was auf ihn einstürmt, zu ordnen, sich „einen Reim darauf zu machen". Zu dem, was auf ihn einstürmt, zählt nicht nur das, was „von außen" kommt, sondern auch das, was sich „in ihm" abspielt, seine Empfindungen, die Art seiner Wahrnehmung, die Weise des Bewußtseins, das alles zu verarbeiten. „Innen" und „außen" lassen sich gar nicht so leicht unterscheiden, es braucht eine bewußte Anstrengung, das zu tun. So ist der Mensch selbst das „System", das „Ganze", in dem sich der Gesamtraum des Wirklichen repräsentiert.

Trennen wir jenes „Innen" vom „Außen", sehen wir in einem Abstraktionsschritt von uns selbst ab, davon, daß wir aus bestimmter Motivation Handelnde sind, dann zeigt sich schnell, daß es so ziemlich alles „gibt", alles möglich ist. So gesehen ist die Geschichte ein Panoptikum der Allmöglichkeit. Was haben Menschen nicht schon alles gedacht und getrieben! Die Wahrheit, als das verstanden, was uns gültig und richtig erscheint, als das, was uns so wichtig ist, daß wir uns daraus motivieren, liegt also nicht in der Geschichte selbst, sondern in unserer Beziehung zu ihr. Systematisch denken heißt daher, zwischen Tradition und gegenwärtigem, eigenem „Motivationshorizont“[9] zu vermitteln. Dazu wollen die folgenden fünf Kapitel anregen, mehr nicht, denn jede menschliche Motivation steht im Zeichen der Freiheit; Vermittlung läßt sich nicht zwingen, was nicht zuletzt die Erfahrung bestätigt. Richtig systematisch denken heißt daher, die Systemfreiheit des Individuums[10] er- und anerkennen.

System bedeutet auch Ordnung, ist das Gegenteil von Durcheinander und Verwirrung. Systemfreiheit ist nicht mit Systemlosigkeit identisch. Ich gehe davon aus, daß jeder Mensch versucht, das Mannigfaltige im Gesamtraum des Wirklichen in einen für ihn konsistenten ganzheitlichen Zusammenhang zu bringen. Denkfehler und durch Widersprüche ausgelöste Pattstellungen sind dabei nicht ausgeschlossen. Auch die feministische Theologie ist voll davon. Es wäre verhängnisvoll, die Augen davor zu verschließen, da sonst berechtigte Intentionen verschüttet werden und die Vermittlung nicht gelingt.

Systematisch denken heißt auch, Sinnzusammenhänge aufdecken, denn das, was ist, wird dadurch, *daß es ist*, noch nicht sinnvoll. Für eine patriarchale Gesellschaft leuchtet das Feministinnen sofort ein. Wenn diese Aussage aber richtig ist, muß sie dann nicht auch für eine matriarchale gelten? Daß Sinn und nicht „gesicherte Fakten“ Menschen am Leben erhalten, braucht nicht erwiesen werden, ist in gewisser Weise evident. Die Frage, worin der Sinn bestehen könnte, wird damit noch nicht beantwortet. Die – wieder systematische – Unterscheidung von Sinnebenen[11] legt sich nahe. Der Mensch ist ein „Stück“ Natur und gewinnt seinen Sinn aus dem für ihn Angenehmen, der Lust, aus der Gesundheit und dem, was ihm zur Erhaltung des leiblich-sozialen Lebens nützlich ist; der Mensch ist aber auch Geist und kann sich trotz seines berechtigten Nützlichkeitsstrebens der ethischen Forderung in Gesetz und Gewissen nicht entziehen. Was im Denken sehr wohl zusammengeht, gerät auf der Ebene des Handelns oft in unauflösbare Widersprüche und führt, wofür immer wir uns entscheiden, in Ambivalenz und Schuld, während Vergebung, Versöhnung und Liebe sich nur in der Hoffnung und also im Glauben eindeutig vollenden. So legt die systematische Ordnung der Sinnzusammenhänge auch die unlösbaren Aporien menschlicher Existenz bloß und warnt uns davor, diese ins Prokrustesbett eines absoluten Systems zu pressen, das vorgibt, die Wirklichkeit von allen Aporien zu säubern.

Ohne systematische Reflexion gerät man leicht auch in vermeidbare Aporien, in simple Widersprüche, die eine dafür unempfindliche feministische Theologie in gefährliche Allianzen mit Ideologien verschiedenster Spielart führt: mit Antisemitismus, mit dem Libertinismus der sogenannten sexuellen Revolution, mit dem Antiintellektualismus konservativer Gesellschaftssysteme und mit der Fixierung auf das reduzierte Theorieverständnis naturwissenschaftlicher Prägung. Diese These zu begründen, wird Aufgabe der folgenden Kapitel sein.

4. Ich bin kritisch und, wie schon gesagt, auch oft zornig auf die Schwestern, mit denen mich dennoch sehr wohl die Intention verbindet. Aber eine richtige Intention zu haben, bedeutet noch nicht, daß deren Vermittlung gelingt oder gelingen muß. Meine Kritik will im Dienste der Vermittlung stehen, die, sofern sie gelingt, die Intention schlagkräftiger macht. Alle, die ich zitiere, haben etwas Richtiges gesehen: die folgenschwere Ausklammerung der persönlichen Motivation aus dem heute gängigen (einzelwissenschaftlichen) Theorieverständnis der Wissenschaften; die Versklavung der Natur im Menschen und um ihn herum; die vielerlei Projektionen und Verschiebungen eines Denkens, das nicht einmal die Intention auf Ganzheitlichkeit aufrecht erhält; die destruktiven Kräfte, die auch der hehrste Anspruch des christlichen Glaubens entfalten kann. Aber die Weise, *wie* sie dieses Richtige zu vermitteln suchen, führt schnurstracks in die verkehrte Richtung zur Bestätigung derjenigen Ideologien, gegen die sie zu Felde ziehen. Gegen diesen Sog kommen Vermittlungsversuche über Behauptungen, moralische Imperative und erbauliche Reden nicht auf. Wer gegen die Herzlosigkeit der Köpfe antritt, darf es nicht mit kopflosem Herzen tun. Es gilt, die Dinge differenzierter und schärfer anzupacken und dadurch zuzuspitzen. Ein wenig Angriffslust, wie sie den Lesern dieses Buches bisweilen auffallen wird, dient eben diesem Ziel, sind doch auch die zitierten Schwestern nicht zimperlich im Verteilen von Zensuren nach männlicher und weiblicher Seite.

So war mir wichtig, der feministischen Argumentation widersprechende Urteile nicht zu unterschlagen, sondern diese im

Sinne der mir notwendig und redlich erscheinenden Gegenprobe einzubeziehen. Daß damit sehr oft die Vermittlungsweise, keineswegs aber die Intention in sich zusammenbricht, ja daß die Intention dadurch umso deutlicher zu Tage tritt, hoffe ich, klar genug zeigen zu können.

Bei all dem ist mir bewußt, daß die Bereitschaft, ausgetretene Denkwege zu verlassen, auf Argumente zu hören und in den Diskurs einzutreten, nicht erzwungen werden kann. Das ist eben die Folge der – in aller Kürze – dargestellten „Systemfreiheit des Individuums". Aber ich gestehe gerne meine Hoffnung, mehr noch, meine Zuversicht, daß es eine solche Bereitschaft zur Auseinandersetzung gibt[12].

ERSTES KAPITEL

Gott Vater, Gott Mutter

Der strenge Name Gottes

„Gelobt seist Du, Herr,
unser Gott und Gott unserer Väter, . . .
großer, allmächtiger und furchtbarer Gott,
höchster Gott,
der liebevolle Gnade erweist,
Schöpfer des Alls, . . .
König, Helfer, Retter und Schild! . . .
Du bist mächtig in Ewigkeit, Herr. . . .
Du bist heilig
und Dein Name ist heilig. . . .
Führe uns zurück, unser Vater, zu Deiner Torah.
Bring uns näher, unser König, Deinem Dienst.
Laß uns bußfertig zu Dir zurückkehren . . .
Unser Vater,
segne uns allesamt
im Licht Deines Angesichts."[1]

„Herr", „furchtbarer Gott", „König", „Schild", „Vater", – so reden fromme Juden noch heute im Achtzehngebet ihren Gott an: morgens, abends und am Sabbat. Alle diese Namen finden sich im Alten Testament, und noch einige dazu: Als Kriegsheld und Anführer himmlischer und irdischer Heere vernichtet Gott die Feinde Israels (Lied der Mirjam Ex 15,1 ff.; Lied der Debora Ri 5,1 ff.). Er ist Herr über alle anderen Götter und die Menschen, stark und schrecklich, König, oberster Gesetzgeber und Richter, ein göttlicher Patriarch, der alle Übeltaten der menschlichen Patriarchen, so lautet ein feministisches Urteil, rechtfertige.

Gewiß: Gott ist auch Vater, obwohl er diesen Namen im Alten Testament nicht annähernd so häufig führt, wie es sich aus der Kenntnis des Neuen Testaments vermuten ließe. Aber Gott ist ein strenger Vater: „So erkenne denn in deinem Herzen, daß dich der Herr, dein Gott, in Zucht nimmt, wie einer seinen Sohn in Zucht nimmt, und halte die Gebote des Herrn, deines Gottes, indem du in seinen Wegen wandelst und ihn fürchtest (Dtn 8,5–6)[2]. „. . . denn wen der Herr liebhat, den züchtigt er wie ein Vater den Sohn, dem er wohlwill" (Spr 3,12). Als Vater gibt Gott seinem Volk Israel bzw. auch dem Einzelnen die ethische Weisung, die Tora, das „Gesetz Gottes".

Gott ist Vater, weil er die Menschen geschaffen hat: „Ist nicht er dein Vater, der dich erschaffen, nicht er es, der dich gemacht und bereitet" (Dtn 32,6)? Auch die recht gewaltsame Vorstellung vom Kind als bildbare Tonmasse in der Hand des Erzeugers und Erziehers findet sich: „Nun aber Herr, bist du unser Vater! Wir sind der Ton und du unser Bildner, und wir alle sind das Werk deiner Hände" (Jes 64,8). Nicht alle „Kinder" reden so; viele haben sich von ihrem Vater abgewandt, verleugnen ihn und ihre Herkunft. Und Gott, der Vater, leidet und kränkt sich: „Kinder habe ich großgezogen und emporgebracht, und sie – sind von mir abgefallen. . . . O wehe . . . den mißratenen Kindern" (Jes 1,2–4)! Die verletzte Liebe macht den Vater wütend: „Da wurde ich ihnen wie einer, der sie auf den Backen schlug; ich wandte mich wider sie. . ." (Hos 11,4). Auch die Eifersucht dieses Gottes auf alle anderen Götter, „Väter wie Mütter", zu denen Menschen Vertrauen fassen könnten und gefaßt haben, wird bis heute jüdischen wie christlichen Kindern durch die Zehn Gebote bekanntgemacht.

Der gestrenge Gott des Alten Testaments ist aber für die Seinen dennoch kein grausamer Gott: „Der Herr ist barmherzig und gnädig, langmütig und reich an Gnade. ... Wie sich ein Vater der Kinder erbarmt, erbarmt sich der Herr seiner Frommen" (Ps 103,8.13)[3]. Ja die Liebe überwältigt den göttlichen Vater geradezu: „Sooft ich von ihm (= Volk) rede, muß ich immerfort seiner gedenken; darum stürmt mein Herz ihm entgegen, ich *muß* mich seiner erbarmen. .." (Jer 31,20). Gott, der Vater, hat sein Volk gehen gelehrt, in die Arme genommen und an sich gezogen mit „Seilen der Liebe" (Hos 11,1–4). Das ist keine kriterienlose Affenliebe; wie er den rechtlosen Waisen ein Vater ist, der ihnen Gerechtigkeit widerfahren läßt (Ps 68,6), so weiß er, daß die Menschen immer Kinder und auf Vergebung angewiesen bleiben werden. Denn: Gibt es einen Menschen, der sich bei bestem Willen und Bemühen nicht verfehlt? Wer unter den Sterblichen kann sagen, daß er vollkommen sei? Kein Mensch entgeht der Schuld. Wer das nicht erkennt, gilt als verstockter Sünder; über ihn kommt das Gericht. Wer aber Einsicht hat und sich vertrauensvoll an den Vater wendet, darf der Liebe und des Erbarmens seines himmlischen Vaters gewiß sein.

So trägt dieser Gott alle Züge des strengen, aber gerechten, an seinen Kindern, besonders den Söhnen, interessierten Vaters in der Familie des Patriarchats: Er erzieht zum Gehorsam gegenüber seinem Gesetz, straft und belohnt, liebt seine Kinder und fühlt sich gekränkt, wenn die Kinder ihm nicht folgen, ihn verlassen oder gar verleugnen; er kann wütend auf sie sein, will sie aber wiedergewinnen, indem er sich erbarmt und Nachsicht übt. Er läßt seine Kinder nicht los, und sie kommen von ihm nicht los. Alle autoritären, aber auch menschlich verständlichen und liebevollen Züge des pater familias finden sich auch bei Gott, dem Vater.

Das Neue Testament fällt zunächst dadurch auf, daß der Vatername für Gott wesentlich häufiger vorkommt als im Alten Testament. Hervorzuheben ist dabei, daß die Anrede „Abba" (Mk 14,36; Gal 4,6; Röm 8,15), das Lallwort des kleinen Kindes und am besten mit „Papa" zu übersetzen, ein neues, enges und angstfreies Vertrauensverhältnis zu Gott begründet; der Vatergott, der als Sohn den Menschen in allem (bis auf die Sünde) gleich wird, der seine Erhabenheit und Autorität ablegt, um die

Menschen auch in ihrem Sterben nicht allein zu lassen, schafft eine neue Gottesbeziehung. Ohne Zweifel sind diese Züge des neutestamentlichen Vatergottes auffallend, und das beliebte Gleichnis vom verlorenen Sohn (Lk 15,11 ff.) fehlt daher auch in keinem Kindergottesdienst und in keinem Grundschullehrplan. Dennoch darf nicht übersehen werden, daß die Namen Gottes, die seine Macht, Überlegenheit und Strenge bezeugen, nach wie vor da sind: Er ist der Herr des Himmels und der Erde, der Herr aller Menschen, der König, der seine Herrschaft aufrichtet, der Richter über Gut und Böse und der Vater, der seinen vollkommen gehorsamen Sohn Jesus den Häschern preisgibt. Das Alte und Neue Testament lassen sich nicht gegeneinander ausspielen. Allmächtig, wie er ist, kann Gott den Seinen sein strahlendes Antlitz zeigen und sie liebevoll auf dem Lebensweg führen; er kann sich aber auch verbergen, kann als der abwesende Gott erfahren werden: Wo war Gott, als der Turm von Siloah einstürzte und Menschen unter sich begrub (Lk 13,4)? Der dunkle, unbegreifliche, ja scheinbar destruktive Gott, der seine Fremdheit nicht ablegt, verschwindet auch im Neuen Testament nicht. Auf die Frage nach den Toten von Siloah antwortet Jesus nicht mit einer Erklärung zum Theodizeeproblem, sondern er fragt zurück: „Meint ihr, sie seien schuldiger gewesen, als alle anderen Menschen?" Kein Mensch ist unschuldig, keiner, der nicht jederzeit den Tod verdiente. Und das heißt: Fragt nicht, denn Gott übersteigt euer Fassungsvermögen. Auch dieser Gott, der Vater hinter dem uns nahegekommenen Sohn, ist der Gott des Neuen Testaments.

Solche Allmacht entrückt Gott menschlicher Vereinnahmung und übersteigt die Macht der patriarchalen Könige, Väter und sonstigen Herren der Welt. Das hat diese nicht gehindert, ihre Macht immer wieder von der Macht Gottes abzuleiten, um die Distanz des ganz anderen Gottes zum Menschen zwischen sich und ihre Untergebenen zu verlegen. Die Eltern sind „Genossen bei der Zeugung", heißt es etwa in einem rabbinischen Text des 6. Jahrhunderts n. Chr.[4]. Diese Teilhabe an Gottes Schöpfermacht verleiht sodann den Eltern, vornehmlich aber dem Vater, gegenüber den Kindern quasi göttliche Autorität. Der jüdische Geschichtsschreiber des ersten nachchristlichen Jahrhunderts, Flavius Josephus, interpretiert die Erzählung von der Opferung des Isaak am Berg Moria folgendermaßen: „Isaak aber, edelmütig, da er von einem solchen Vater (= Abraham) abstammte, nahm die Rede (= daß er nun geopfert werden müßte) gutwillig auf und sprach: Er wäre nicht wert geboren zu sein, wenn er nicht dem folgen würde, was Gott und sein Vater über ihn beschlossen hätten, da es doch schon Unrecht sei, den Gehorsam zu versagen, wenn sein Vater allein befehlen würde."[5] Die Hierarchie Gott – weltliche (oft auch geistliche) Obrigkeit – Hausvater bestimmt den gesellschaftlichen Zusammenhang im jüdisch-christlichen Religionskreis bis heute. Die Herren der Welt entlehnen ihre Macht „von oben", und wer sich ihnen widersetzt, vergreift sich damit zugleich am Heiligen. Der König als „Gesalbter des Herrn" oder „von Gottes Gnaden", der Priester, der Vater, der seinem Hause „vorsteht", sind unantastbar.

Dieser „theokratische Kurzschluß"[6], der in der Geschichte so viel Mißbrauch, Inhumanität und Gewalt abgesegnet hat, wurde seit der Aufklärung durch geistige und politische revolutionäre Prozesse kritisiert und auch immer wieder außer Kraft gesetzt, verbunden mit einem vehementen Angriff auf das Christentum und einem deklarierten Atheismus. Dennoch ist der durchschlagende Erfolg ausgeblieben. Wer heute am Leben der christlichen Gemeinde und ihren liturgischen Handlungen teilnimmt, begegnet im unreflektierten Gebrauch der zitierten biblischen Texte, in Gebeten und Liedtexten nach wie vor dem Gott des „theokratischen Kurzschlusses". „Frauen werden auf die Rollen der Ehefrau, der Witwe und der Mutter festgeschrieben" meint die im evangelischen Pfarrhaus aufgewachsene Katharina Knohl-Hoberg in einem launig-kritischen Artikel über „Sexismus in den Gesangbuchliedern"[7], und sie setzt fort: Als solche werden sie „stets dem Schutze des männlichen Gottes, getreu dem irdischen Pendant in Gestalt des Ehemannes, anempfohlen: ‚Die Waisen nimmt er an, erfüllt der Witwen Bitte, wird selbst ihr Trost und Mann' (Nr. 197 und 138)." Mehr noch, in einer anständigen Theokratie sind Frauen gar nicht mehr notwendig: „Nehmen sie den Leib, Gut, Ehr, Kind und Weib, laß fahren dahin! Sie haben's kein Gewinn; das Reich muß uns doch bleiben," heißt es in der letzten Strophe des „Kirchenschlagers" zum Reformationstag „Ein feste Burg ist unser Gott" (Nr. 201); der „Herr Zebaoth", der „Herr der Heerscharen" also, kann in diesem

Kontext nur schwer in übertragenem Sinn vorgestellt werden, und „das Feld", nämlich das Schlachtfeld, von dem hier die Rede ist, mag immer noch mancher Vater als den legitimen Ort seiner Taten mißverstehen.

Die mißbrauchten Kinder

Reflektierte theologische Literatur betont immer wieder, daß der Vater- und Herrengott nicht unmittelbar und naiv verstanden werden dürfe; Gott sei nicht männlich, er habe kein Geschlecht; Namen und Eigenschaften hätten „nur" symbolische Bedeutung. Was aber heißt hier „nur"? Symbole stehen in engster Verbindung zur Wirklichkeit. Frauen, die Gottesdienste besuchen, müssen unmittelbar den Eindruck gewinnen, männliche Eigenschaften seien Gott zumindest angemessener als weibliche[8]. Dazu kommt der Hiatus zwischen theologischer Reflexion, die Zutreffendes intendiert, und der Vermittlungstätigkeit von Kanzeln und Kathedern, die kaum zu differenzierterem Nachdenken anregt, sondern ebenso naiv wiedergibt, was die Sprache der Tradition bietet. Naive Vermittlung kann aber nicht zu reflektierter Rezeption führen.

Was jedoch die theokratisch kurzschlüssige Rede vom männlichen Gott, so falsch sie ist, doch so erschreckend „glaubwürdig" macht, das ist für viele Frauen die ganz unmittelbare und persönliche Erfahrung mit dem anderen Geschlecht. Diese beginnt im zartesten Alter[9]. Meine erste Begegnung mit einem Fall sexuellen Mißbrauchs von Kindern durch nahe Verwandte liegt nun schon länger zurück. In einem vertrauten Gespräch hatte mir damals eine Frau, unverheiratet und im mittleren Alter, erzählt, sie sei vom achten Lebensjahr an von einem leiblichen Onkel regelmäßig über fast zwei Jahrzehnte hindurch zu allerlei sexuellen Handlungen mißbraucht worden. Sie habe daher auch keine Beziehung zu einem Mann gefunden und sei seit einiger Zeit in psychotherapeutischer Behandlung. Sie stammt aus einem gut evangelischen Haus und war auch lange Zeit in Kirche und Gemeinde mit verschiedenen Ämtern und Tätigkeiten engagiert. Ich habe das damals nicht geglaubt und hielt es für den Ausdruck eines bedenklichen Geisteszustandes; die psychotherapeutische

Betreuung schien mir mehr als gerechtfertigt. Ich schreibe das, weil ich fürchte, daß solche Erfahrungen anderen, wenn sie damit konfrontiert werden, ebenso unglaubwürdig vorkommen; die Literatur zu diesem „Thema“, die das „bestgehütete Geheimnis“ langsam, aber sicher und belegt ans Tageslicht bringt, hat mich später über meine damalige Reaktion erschrecken lassen. Inzwischen bin ich hellhöriger für meine Umgebung und weiß, daß solche Erfahrungen von Frauen keine extremen „Auswüchse“ sind und sich auch nicht auf irgendeine „Unterschicht“ der Gesellschaft beschränken.

Es soll hier nicht von sexuellem Mißbrauch von Frauen überhaupt die Rede sein. Auch dieses Thema füllt Tageszeitungen und Expertisen. Es soll die Rede sein von sexuellem Mißbrauch an weiblichen Kindern durch ihre Väter und andere nahe Verwandte wie Großväter, Onkel, Brüder. Wie so etwas vor sich geht, mag in der genannten Literatur nachgelesen werden. Schon die nüchterne Statistik spricht Bände: Die Studie von Kavemann und Lohstöter (1983) für die Bundesrepublik Deutschland errechnet bei zurückhaltender Schätzung 250000 Fälle sexueller Gewalt gegen weibliche Kinder pro Jahr. „Wie furchtbar alltäglich das ist, läßt sich ermessen, wenn man sich auf der Grundlage solcher Zahlen errechnet, daß etwa alle zwei bis vier Minuten in der Bundesrepublik ein Mädchen sexuell attackiert wird.“[10] Florence Rush zitiert eine Statistik aus dem Jahre 1981 für die USA: eine Million Kinder; diese Statistik bezieht sich aber nur auf die gemeldeten Fälle. Die Kinder selbst schweigen aus Angst, weil sie ihre „Väter als Täter“ lieben, von ihnen abhängig sind, sie brauchen, wie jedes Kind seine Eltern braucht, weil sie oft nicht oder erst viel später einschätzen können, was mit ihnen geschieht, denn zunächst gehen sie davon aus, daß das nichts Böses sein kann, was der Vater tut. Familienangehörige, auch Mütter, die davon wissen, schweigen aus Angst vor den Männern und deren Gewalttätigkeit oder weil sie den Ruin des familiären Ansehens in der Nachbarschaft fürchten. So kommt Florence Rush bei ihren Berechnungen über Beratungsgruppen, die nicht kriminalstatistisch erfaßt werden, auf 25 Millionen Kinder pro Jahr. Innerhalb der Kirche wurde dieses Problem nach meiner Kenntnis weder wahrgenommen noch diskutiert; keine der in der Literatur angegebenen Beratungsstellen steht mit den Kirchen in Zusammenhang. Sollte ich mich irren, so lasse ich mich gerne eines Besseren belehren.

Angesichts solcher Erfahrungen kann die Rede vom Vatergott und Gottvater als Vertreter des Rechts und der Gerechtigkeit, als dem Liebenden, der sich über seine Kinder erbarmt, zum platten Hohn werden. Oder wie anders soll das Bild eines Vaters Gestalt annehmen, der den Zynismus aufbringt, sich während der Vergewaltigung seiner Tochter auf seine Väterlichkeit zu berufen: „Du mußt nicht solche Angst haben, ... ich bin doch dein Vater.“[11]

Auch die weiteren „väterlichen“ Instanzen bieten den Mädchen, denen auf solche und andere Weise Gewalt angetan wird, nicht den nötigen Schutz. Oft versuchen Erwachsene im Familien- und Bekanntenkreis die Betroffenen von einer Anzeige abzuhalten: durch „moralischen“ Druck, doch das Leben des Vaters nicht kaputtzumachen[12]. Der gesetzliche Schutz ist alles andere als lückenlos; den Kindern fällt es schwer, ihre traumatischen Erlebnisse in einem Gerichtssaal auszubreiten, die Väter erwecken außerhalb des intimen Kreises der Gewalt Vertrauen und machen einen guten Eindruck; wer will bei einem abhängigen Kind unterscheiden, was „freiwillig“ geschah und was erzwungen wurde? Wer will von außen unterscheiden, welche Handlung väterlicher Zärtlichkeit und was sexueller Aggression zuzuschreiben ist? Wer sind die Richter? Haben sie vielleicht aus eigener Praxis zu viel Verständnis für die Angeklagten? Was wir die Ordnungsmächte der Gesellschaft nennen, wie z.B. die Justiz, geben keine Gewißheit, daß den Opfern auch Gerechtigkeit widerfährt; Erziehungs- und Bildungsinstitutionen können selbst an der Praxis der Gewalt aktiv und passiv beteiligt sein. Zu den „nahestehenden“ Männern, die Gewalt gegen Mädchen üben, zählen auch Lehrer[13]. Erzieher, Lehrer und Sozialarbeiter halten sich nicht selten heraus, wenn hilfesuchende Signale der Betroffenen sie erreichen; sie fühlen sich überfordert[14]. Wo also findet sich die irdische Instanz der göttlichen Gerechtigkeit? Vielen Frauen bleibt nur noch das Leiden an ihrer Verzweiflung und ihrem Haß: „Und wenn jetzt noch einer unter euch es wagen sollte, zu sagen oder auch nur zu denken, ich sei der Einzelfall, der unmaßgebliche, und eure zärtlichen und freiwilligen Verhältnisse sähen grundsätzlich anders aus, dann möchte ich meinen ganzen aufgestauten Haß, meinen Ekel, meine daherrührende Verkrüppelung auf euch ausschütten, daß es euch die Luft nimmt und ihr daran erstickt,“[15] schreibt eine 28-jährige Frau, die nicht die Kraft hat, von dem, was sie erlebt hat, offen zu sprechen.

Wer sich dieses Feld brutalster Gewalt vor Augen hält bzw. die Augen davor nicht verschließt, wobei die Gewalt gegen Frauen durch Außenstehende und legitime Ehemänner[16], die verbale Gewalt, die institutionelle Gewalt oder die sexuelle Belästigung am Arbeitsplatz[17] noch dazukommen, weiß, warum Feministinnen von Gott als dem Vater, dem Herrn und König etc. absolut nichts mehr wissen wollen. Einer der Namen Gottes gewinnt für mich allerdings vor diesem Hintergrund neue Bedeutung: der des Richters, der auch die verborgenen Vergehen der Menschen heimsucht und sie in der Sintflut umkommen läßt. Und wer verstünde da nicht, daß das Gefühl ohnmächtiger Wut „Rachepsalmen“ auf die Lippen treibt – eine Gattung biblischer Literatur, über die sich kein Betroffener verwundern kann (auch wenn das unmittelbare Bedürfnis nach Rache keine Veränderung schafft: z.B. Ps 5; 7; 17; 37; 53; 58; 109).

Die feministische Kritik am destruktiven männlichen Machtmißbrauch setzt sich in einer umfassenden Gesellschaftskritik weit über die unmittelbar persönliche Negativerfahrung hinaus fort: „Nachdem in der westlichen Tradition die Frauen traditionell mit der Natur identifiziert wurden und umgekehrt die Natur als Objekt der Beherrschung durch den Menschen (den Mann), äußert man beinahe eine Binsenwahrheit, wenn man feststellt, daß die Mentalität, die die Natur als Objekt der Beherrschung betrachtete, nach einer Symbolik und nach Einstellungen verlangte, wie sie der Unterdrückung der Frau durch den Mann zugrunde liegen“, so begann Rosemary Ruether 1975 in Wien ihren Vortrag mit dem Untertitel „Frauen, Ökologie und soziale Revolution“ (immerhin auf Einladung des damaligen Wiener Erzbischofs, Kardinal König). Die Ausbeutung der Natur, die Hypertrophie der Technik, das Gleichgewicht des Schreckens, das den Männern jeden Augenblick außer Kontrolle zu geraten droht, das Profit- und Macht„ideal“ und was sich daraus an menschenverachtendem Umgang mit Chemie und Atomenergie und an Opfern unter den Kreaturen (Tierversuche) ergibt, alles das ist die eine Seite eben jener Haltung, die sich Frauen gegenüber als Sexismus äußert[18]. Ist Gott angesichts dessen noch „ein feste Burg"?

Ein Gott unter Göttern

Der Mißbrauch Gottes für die Legitimation menschlicher Mißbräuche läßt Frauen an Gott, dem Vater, Anstoß nehmen. Eine feministische Theologie muß diesen Sachverhalt ernst nehmen, aber sie darf dabei nicht stehen bleiben, sondern ist es sich schuldig, weiterzufragen: Wie ist es zum biblischen Vatergott gekommen? Und was sind die Alternativen?

Die bisherige phänomenologische Betrachtung, die Gottesnamen, seien sie nun von weiblichen oder männlichen Vorstellungen geprägt, einfach aufzulisten, wie sie in den Texten vorkommen, soll nun durch eine historisch-kritische Sicht weitergeführt werden. Die Texte des Alten Testaments stammen nicht alle aus der Zeit, auf die sie sich beziehen. Das gilt vor allem für die frühe Geschichte vor der Staatenbildung. Die jeweiligen „Geschichtsschreiber", denen es allerdings nie um historische Fakten, sondern um die Deutung der Glaubensgeschichte ging, haben vorausgehende Traditionen im nachhinein im Dienste ihres jeweiligen Interesses[19] zusammengestellt, und auch diese Texte sind durch spätere Redaktionen oft mehrfach überarbeitet worden. Das gestaltet eine historische Rekonstruktion äußerst schwierig, umso schwieriger, je älter die Tradition ist. Die Wissenschaft kann zunächst nur mit Hypothesen arbeiten, die mehr oder weniger Wahrscheinlichkeit haben, die ebenfalls dem Interesse des Rekonstrukteurs unterliegen und auch immer wieder zugunsten neuer Hypothesen umgestoßen werden. Vergleiche mit anderen Kulturen und Religionen können hilfreich sein, sofern man von der Grundthese der Parallelität ausgeht. Wer aber beweist, daß sich die alttestamentliche Tradition von ihrer Umwelt nicht unterscheidet? So tappen wir bei solchen historischen Rekonstruktionen ziemlich im Dunkeln. Dies muß für das Folgende bedacht werden.

Übernehmen wir die Chronologie und die Grundaussagen der alttestamentlichen Bücher, wie sie im Kanon vorliegen, ohne allzu großes Mißtrauen gegenüber den Schreibern, so ergibt sich folgendes Bild, das als akademische Lehrmeinung durch Literatur und Lehrveranstaltungen die Theologen/innen prägt: Die Vorfahren der Israeliten waren Wanderhirten, die mit ihren Kleinviehherden zwischen Kulturland und Steppe hin und her pendelten. Sie waren also nicht seßhaft und lebten in Sippenverbänden. Dieser Lebensform entspricht ihr Glaube an einen obersten Sippengott, der sich dem obersten Sippenführer, dem Patriarchen, offenbart und in engster Beziehung zu diesem steht. Der Sippenführer ist Kultstifter. Dieser Gott trägt den Namen „Gott meines Vaters" (Gen 31,5.29.42 u.ö.). Jeder Stamm hat seinen eigenen Sippengott; das unterscheidet die Vorväter Israels zunächst von ihren polytheistischen Nachbarn. Schließen sich Stämme zusammen, verbinden sie auch ihre jeweiligen Götter miteinander. Ebenso vermehrt die Generationenfolge die Götter und versieht sie mit den Väternamen: „Gott Abrahams, Gott Isaaks, Gott Jakobs" oder „Gott der Väter". Erst eine spätere Tradition hat diese Vätergötter zu einem einzigen Gott zusammengeschmolzen und so den viel jüngeren ausdrücklichen Monotheismus an den Anfang der Geschichte gestellt. Der Name „Gott der Väter" ist außerdem durchaus nicht dasselbe wie „Gott, der Vater"!

Die nicht-seßhaften Stämme drängen nun zur Seßhaftwerdung im Kulturland. Darauf wird von der die Vätertradition durchziehenden Land- und Volksverheißung rückgeschlossen. Dieser Prozeß ist langsam und, entgegen der Darstellung durch spätere Hand, nicht kriegerisch vor sich gegangen. Im Kulturland stoßen nun die Stämme auf eine völlig andere Form von Religion. Entsprechend der Verbundenheit der Ackerbauern mit dem Boden und der Fruchtbarkeit, siedeln die vielen Götter der Seßhaften ebenfalls an Orten, also in Kultheiligtümern. War der Gott der Väter mit den Hirten mitgewandert, so muß man zu den Göttern der Ackerbauern wallfahren. Mit der Seßhaftwerdung nehmen auch die Vätergötter Wohnung und verbinden sich mit dem Namen des obersten kanaanäischen Vatergottes „El". Personennamen und Namen von Kultstätten tragen nun die Beifügung „El", z.B. „Isma-el", „Isra-el" oder der Ort „Beth-el". Wir befinden uns etwa im 13. Jahrhundert v.Chr. Der Glaube der seßhaften Nomaden ist polytheistisch, „El", der Göttervater, wird assimiliert, allerdings ohne daß väterliche Züge ausdrücklich ausgesprochen und entfaltet erscheinen. Im Zuge dieser Entwicklungen kommt der Gott „Jahwe“ dazu, ebenfalls Sippengott eines Stammes, der durch die Verbindung mit den übrigen seßhaften Stämmen seinen Beitrag zum Pantheon einbringt. Aus dieser Tradition stammt die Erzählung vom Exodus aus Ägypten. Auch hier war es erst eine viel spätere Zeit, die Jahwe zum alleinigen Gott Israels erhob.

Als die über das Mittelmeer nach Palästina eindringenden Philister die seßhaften Stämme verdrängen wollen, schließen sich diese zusammen und suchen durch die Einrichtung eines Königtums, wobei der König auch als oberster Feldherr gilt, ihre Verteidigungskraft zu zentralisieren. Der erste König, Saul, scheitert im Kampf gegen die Philister, dem zweiten, David, gelingt sowohl die Vernichtung der Eindringlinge, wie auch die Verbindung der Nord- und Südstämme zu einem Reich nach altorientalischem Vorbild (ca. 1000 v. Chr). Im Dienste seiner Einigungs- und Machtpolitik steht u. a. die Einrichtung eines zentralen Kultheiligtums in Jerusalem, Königssitz und persönliches Eigentum Davids. Das Großreich Davids integriert nicht nur eine Reihe von kanaanäischen Stadtstaaten, die dadurch lediglich ihren Oberherrn wechseln, sondern auch deren Götterwelt. Im Tempel von Jerusalem wird zur Zeit Davids und Salomos, seines Sohnes und Nachfolgers, nicht nur der eine Gott Jahwe verehrt, man huldigt einer Fülle von Göttern und Göttinnen. Nach dem Vorbild religiöser Vorstellungen anderer Völker (z. B. in Mesopotamien und Ägypten) wird nun der König zum Sohn Gottes bzw. Gott zum Vater des Königs[20]. Psalm 2 gibt diese Tradition wieder, wenn es in Vers 7 heißt: „Mein Sohn bist du, heute (= am Tag der Thronbesteigung) habe ich dich gezeugt.“ Jahwe, später der einzige Gott, tritt hier als der persönliche Gott des davididischen Königshauses auf und legitimiert es als „von Gottes Gnaden“.

Jahwe, oder die Strategie des Überlebens

Erst in einer Zeit, als das Scheitern des Königtums sowohl im Nordreich[21], als auch später im Südreich vorherzusehen ist bzw. durch die Siege der Assyrer über den Norden und der Babylonier über den Süden feststeht, zerbricht der Polytheismus, und der Gott Jahwe wird zum Vater des Volkes, verbunden mit der Hoffnung auf Rückführung aus dem Exil und der Zerstreuung zu einem neuen eigenständigen Staat. Ein solcher ist nie mehr wieder entstanden[22], und so wird Jahwe zum Vater des einzelnen Frommen. Wenn sich auch die Juden immer als einer Gemeinschaft zugehörig verstanden haben und verstehen, tritt doch die persönliche Gottesbeziehung in den Vordergrund. Die Geschichte macht das verständlich. Damit wird auch nachvollziehbar, daß die erste und enge Bindung des Kindes an seine Eltern, an Vater *und* Mutter bestens geeignet ist, die Beziehung zwischen Gott und Mensch(en) als eine innige zum Ausdruck zu bringen. Die mütterlichen Züge Gottes dürfen aber nicht darüber hinwegtäuschen, daß die Zeit der „Mutterwerdung" Gottes auch die Zeit schärfster Polemik gegen den Polytheismus und seine weiblichen Gottheiten darstellt. Wie kommt es zu diesem Gegensatz?

Wer die Texte des Alten Testaments „einfach" so zu lesen versucht, wie sie „dastehen", dem müssen zumindest die vielen Doubletten auffallen: Eine Geschichte wird oft mehrfach in unterschiedlicher Länge und mit divergierenden Intentionen erzählt. Also müssen verschiedene Schreiber vorliegendes Traditionsgut in verschiedener Weise verarbeitet haben. Mißtrauen ist angebracht! Diese literarischen Werke stammen zum größeren Teil aus einer sehr späten Zeit. Das Exil in Babylonien gab den Deportierten Anlaß, die Geschichte des Volkes Revue passieren zu lassen, nach den Sinngründen für dieses radikale Scheitern der eigenstaatlichen Existenz zu fragen und sich Gedanken über die Zukunft zu machen. Als die jüdische Exilsgemeinde unter persischer Herrschaft und Aufsicht wieder nach Palästina zurückkehren konnte, fand der Wiederaufbau des Jerusalemer Tempels unter ganz neuen und anderen Bedingungen statt, als er unter Salomo entstanden war. Zwei große Schriftenkomplexe entstanden wahrscheinlich in dieser Zeit, das Deuteronomium und die Priesterschrift, beide in Kreisen der Priesterschaft. Die Babylonier hatten nur die soziale Oberschicht rund um Königshof und Tempel aus Jerusalem mitgenommen. Zurück blieb die Landbevölkerung, damit der Boden weiter bearbeitet werden konnte und nicht verödete. Regierung und Verwaltung hatten die Babylonier übernommen. Mit dem Verschwinden des Königtums aber gewann das Priestertum die Alleinherrschaft, so daß sich nach dem Exil eine Theokratie herausbilden konnte.

Das Deuteronomium nun entstand in Priesterkreisen vermutlich aus Jerusalem und zeigt die charakteristischen Züge einer Tendenzschrift: „ein Gott, ein Volk, ein Kult“[23]. Während das Deuteronomium diese Forderung noch durchsetzen will, geht die in der nachexilischen Zeit entstandene Priesterschrift davon aus. Von diesem Standpunkt wird die Geschichte des Volkes Israel kritisch gesehen, vor allem kultkritisch, denn für die Priester steht der Kult schließlich im Mittelpunkt: Da Volk und Regierende immer wieder anderen Göttern nachgelaufen sind, kam das Strafgericht Jahwes bis zur Vernichtung über sie. Besonders die Kritik an den Königen, die den Vielgötterkult gepflegt hatten, kommt zudem dem Führungsanspruch der Priester entgegen: Jetzt sind sie die Autorität und moralische Instanz. Die Tora, die ethische Weisung tritt in den Mittelpunkt der exilischen und nachexilischen Gemeinde.

Die feministische Lektüre der Texte stellt diese Entwicklung dominant unter einem moralischen Aspekt so dar, als wäre „rigide Intoleranz“, „unerträglicher Erwählungsdünkel“, „menschenverachtender Vernichtungswahn“ als Ausdruck mangelnder psychischer Gesundheit[24] der Verfasser dieser Schriften dafür verantwortlich, während die bunte Welt des polytheistischen Pantheons mit seinen Göttinnen eine gesunde Psyche bezeuge. Derartige posthume psychologische Zensuren treffen jedoch nicht den geschichtlichen Zusammenhang, sondern rücken nur etwas vom Verhältnis der Gegenwart zur Geschichte ins Licht[25]. Sieht man nämlich auf die Geschichte, dann läßt sich die Haltung jener Priester auch als bewundernswerte Überlebens„strategie“ eines dem Holocaust entkommenen Volksrestes verstehen: Die verlorene Eigenständigkeit und die noch einige hundert Jahre davor verlorene Einheit eines Volkes gewinnen im eigenständigen Glauben der einen jüdischen Gemeinde an den einzigen Gott Jahwe neue Konturen. Diese Überzeugung ließ die Juden noch so manchen Holocaust überstehen. Dagegen ist die feministische Verallgemeinerung nicht ungefährlich, derzufolge der Gott der Juden die üble Lage zu verantworten habe, in der sich die Frauen unserer Zivilisation befinden: Nur ein kleiner Schritt trennt solche Beschuldigungen vom Antisemitismus klerikaler oder faschistischer Prägung, dessen Menschenverachtung immer auch frauenfeindlich auftritt[26].

Diese Sichtweise der jüdischen Gemeinde hat auch die Überlieferung dementsprechend gestaltet: Altes, dem neuen Glauben widersprechendes Traditionsgut, tritt gegenüber einem schon für die Anfangszeit des Sippenlebens beanspruchten Monotheismus zurück, schimmert aber dennoch durch die vielschichtigen Texte hindurch. Der neue Glaube ist allerdings nicht am „grünen Tisch" erfunden oder willkürlich vom Zaun gebrochen worden. Seine Wurzeln liegen tiefer und reichen weiter zurück. Die verschiedenen Sippenkulte, zu denen später noch die Kulte der in das Königreich integrierten Völkergruppen kamen, haben nicht immer so friedlich nebeneinander gelebt, wie die Vorstellung einer Versammlung im Pantheon glauben machen könnte. Ein Schlüssel für die schon vor der Exilszeit nachweisbare Kultkritik an den „fremden Religionen" ist Kultkonkurrenz und damit die Konkurrenz unter den Priesterkreisen. Den Hintergrund der Kultkonkurrenz bilden wieder Stammesrivalitäten und politische Spannungen. Aus der Erzählung vom goldenen Kalb (Ex 32) z. B. geht deutlich hervor, daß sich die levitischen Priester um Aaron dem Jahweanhänger Mose anschließen, nachdem ein Machtkampf um eine fremde Kultpraxis nicht ohne Blutvergießen zu Ende gegangen ist[27].

Als zweites eindrückliches Beispiel sei David genannt, der nach der Eroberung der jebusitischen Stadt Jerusalem die jebusitische Priesterschaft (Familie des Zadok) an die Spitze der Priesterhierarchie stellt (Gen 14,18–20 legitimiert die zadokidische Tradition durch Rückwärtsverlegung in die Väterzeit). Dadurch mußte es zur Rivalität zwischen Zadokiden und Leviten kommen. In einer Kultreform wollte dann etwa 400 Jahre später König Josia den Leviten wieder zum Zuge verhelfen, was ihm aber nicht gelang. Die zadokidische Priesterschaft setzte sich durch und degradierte die Leviten zum Hilfspersonal am Jerusalemer Tempel. Dazu gab es auf dem Hintergrund der politischen Spannungen zwischen dem Süd- und dem Nordreich, also dem Könighaus Davids und dem durch dessen politische Schlachzüge in das Großreich eingegliederten Israel, Kultkonkurrenzen. Auch das Nordreich hatte traditionelle Heiligtümer aufzuweisen, die sich dem Monopol des Jerusalemer Tempels nicht beugen wollten. Nach dem Tode König Salomos errichtete der erste König des sich von der Daviddynastie lossagenden Nordreiches, Jerobeam I, auch prompt zwei neue Kultstätten in Bethel und Dan mit Priestern, die „keine Leviten waren“ und goldenen Kälbern (1 Kön 12,26ff.). Daß die Priester der Exilszeit, die aus dem Südreich stammten, das als die „Sünde Jerobeams“ brandmarkten, hatte also nicht nur religiöse Gründe. Ihre Schelte brauchte allerdings nicht sehr viel riskieren, denn das Nordreich war längst dem Erdboden gleichgemacht worden; zur Legitimation der eigenen Vorrangstellung leisteten die goldenen Kälber des Jerobeam aber durchaus gute Dienste.

Daß weltliche und geistliche Machtträger, Könige und Priester in Konkurrenz zueinander geraten können, ist durch die ganze Geschichte hindurch belegt. Israel bildet hier keine Ausnahme. Schließlich hat der Prophetismus in diesem Kräftemessen noch mitgespielt, die „freie“, charismatische Tradition gegen das priesterliche, aber auch gegen das dynastische „establishment“. Da sich dieses „establishment“ mit verschiedensten Kulten verbinden konnte, war die Kultkritik der Propheten die logische Folge: so Hosea vor der Katastrophe des Nordreiches und Jeremia vor dem Zusammenbruch des Südreiches. Schließlich mag noch eine entscheidende Rolle gespielt haben, daß viele der in Israel praktizierten Kulte enge Parallelen zur Religion der Feinde Israels aufwiesen (vgl. z.B. 1.Kön 14, 24; 2.Kön 16,7ff.). Durfte sich Israel mit dem Glauben seiner Feinde, die es schließlich vernichtet haben, gemein machen?

Die Theologie der Priester, die sich in der exilischen und nachexilischen Zeit durchgesetzt hat, konnte sich in vielem auf die prophetische Tradition berufen und sich als Reform im Geiste einer Verkündigung verstehen, die mit ihrer Geschichtsdeutung recht behalten hatte: Machtentfaltung, Despotismus, Ansammlung von Reichtum in den Händen einer kleinen Oberschicht, Ausbeutung der Armen, Macht- und Prachtentfaltung eines polytheistischen Kultes, alles das hatte man den Feinden nachgemacht. Der schreckliche Ausgang dieser Geschichte war weder Zufall noch schicksalhafte Katastrophe, noch der letztgültige Wille Gottes. Die jüdische Gemeinde konnte weiterleben, weil sie die Geschehnisse als Strafgericht Gottes verstand und damit die Hoffnung auf einen neuen Anfang verband. Ohne diese Theologie wären die Juden möglicherweise aus der Geschichte verschwunden: ein Genozid mehr. Daß sie ihre Geschichte so gedeutet haben, ist aus deren Verlauf und Bedingungen nicht mit Notwendigkeit ableitbar. Es war ihre eigenständige „Leistung".

Die theologischen Texte der späten Priester haben ohne Zweifel einen „gewaltsamen" Charakter; schließlich kritisieren sie eine wirkungsgeschichtlich dominante Tradition. Auch gute Konzepte bedürfen eines gewissen Drucks „von oben", denn das Volk hat die Wahrheit nicht immer gepachtet[28]. Jede Geschichte ist von vielen, einander auch entgegengesetzten Motiven bestimmt. So treffen hier Motive zusammen, die bei oberflächlicher Betrachtung einander ausschließen: Die „Mutterwerdung" Gottes geht, wie schon gesagt, einher mit dem Kampf gegen weibliche Gottheiten, die Betonung der lebensbedrohlichen Macht des einen Gottes mit der Kritik an den Mächtigen. Mag auch der Autoritätsanspruch der Priester eine große Rolle spielen, so drücken sich mindestens ebenso deutlich Lebenswille und Glaube der jüdischen Gemeinde aus, die mit dem ehemaligen Sippengott Jahwe übriggeblieben war. Daher wurden die Priester selbst ausreichend der Kritik unterworfen. Darüber gibt es bis ins Neue Testament einiges nachzulesen[29].

Gottes Mütterlichkeit

Viele Frauen treten aus der Kirche aus, um damit Christentum und Kirche ein für allemal erledigt sein zu lassen. Andere treten aus der Kirche aus, um – so grotesk es klingt – sich mit dem christlichen Glauben wieder auseinandersetzen zu können. Nach einem meiner Vorträge gab mir eine der Zuhörerinnen ihre nicht ungewöhnliche Begründung dafür: Sie möchte selbst und eigenständig an die Quellen des christlichen Glaubens zurück, sie lese in der Bibel, studiere Kommentare und spreche mit Frauen und Theologinnen über ihre Fragen; sie möchte sich aber nicht mehr mit den begütigenden und vertuschenden Floskeln von Pfarrern und Religionslehrern befassen; dies ziehe sie nur in ihr altes Gefühl beschämender Unterlegenheit oder bringe sie in eine so unbändige Wut, daß sie ihre Reaktionen nicht mehr kontrollieren könne. Diese Frau stammt aus einem bewußt christlichen

Elternhaus mit aktiver religiöser Praxis. Damit ist kein Urteil über alle Pfarrer und Theologen gesprochen, gewiß, aber solche Reaktionen sollten der Kirche und ihren Vertretern endlich selbstkritisch zu denken geben. Nach christlichem Verständnis war die göttliche Verheißung an Israel keine Garantie für deren Erfüllung[30]. Aber wer sagt, daß die göttliche Verheißung an die Kirche eine Garantie dafür ist, daß das Evangelium nicht aus ihr auswandert und sich einen neuen Ort der Verwirklichung sucht?

Es gibt noch andere Reaktionen von Frauen, die sich von der Kirche im Stich gelassen fühlen. Die einen, die sich zumindest ein allgemein-religiöses Interesse bewahrt haben, suchen nach anderen Religionen außerhalb des Christentums und meinen, in den Göttinnenkulten der Antike etwas von dem verwirklicht zu sehen, was ihre weibliche Lebenswirklichkeit ausmacht. (Damit wird sich das folgende Kapitel ausführlich beschäftigen.) Die anderen, die an ihrer Verbundenheit mit der christlichen Tradition festhalten, machen sich auf die Suche nach den weiblichen Zügen des biblischen Gottes[31]. Hier gibt es in der Tat einiges zu entdecken, das sich bedauerlicherweise in der liturgischen Praxis der Kirche kaum niedergeschlagen hat.

Die stärksten Aussagen über die Mütterlichkeit Gottes finden sich bei Deuterojesaja, dem späteren Heilspropheten der Exilszeit (6. Jh. v. Chr.): „Wird auch eine Frau ihres Kindleins vergessen, daß sie sich nicht erbarmte über den Sohn ihres Leibes?" Und der Prophet fährt mit einer Übersteigerung fort: Selbst wenn eine Mutter ihr Kind vergäße, „so will ich doch dein nicht vergessen", spricht Gott zu seinem Volk in der Gefangenschaft; denn: „Siehe, auf meine Hände habe ich dich gezeichnet" (Jes 49,15–16). Gott ruft sein Volk zusammen: „Höret auf mich, du Haus Jakob, und alle, die ihr vom Hause Israel übrig seid, die ihr von Mutterschoß an von mir getragen und von Geburt an gehegt worden seid. Bis in euer Alter bin ich derselbe, und bis ihr grau werdet, trage ich euch. Ich habe es getan und ich werde es tun, ich will tragen und erretten" (Jes 46,3–4). Zu dem namentlich unbekannten Propheten Tritojesaja aus der Zeit nach dem Exil, der zur persischen Zeit in Jerusalem auftritt (ca. 520 v. Chr.), spricht Gott: „Wie einen seine Mutter tröstet, so will ich euch trösten" (Jes 66,13). Im Buch Hiob charakterisiert Gott seine Schöpfertätigkeit mit Begriffen aus der Erfahrungswelt der Mütter: „Wer hat das Meer mit Toren verschlossen, als es hervorbrach, aus dem Mutterschoß kam? als ich Gewölk zu seinem Kleide machte und dunkle Wolken zu seinen Windeln“ (Hiob 38,8–9)? Das Handeln von Mutter und Vater kann ineinander verschränkt sein zur Vorstellung umfassender elterlicher Funktionen: „Hat der Regen auch einen Vater, oder wer hat die Tropfen des Taus gezeugt? Aus wessen Schoß ist das Eis gekommen? den Reif des Himmels, wer hat ihn geboren“ (Hiob 38,28–29)?

Vertrauensvoll schmiegt sich der Fromme an seine Gott-Mutter: „Habe ich nicht meine Seele besänftigt und geglättet? Wie ein gestilltes Kind bei seiner Mutter ist meine Seele in mir gestillt“ (Ps 131,2). Als das Volk beim Auszug aus Ägypten in der Wüste murrt und sich nach den „Fleischtöpfen Ägyptens“ zurücksehnt, wird auch Mose seiner alleinigen Verantwortung überdrüssig und er spricht zu Gott: „Habe denn ich dieses ganze Volk empfangen, ober habe ich es geboren, daß du zu mir sagst: Trage es an deinem Busen, wie die Wärterin den Säugling trägt“ (Num 11,12)? So erinnert Mose Gott an seine mütterlichen Pflichten. Vor seinem Tode ermahnt Mose aber auch das Volk: „Des Felses, der dich gezeugt, gedachtest du nicht und vergaßest des Gottes, der dich geboren“ (Dtn 32,18). Wieder erscheinen Vater- und Mutterzüge Gottes zur „Elterlichkeit“ Gottes vereint.

Gott ist wie eine Vogelmutter, die ihre Jungen das Fliegen lehrt und auf ihre Fittiche nimmt (Dtn 32,11; Ex 19,4), wie eine Henne, die ihre Kücken unter ihre Flügel sammelt (Mt 23,37; Ps 17,8; 91,4; 57,2 u.ö.). Aber die Mütterlichkeit Gottes kann sich auch aggressiv gegen die eigenen Kinder richten, wenn diese sich von der Mutter abwenden: „Ich falle sie an wie eine Bärin, die ihrer Jungen beraubt ist“ (Hos 13,8). Mütterliche Assoziationen weckt die Rede von der Wiedergeburt aus dem Geist (besonders im Johannesevangelium, z.B. 3,4–7); die Gleichnisse Jesu bedienen sich u.a. der weiblichen Lebenswirklichkeit: Das Reich Gottes läßt sich mit einem Sauerteig vergleichen, den eine Frau unter das Mehl mischt, bis dieses ganz durchsäuert ist; wie eine Frau mit ihren Freundinnen zusammen das Haus nach einem verlorenen Geldstück durchsucht, bis sie es gefunden hat, so sucht Gott die Sünder, damit sie umkehren (Lk 13,20–21; 15,8–10). Manche feministische Theologinnen sehen auch im weiblichen Genus der

Wörter einen Hinweis auf die weiblichen Züge des biblischen Gottes: Der Geist Gottes heißt hebräisch „die" ruach, und das göttliche Erbarmen, von dem in den Texten immer wieder die Rede ist, heißt „die" rächäm und kann überdies in seiner Grundbedeutung mit „Mutterschoß" übersetzt werden[32].

Um diese Weiblichkeit und Mütterlichkeit Gottes ins Bewußtsein zu heben, versuchen Theologinnen und Pfarrerinnen auch liturgische Texte von den weiblichen Zügen Gottes dominieren zu lassen. Rachel Wahlberg hat in dieser Absicht ein Glaubensbekenntnis für Frauen geschrieben, das inzwischen schon als klassischer Text einer feministischen Theologie gelten kann[33]:

> „Ich glaube an Gott,
> der Frau und Mann zum Ebenbild Gottes schuf,
> der die Welt schuf
> und beiden Geschlechtern
> die Pflege der Erde anvertraute.
> . . .
> Ich glaube an die Ganzheit
> des Erlösers,
> in dem weder Grieche noch Jude ist
> weder Sklave noch Freier
> weder Mann noch Frau:
> denn wir sind alle eins in der Erlösung.
> . . .
> Ich glaube an den Heiligen Geist
> den weiblichen Geist Gottes,
> der wie eine Henne uns Leben gab
> und uns gebar
> und uns bedeckt
> mit ihren Flügeln."

So läßt sich gewiß einiges Weibliche zusammentragen und als Gegengewicht gegen eine lange Tradition einseitiger Betonung der Männlichkeit Gottes formulieren. Dennoch bleibt die Frage, ob das auch redlich und sinnvoll ist. Ohne Zweifel überwiegen in den biblischen Texten die männlichen Bezeichnungen der Eigenschaften und Handlungsweisen Gottes. Dementsprechend wirken die feministischen Bemühungen um das weibliche Gottesbild auch ein wenig gezwungen, besonders dort, wo mit dem Genus der Wörter argumentiert wird. Das Wort „Geist“ z. B. weist in den verschiedenen Sprachen alle Geschlechter auf: in der deutschen Sprache ist er männlich, in der griechischen sächlich, in der hebräischen weiblich; im Englischen haben Nomina überhaupt kein Genus. Was also ist mit dieser Argumentation gewonnen, wenn man dazu bedenkt, daß z. B. „Macht“, „Gewalt“ oder „Größe“ weiblichen Geschlechts sind, obwohl nach feministischem Urteil von engstem Bezug zum Charakter des Männlichen; und das nicht etwa nur im Deutschen: Im Hebräischen ist nicht nur das Schwert weiblich, sondern sogar die „geburah“ – die Manneskraft.

Zudem ist es nicht ungefährlich und widerspricht feministischem Grundinteresse, wenn durch die Aufsplitterung von männlichen und weiblichen Eigenschaften Gottes der üblichen Rollenfixierung Vorschub geleistet wird: Über das Gebären hinaus gelten hier wieder sehr einseitig die liebende Fürsorge, die Nachsicht, das Kleiden, Nähren, der Haushalt als „typisch“ weiblich[34], Recht, Gesetz, Zorn, Strafe, Kampf als „typisch“ männlich.

Die mütterlichen Züge Gottes, auf die manche Feministinnen sich berufen, gehören zu jenem Teil der Tradition, der gegen die Göttinnenmythen und-kulte antritt: Hosea, Jeremia, Deuterojesaja, Tritojesaja, Deuteronomium, Priesterschrift. Was sie damit sagen wollen, liegt auf der Hand: Wozu braucht ihr eine Muttergöttin? Auch Jahwe, der Vater, Richter und Kriegsherr, kann gebären, stillen, sorgen und sich erbarmen. Selbst wenn eine Mutter ihr Kind verließe, verläßt dieser Gott sein Volk niemals.

Wer den alttestamentlichen Gott als Mutter sucht, findet untrennbar damit verbunden den einen Gott des Himmels und der Erde und strengen Vater. Das ließe sich auch positiv sehen: Männliches und Weibliches, hier auf der Erde zertrennt, einander fremd oder im Kampf miteinander liegend, gehören zu einer Ganzheit zusammen. Daß Menschen das nicht immer so verstanden haben, sondern aus der Macht und Männlichkeit Gottes die Legitimation für die Herrschaft des Menschen über Menschen beziehen, ist nicht Gottes Schuld.

So läßt sich also der biblische Gott in der Überlieferung, wie sie in ihrer Endgestalt vorliegt, aufgrund seiner weiblichen Züge noch lange nicht als Mutter bezeichnen. Seine Männlichkeit steht nirgends in Frage, ebensowenig die grundsätzliche Abwehr der weiblichen Gottheiten im Pantheon der Nachbarvölker. Auffällig ist, daß der Vatername Gottes als Ausdruck eines innigen Verhältnisses zwischen Gott und Volk erst sehr spät nachweisbar ist: vor den vernichtenden Attacken der Assyrer gegen das Nordreich Israel und der Babylonier gegen das Südreich Juda, bzw. in der Zeit des Exils[35]. Der Vatername Gottes für die Beziehung zwischen dem einzelnen Frommen und seinem persönlichen Gott tritt noch seltener und noch später auf. Wie an einigen Texten schon gezeigt wurde, sind dabei mütterliche und väterliche Elemente eng miteinander verschränkt. Wenn man von Geburt und Stillen absieht, spricht auch nichts dagegen, leibliche Fürsorge, Liebe, Kränkung und Erbarmen als väterliche Haltung gegenüber den Kindern zu verstehen. Und ist nicht auch die Mutterliebe darauf bedacht, durchaus mit Strenge auf ein Zusammenleben nach Maßgabe ethischer Maximen zu schauen, mit den Kindern und für die Kinder zu kämpfen, wenn es sein muß? Statt von Gott, der Mutter, zu sprechen, müßte die Gottesvorstellung dieser Tradition eher in einem allgemeineren Aspekt der Eltern-Kind-Relation gesehen werden. Daß der von alters her männliche biblische Gott auch mütterliche und, wie wir später noch sehen werden, andere weibliche Züge annimmt, zeigt eher, daß er „alles in Allem" ist und Eigenschaften bzw. Verhaltensweisen assimilieren kann, die in einer polytheistischen Religion auf verschiedene Götterfiguren verteilt sind. Auch die mütterliche Seite dieses Gottes steht im Dienste des strengen, wenn auch nicht zu allen Zeiten unangefochtenen Monotheismus des jüdischen Glaubens.

Beschädigte Muttererfahrungen

Machen wir schließlich noch ein Gedankenexperiment: Nehmen wir an, die biblische Tradition hätte uns eine Göttin statt eines Gottes, eine Mutter im Himmel statt eines Vaters im Himmel überliefert. Greifen wir noch einmal die Aussage vieler Frauen auf, die sagen, ihre unguten Erfahrungen mit dem leiblichen Vater hätten ihnen den Zugang zum himmlischen Vater versperrt, aber zu einer himmlischen Mutter könnten sie Vertrauen fassen. Wir wären offenbar nicht Menschen, wenn nicht immer alles möglich sein könnte. Im Zuge des feministischen Aufbruchs haben Frauen ihre Probleme mit der leiblichen Mutter entdeckt, die weniger in offener Gewalt als durch psychisch-unterschwelligen Druck ausgetragen werden und doch eine ebenso große Last für das Erwachsenenleben bringen. Mütter strafen nicht so sehr mit der Faust als mit der indirekten Drohung des Liebesentzuges oder mit dem Gefühl existenzbedrohender Kränkung. Nicht verbal, aber emotional signalisieren solche Mütter: Wenn du das tust, bringst du mich um. „Sie hat uns so gut wie überhaupt nicht bestraft", schreibt eine Frau über ihre Mutter. „Sie hatte eine schlimmere Methode, wenn wir etwas tun sollten und wir wollten nicht, dann sagte sie: Dann mache ich das selber."[36] Über Gängelung, Bevormundung, Herabsetzung klagen die Töchter, über zu wenig gute Worte, zu wenig Worte überhaupt: „Ich habe sie (= die Mutter) nie verstanden, sie war für mich eine Instanz, die ich fürchtete"; „Ich durfte sie nie anfassen, das hat mich sehr gedemütigt"; „Intellektuell erkannte sie mich an, aber als Mensch und Frau verachtete sie mich, so wie sie sich selbst verachtete". Töchter leiden darunter, daß sie sich für ihre Mütter verantwortlich fühlen, schon als Kinder verantwortlich gefühlt haben, gleichsam als Mutter ihrer Mutter. Mit dem Vater verstanden sie sich besser, von ihm fühlten sie sich angenommen[37]. Es gibt also auch die umgekehrte Version. Es gibt eigentlich alles. Mütter üben auch emotionelle Gewalt über ihre Söhne aus, ebenso wie die Söhne die Gewalt in unterschiedlichsten Formen durch den Vater erleiden müssen. Die Literatur ist voll von Exempeln[38].

Nicht zufällig haben die Bücher von Alice Miller, besonders das erste, „Das Drama des begabten Kindes und die Suche nach dem wahren Selbst", einen Sturm der Begeisterung ausgelöst, viele aber auch so über die Erkenntnis zurückgedrängter kindlicher Qualen erschrecken lassen, daß sie nicht weiterlesen konnten. Alice Miller bietet zu den geschilderten Phänomenen die psychoanalytische Theorie: Narzißtische Störung. Da ist die emotional unsichere Mutter, die sich von der ursprünglichen Vitalität ihres Kindes bedroht fühlt, das Kind dafür beneidet und haßt bzw. erst lieben kann, wenn das sensible Kind gelernt hat, auf sich bis zur Selbstaufgabe zu verzichten und aus eigener

Intuition, dem Gebot zuvorkommend, die tiefsitzenden Bedürfnisse der Mutter zu erfüllen. So lebt das Kind mit dem falschen Selbst der Mutter; das eigene ist ihm verloren gegangen. Aus Schwäche und Unsicherheit machen sich diese Mütter ihre Kinder verfügbar. Gewiß, Mütter vergewaltigen nicht, aber Alice Miller kennt aus ihrer Praxis als Analytikerin auch die sexuelle Verführung des kleinen Buben durch seine Mutter[39]. Für die Beschädigung der Mütter machen Feministinnen wiederum Männer und Väter verantwortlich. Ist die Henne früher oder das Ei? Was sich in solchen Fällen abspielt, ist der grausame Kreislauf der geschädigten Schädiger. Frauen mit schlechten Vatererfahrungen mag die Mutter im Himmel helfen, Frauen mit schlechten Muttererfahrungen hilft der Vater im Himmel. Wieder war es in einem Gespräch mit Frauen nach einem Vortrag: „Wenn Gott eine Mutter ist", sagte eine von ihnen, „dann fürchte ich mich vor der Auferstehung."

Weder die phänomenologische Selektion der weiblichen Züge des biblischen Gottes, noch die historisch-kritische Rückfrage nach dem Ort der Entstehung dieser Züge, noch der Rekurs auf die menschlichen Elternerfahrungen erscheinen mir weiterführend. Bedenkt man die erschreckende Vielfalt der Möglichkeiten von Gewalt zwischen Eltern und Kindern, dann gewinnt die, von Feministinnen so viel verlästerte, „entleiblichte" und transzendente Vorstellung Gottes als des „ganz Anderen" entlastende Kraft: „Gott sei Dank" ist Gott anders als wir Menschen!

Du sollst dir kein Bild machen

Als vierter und letzter Schritt, der aus den vielen Widersprüchen in der Tat herausführen kann, sind darum systematische Überlegungen zur Gottesfrage nötig. Ich gehe von dem Satz aus: Gott *ist* Vater. Was bedeutet dieses „ist"? Der jüdisch-christliche Religionskreis hat physische Zeugungsvorstellungen immer ausgeschlossen[40]. Der biblische Gott ist nicht wie Zeus, der sich vornehmlich mit der Erzeugung leiblicher Nachkommenschaft befaßt und so Himmel und Erde mit Halbgöttern bevölkert. Das christliche Bekenntnis zur Jungfrauengeburt will nichts anderes aussagen als: Die Vorstellung einer leiblichen Zeugung Jesu durch Gott kommt ebensowenig in Frage wie seine Herkunft einfach nur von einem Menschen. Wenn sich in der biblischen Schriften immer wieder die Wendung „aus dem Geist (Gottes) gezeugt“[41] findet, dann bedeutet das zunächst eine Abgrenzung gegenüber biologischen Assoziationen: das Wort „gezeugt“ ist jedenfalls nicht wörtlich zu verstehen. Ebensowenig läßt sich der Satz „Gott ist Vater“ umdrehen zu „unser (leiblicher) Vater ist Gott“. Judentum und Christentum sind in ihrer Wirkungsgeschichte davon gekennzeichnet, Gott, den Schöpfer, als den „ganz Anderen“ zu sehen, als den, der eben dadurch definiert wird, nicht Geschöpf zu sein.

Dieser geschlechtslose, transzendente, mythenkritische, vergeistigte, „abstrakte“ Gott wird nun feministischerseits als Ausgeburt eines männlichen Bewußtseins für jeden Tropfen Blut verantwortlich gemacht, den Menschen im Kampf gegen Menschen vergossen haben: Männer, Theologen „projizieren“ ein „abgespaltenes Geistprinzip, das Produkt patriarchaler Bewußtseinsentwicklung, in die Wiege der menschlichen Kultur“, die die Verfasserin dieses Textes, Gerda Weiler[42], als eine matriarchale sieht. Mit dem Problem der Matriarchate wird sich ein eigenes Kapitel beschäftigen. Hier interessiert uns zunächst die postulierte Beziehung zwischen „Geistprinzip“ und „patriarchalem Bewußtsein“. „Die Idee von ‚Gott als Geist‘ ist abstrakt, und abstrahieren kann man nur vom Anschaulichen, das vorausgegangen sein muß. Die Forderung: ‚Du sollst dir kein Bildnis machen!‘ macht den Menschen krank, führt ihn in die Neurose. Der Weg des Menschen in die bilderlose Gottesverehrung ist kein geistiger Fortschritt, sondern die Entwicklung zu einer schizophrenen – das heißt gespaltenen – Existenzweise des Menschen. Der psychisch gesunde Mensch bleibt seiner Bilderwelt fruchtbar verbunden.“[43]

Ohne Zweifel gehören Bilder, Symbole, Anschauung zum Menschen und ihr Verlust wird als Mangel empfunden; aber sie sind auch nur ein Teil menschlicher Wirklichkeit und für sich genommen ein „schizophrenes“ Spaltprodukt. Aristoteles, zwar ein Mann, sich aber wie viele Philosophen dessen bewußt, daß der Mensch auf Ganz-sein ausgerichtet ist, spricht von *drei* Tätigkeitsformen, die nur zusammen ein sinngerichtetes Leben ausmachen: die Theorie als Vollzug des Wollens und Vermögens von

Erkennen (Wissenschaft), die Praxis als Verwirklichung ethisch begründeter Verantwortung („Tugend") und Poiesis als gestalthaftes Handeln, das etwas Anschaubares schafft[44]. Zur Poiesis zählen die vielfältigen Formen der Kunst (Sprachkunst, bildende Künste), rituelle Handlungen, Feste, Symbole im religiösen wie im säkularen Bereich. Eine Theateraufführung, aber auch deren Besuch z.B. sind Poiesis; Gemeinschaften, Staaten geben sich poietische Symbole z.B. durch Embleme und Fahnen; Feste drücken ihren Anlaß und Sinn in gestalthafter Form aus. Jeder Glaube sucht sich in gestalthaftem Handeln darzustellen, alles kann ihm „zum Gleichnis werden" (Goethe): Gestirne, Pflanzen, Tiere und der Mensch in seiner Gestalt (Auge, Hand, Haare etc.) bzw. seinen Regungen (Hunger, Durst, Eros etc.). „Der praktizierte Glaube schafft sich seinen ‚festen' Ausdruck, denn alles Innerliche braucht seine äußere Gestalt, um in der Welt wirksam zu werden. Diese vielfältige äußere Gestalt wird . . . mit dem Terminus ‚Positivität' (= lateinische Übersetzung des Wortes ‚*poiesis*') bezeichnet, womit nicht an den Gegensatz zur Negativität gedacht ist, sondern an das Hingestelltsein (ponere = stellen) in die Wirklichkeit. Positivität in diesem Sinne setzt Innerlichkeit voraus wie der geschenkte Blumenstrauß die innere Zuneigung. Wo dieses innere Leben in den Äußerungen fehlt, da entsteht tote Positivität, Gestalt ohne Seele. . . . Das Innere (Glaube, Liebe, Hoffnung) darf also nicht getrennt werden von den äußeren Elementen, in denen es sich zeigt. Und die äußeren Elemente werden vollkommen mißverstanden, wenn man sie empirisch, d.h. unter Absehen von ihrer Bedeutung, betrachtet."[45] Positivität kann zu Leerformen erstarren, wenn der Glaube nicht lebendig ist. Jeder Glaube, der polytheistische, der jüdische, der christliche entwirft seinen gestalthaften, poietischen, „positiven" Ausdruck; der eine stärker in Riten und Tänzen, der andere stärker durch Bilder oder durch Sprache (Poesie, Narration). Für alle gilt: je kräftiger der Glaube, desto wirksamer die Gestalt. Noch vor seiner Erkenntnisfähigkeit wird der Mensch von den Gestalten begleitet und geprägt, die ihn umgeben, seien sie hohl oder machtvoll[46]. Gestalt ist wie alles in der menschlichen Geschichte dem Wandel unterworfen; Gestalten können ihre Bedeutung verändern, oder die Bedeutung kann sich neue Gestalten suchen. Die Geschichte aller Religionen belegt es.

All das ist nur ein Element in der genannten aristotelischen Trias. Die Glaubwürdigkeit des gestalthaften Ausdrucks geht verloren, wenn sie von Handlungsweisen begleitet wird, die die ethische Forderung nach Humanität verletzen; und sie geht verloren, wenn sich die Erkenntnis auf eigene, mit den anderen Weisen der Tätigkeit nicht mehr vermittelte Wege begibt. Letzteres ist wohl als die „Krankheit unserer Zeit" zu diagnostizieren. Wenn junge Menschen im Heranwachsen „zur Vernunft" kommen und damit ihren Glauben als „Kinderglauben" zurücklassen, heißt das nicht, daß die Poiesis vernachlässigt wurde, sondern die Theorie, die Verbindung von Vernunft und Glaube.

Auch die Theorie, die zunächst distanzierte Reflexion über Gott bzw. über den Satz „Gott ist Vater", kann heilsame Sinnerkenntnis erschließen. Wenn wir uns auf diesen Weg begeben, dann fällt auf, daß in biblischen Texten die Rede von Gott von Negationen begleitet wird: Er ist Vater, aber zeugt nicht; er offenbart sich, bleibt aber unsichtbar; er ist Leben, jedoch nicht vom Tode betroffen, er handelt in der Geschichte, ist aber transzendent („im Himmel"), man darf sich kein Bild von ihm machen (im wörtlichen und übertragenen Sinn), er ist Schöpfer, selbst nicht geschaffen, er ist eben „ganz anders". Diese „via negationis" hält Gott aus allen naiven Identifikationen mit der menschlichen Lebenswirklichkeit heraus bzw. grenzt sich kritisch gegen sie ab. Mit der Verweigerung, Gott die „Krätze des Endlichen" (Hegel) anzuhängen, ist aber ein entscheidender Sinn verbunden: Nur wenn Gott wirklich transzendent bleibt, kann er dem Menschen ein kritisches Gegenüber sein, und das bedeutet entscheidend Kritik an allen menschlichen Versuchen, sich Macht und Herrschaft über alles Lebendige anzueignen. Dieses Motiv durchzieht die Bibel vom Turmbau zu Babel (Gen 11,1–9) bis zur Bewährung Jesu in der Versuchung (Mt 4,1–11).

Auch mit dem Bilderverbot wehrt die biblische Tradition alle Versuche ab, Gott als handhabbaren „Gegenstand" verfügbar zu machen und für alle möglichen eigenen Interessen in Anspruch zu nehmen. Wenn von Gott ausgesagt wird, was er alles *nicht* ist, dann steht dahinter die Absicht, Gott von den Bedingungen der Endlichkeit, von der „Besudelung durch sinnliche Gewißheit" frei zu halten, aber auch davon, ihn als jenseitiges Wesen vorzustellen, das „außer der Welt hockt" (Hegel), um von dort aus nach Lust und willkürlicher Laune im Weltgeschehen umzurühren („deus ex machina“[47]). Eine solche Welt wäre, wenn auch nur in der Vorstellung, ebenso gegenständlich gedacht wie die diesseitige und könnte dem religionskritischen Argument, es handle sich hier um eine Projektion,[48] nicht standhalten. Gott ist eben kein „Ding“, weder zum Anschauen, noch zum Angreifen, noch zum Vorstellen. All das wäre „schlechte Metaphysik“ (Hegel)[49]. Wäre Gott gegenständlich, so könnten die Gegenstände ausgetauscht werden: Woran du dein Herz hängst, das ist dein Gott, sagt Luther zutreffend in der Erklärung zum ersten Gebot im Großen Katechismus. Welcher Unterschied bestünde dann zwischen Gott und einem schönen, schnellen Auto? Der Verlust beider triebe die „Besitzer“ gleicherweise in Verzweiflung. Nur das Bekenntnis zu mehreren Göttern böte die Chance, den Verlust bei einem himmlischen Konkurrenten einzuklagen. Der transzendente Gott der Bibel dagegen bildet das kritische Prinzip, das in derselben Tradition im ethischen Anspruch eingelöst wird: Du sollst nicht herrschen, nicht töten, nicht ausbeuten. . . Einerseits finden Feministinnen wie z. B. die bereits erwähnte Gerda Weiler heftigste Worte gegen alle möglichen Formen von Machtanspruch, andererseits werfen sie dem biblischen Gott rigoristischen, menschenverachtenden Moralismus vor. Aber fällt dieser Gott nicht dieselben Urteile über die Machtsucht der Menschen wie Gerda Weiler?

Von der Anstrengung der Analogie

Die „via negationis“ zieht also eine kritische Grenzlinie: Gott ist nicht Objekt, er kann nicht in Besitz genommen werden, er verweigert sich damit der Legitimierung für menschliche Herrschaftsansprüche. Deshalb heißt er allein der (wahre) Herr, König, Richter und Vater; deshalb heißt es auch: „Nennt niemanden auf Erden euren Vater“ (Mt 23,9).

Diese Rede von Gott ist aber erst ein erster, wenn auch notwendiger Schritt. Blieben wir hier stehen, müßten wir uns versagen, von Gott „positiv“, in der doppelten Wortbedeutung, zu sprechen. Daraus ergibt sich der nächste systematische Denkschritt: Wenn wir sagen: „Gott ist Vater“, so handelt es sich um eine analoge Rede[50]. „Alle Sätze des Glaubens sind analoge Rede. In ihr wird die Reflexion von einem Gegenstand der Anschauung auf einen anderen Begriff übertragen, dem keine Anschauung direkt korrespondiert.“[51] Das Sprechen von Gott „per analogiam“ setzt also die „via negationis“ voraus: Gott ist mit dem „gegenständlichen“, leiblichen Vater nicht identisch, er ist „wie“ ein Vater. Der große Philosoph des 18. Jahrhunderts, Immanuel Kant, hat die Analogie z. T. sehr anschaulich entfaltet. Wenn er sagt, daß Begriffe ohne Anschauung leer sind, dann trifft er das Problem einer Rede von Gott, die sich auf die „via negationis“ beschränkt; dann kritisiert er damit eine Rede von Gott, die er selbst „dogmatischen Anthropomorphismus“[52] nennt. Wie kann nun aber unsere Vernunft das, was wir anschauen, mit dem verbinden, was sich unserer Anschauung entzieht? Kant antwortet: „. . . wenn wir unser Urteil bloß auf das *Verhältnis* einschränken, welches die Welt zu einem Wesen haben mag, dessen Begriff selbst außer aller Erkenntnis liegt, deren wir innerhalb der Welt fähig sind. . .“[53]

Kant unterscheidet drei Weisen, Anschauungen zu gewinnen, ohne die der Begriff, auch der Begriff Gottes, nicht auskommt: einmal über die Empirie – ein Objekt kann gezeigt, gesehen, mit den Sinnen wahrgenommen werden[54]; dann über die „innere Anschauung“, also das Bewußtsein einer Dimension oder eines Zusammenhangs (Raum, Zeit, Ursache u. a.), denen kein greifbarer Gegenstand entspricht[55]. Nun kann aber Gott, sofern er Gott ist, weder ein Ding sein, noch eine unserem Bewußtsein innewohnende Kategorie, denn auch diese wäre nichts weiter als menschlich. So bleibt als dritte Möglichkeit die Analogie: Sie vergleicht nicht Ding mit Ding, nicht Erfahrbares mit Erfahrbarem, auch nicht den irdischen Vater mit dem himmlischen. Die Analogie ist nicht eine unvollkommene, beiläufige Ähnlichkeit zweier Objekte, „sondern eine vollkommene Ähnlichkeit zweier Verhältnisse zwischen ganz unähnlichen Dingen“[56].

Um klarzumachen, was damit gemeint ist, bedient sich Kant eines Beispiels, das auch der Bibel nicht fremd ist: Ein Staat, wenn innere Volksgesetze ihn bestimmen, wird durch einen beseelten Körper vorgestellt; so nennt auch Paulus die christliche Gemeinde per analogiam einen Leib, dessen Organe sinnvoll aufeinander abgestimmt sind und zusammenspielen (Röm 12,4–5; 1.Kor 12,12–27). Hingegen spricht Kant von einem Staat, der vom einzelnen Willen des Herrschers despotisch bestimmt wird, in der Analogie einer Handmühle, deren Mechanik seelenlos durch die Kraft eines Betreibers funktioniert: „Zwischen einem despotischen Staat und einer Handmühle ist zwar keinerlei Ähnlichkeit, wohl aber zwischen der Regel, über beide und ihre Kausalität zu reflektieren“[57].

Was bringen diese Überlegungen zur Frage nach Gott und seinen Namen, soll er nun als Vater oder Mutter, männlich oder weiblich vorgestellt werden? Daß die Analogie von Handmühle und Staatswesen keinen Vergleich von Dingen darstellt, ist sofort einsichtig; geht es aber um Gott, so kann die Sprache leicht in die Irre führen. Aber schon der erste Schritt unserer systematischen Überlegung sollte uns gewarnt haben: Gott der Vater hat mit einem menschlichen Vater nicht mehr zu tun als ein Staat mit einer Handmühle, nämlich gar nichts, was einen Vergleich zuließe. Nicht besser steht es allerdings um Gott die Mutter[58]. Was in Analogie zueinander tritt, sind weder Gegenstände noch Personen, sondern das organische (oder mechanische) Funktionieren, die Regel, nach der sich etwas ereignet, kurz ein Verhältnis zu einem anderen Verhältnis. Wie wir überhaupt redlich von Gott reden können, steht hier auf dem Spiel. Denn „vermittelst einer solchen Analogie“, sagt Kant, „kann ich daher einen Verhältnisbegriff von Dingen, die mir absolut unbekannt sind, geben. Z.B. wie sich verhält die Beförderung des Glücks der Kinder . . . zu der Liebe der Eltern, so die Wohlfahrt des menschlichen Geschlechts zu dem Unbekannten in Gott, welches wir Liebe nennen; nicht als wenn es die mindeste Ähnlichkeit mit irgendeiner menschlichen Neigung hätte, sondern, weil wir das Verhältnis desselben (nämlich: Gottes) zur Welt demjenigen ähnlich setzen können, was Dinge der Welt untereinander haben“[59].

So erweist sich denn bei genauem Zusehen der Streit um Gott den Vater oder Gott die Mutter als obsolet. Jeder Name Gottes, der nicht per analogiam verstanden wird, macht aus Gott einen Götzen, und das heißt einen greifbaren oder vorgestellten Gegenstand; so allerdings hat der Vatergott böse Folgen gehabt – aber die Folgen der Muttergottes wären nicht besser. Der Doppelschritt der via negationis und des Sprechens per analogiam hat jedoch nicht nur heilsame Konsequenzen für ein redliches Reden von Gott, sondern auch für das Tun und Lassen der Menschen.

Daß Gott Vater ist, bedeutet somit: Er ist nicht wie irdische Väter, aber sein Vatersein „entspricht im höchsten Sinne dem, was das Wort meint"[60]. Immer wenn wir von Gott als Vater sprechen, greifen wir auf die möglichen menschlichen Erfahrungen von Väterlichkeit zurück. Dennoch ist Gott nicht unser Vater mit seinen Grenzen, seiner Schuld (und seinen Verbrechen). Das Vatersein Gottes transzendiert unsere Vatererfahrungen auf den Inbegriff der Väterlichkeit hin, auf den „vollkommenen Vater im Himmel" (in der theologischen Tradition wird diese Weise zu reden die „via eminentiae" genannt). Gott als Vater ist also immer mehr als alle positiven Vatererfahrungen und mißt alle negativen Vatererfahrungen am Maßstab seiner Väterlichkeit.

Damit hat aber der Doppelschritt des Denkens sehr handfeste Konsequenzen, indem Gott zum Verbündeten aller derer wird, die unter der Anmaßung falscher Väter leiden. Unsere Väter sind keine Götter und väterliche Autorität darf nicht von Gott als oberstem Machthaber abgeleitet werden, weder scheinbar positiv („Liebespatriarchalismus"), noch negativ (Despotismus); das ist das unaufgebbare Resultat der via negationis. Aber unsere Väter stehen unter dem Anspruch, vollkommen zu sein wie der Vater im Himmel: vollkommen, nicht mächtig; vollkommen, nicht autoritär. Daß die irdischen Väter eine solche Vollkommenheit nicht erreichen können (sonst wären sie ja Götter), schließt nicht aus, daß sie darauf hinstreben, und daß sie sich gefallen lassen müssen, von diesem Anspruch her kritisiert zu werden.

Wenn man Gott nicht per analogiam denkt, sondern sich empirisch vorstellt oder zur bloßen inneren Anschauung macht, bestätigt man nicht nur die Religionskritik; dadurch wird die Ineinssetzung von menschlicher und göttlicher Autorität geradezu provoziert. Daß auch kirchliche Lehre und Praxis sich solcher kritisch-theoretischer Reflexionen weithin enthalten haben und auch heute enthalten, muß nicht nur im Dienste des altbekannten Machtinteresses stehen. Oft ist es schlicht Antiintellektualismus oder Denkfaulheit, ein Vorwurf, der sich nicht gegen die Christen im allgemeinen richtet. Nicht jedem sind komplexe Reflexionen über die Analogie zuzumuten oder möglich, wohl aber müßten sich die Theologen darum bemühen, somit auch Theologinnen, die ein akademisches Studium absolvieren und als Lehrer der Kirche für die Vermittlung verantwortlich sind. Und wenn auch nicht jeder „Schüler“ durchschaut, welche Reflexionen hinter einer Vermittlungsbemühung stehen, so fließen diese dennoch in die Kommunikation ein und prägen die Gestalt einer nicht kurzschlüssigen Rede von Gott. Deshalb ist der Kopf- und Theoriefeindlichkeit entgegenzutreten, und zwar mit guten Gründen, die sich biblisch wie dogmatisch belegen lassen. Wir werden immer wieder in die Lage kommen, nicht nur beim Thema „Frau“, unter Berufung auf eine richtige Tradition einer anderen, die wir als falsch erkannt haben, die Stirn zu bieten. Auch in den biblischen Texten stehen einander widerstreitende Positionen gegenüber, weshalb eine genauere Prüfung mit weitergehenden theoretischen Anstrengungen, wie wir sie hier in aller Kürze unternommen haben, notwendig ist. Wer sich vom Vatergott und seinen irdischen Stellvertretern schrecken läßt, gibt der falschen Tradition recht. Ich nehme am Vatergott deshalb keinen Anstoß, weil er die Aufforderung an unsere Väter ist, vollkommen zu sein, und im Widerspruch zu allen Vätern steht, die sich gottähnliche Autorität anmaßen. Ein Muttergott wäre den Müttern dasselbe Maß; ich meine, noch immer haben es die Väter nötiger.

In der Fülle der Bilder

Kommen wir noch einmal auf die persönlichen Erfahrungen von Menschen mit ihren Eltern zu sprechen. Auf dem Hintergrund unserer theoretischen Überlegungen müssen weder positive noch negative Vatererfahrungen die Beziehung zum Vatergott festlegen bzw. beeinträchtigen. Daß positive Erfahrungen zur Grundlage der Analogiebildung genommen werden, ist einsichtig. Der von seinem Vater Geliebte kann sagen: Wenn schon mein Vater. . ., um wieviel mehr mein himmlischer Vater. Ich erinnere an den Propheten Deuterojesaja (Jes 49,15–16), der in dieser Weise von der Mutter spricht. Viele biblische Texte weisen diese Art der Rede von Gott auf, unabhängig von den Analogien, derer sie sich bedienen. Der von seinem Vater Beherrschte kann sagen:

Wenn mein Vater nicht. . ., dann jedenfalls mein Vater im Himmel! Sollte die Verweigerung der irdischen Väter so viel Macht haben, daß sie die Verbundenheit mit dem Vatergott zerstört? Aus den negativen Vatererfahrungen können auch Sehnsucht und die Hoffnung auf den Schutz durch die allen menschlichen Instanzen übergeordnete Macht Gottes entspringen. Die Gespräche mit Frauen haben mir bewiesen, daß das möglich ist und daß viele Frauen daraus auch die Kraft gewinnen, Widerstand zu leisten.

Vater und Mutter sind nicht die einzigen Analogien im Sprechen von und zu Gott. Nicht sehr häufig, aber an entscheidenden Stellen in der Bibel ist Gott der Freund: Wie mit seinem Freunde, so redet Gott mit Mose von Angesicht zu Angesicht (Ex 33,11); Gott kann „Freund meiner Jugend" genannt werden (Jer 3,4), und im Neuen Testament wird pointiert ausgesprochen, daß die Christen nicht Knechte, sondern Freunde des Herrn sind (Joh 15,15). Abraham wird ein „Freund Gottes" genannt (Jak 2,23), und Lukas, der große Erzähler, faßt die Analogien in ausführliche Gleichnisse: Gott ist wie einer, der seinen Freund nicht abweist, wenn dieser zur mitternächtlichen Stunde um Brot bittet (Lk 11,5ff.).

Auch die Erotik dient der Analogiebildung. Gott ist Geliebter, Bräutigam, Ehepartner. Das Hohelied, eine Sammlung kultischer Liebespoesie, wurde (nach mancherlei Schwierigkeiten, aber doch) in den Kanon aufgenommen als Analogie für die Beziehung zwischen Gott und Volk. Beide Seiten können über die Treulosigkeit des anderen klagen (Jes 49,14; Jer 2,2). Die Brautanalogie führt bis ins Neue Testament, wo das Reich Gottes einem Hochzeitsmahl verglichen wird (Mk 2,19f.; Mt 22,1; 25,1). Am Ende der Tage wird diese Hochzeit mit allem Glanz gefeiert (Apk 19,9; 21,9.17). Alle diese Analogien aber stehen in der Dialektik von Negation: Gott ist nicht. . ., und dem alles übersteigenden Anspruch: Gott ist immer mehr als. . . So kann sich, wer einmal die Anstrengung der Analogie durchgemacht hat, ohne Scheu der vielen Namen und Bilder Gottes bedienen, die die Tradition zusammengetragen hat. Gerade ihre Fülle ist dazu angetan, vor einseitigen Identifizierungen zu schützen.

Würde in der Vermittlungstätigkeit der Kirchen der theoretische Diskurs mehr gepflegt, dann müßte die Gottesbeziehung nicht mit dem Kinderglauben abgelegt werden. Das schließt Praxis und Poiesis nicht aus, sondern ein, und es entstünden nicht unnötige Polarisierungen wie z. B. Poiesis contra Theorie[61]. Zum anderen sollten solche Überlegungen in die liturgische Sprache eingehen, allerdings eben nicht im Sinne eines Gegensatzes, indem von Gott nur mehr in der Mutteranalogie gesprochen wird. Erst die Fülle der Analogien macht die Gottesbeziehung farbig und vielschichtig. Die Benutzung des kleinen Wortes „wie" könnte mehr, als das üblich ist, signalisieren, daß von Gott nur per analogiam geredet werden kann. Und schließlich, das hat z. B. der katholische Dogmatiker Karl Rahner immer gefordert[62], sollte das Sprechen via negationis ein ständiges Ingredienz jeder Gottesrede sein, um Vergegenständlichungen und Vereinnahmungen Gottes entgegenzuwirken. So würde sich herausstellen, daß die Gleichung: Gott ist männlich – nur Männer dürfen Priester sein – alle Gläubigen werden mit „Brüder" angeredet, keine Folge der Gottesrede ist, sondern ein Abfallprodukt des theokratischen Kurzschlusses; wo dieser aber die Praxis der Kirche legitimiert, bleibt jedes Sprechen von Gott als eine leere Hülse unglaubwürdig.

Zweites Kapitel

Eros der Göttinnen

Götzen und Huren

„Auch sie errichteten sich Höhenheiligtümer, Steinsäulen und Ascheren auf jedem hohen Hügel und unter jedem grünen Baum; auch ‚Geweihte'[1] gab es im Lande. Man ahmte alle Greuel der Völker nach, die der Herr vor Israel vertrieben hatte" (1 Kön 14,23–24). Dieser Vorwurf wird gegenüber Rehabeam, dem Sohn und Nachfolger König Salomos in Juda, erhoben. Er war nicht der einzige; kaum ein König, sei es in Juda oder Israel, galt aus dieser Sicht als unbescholten. Lob erntet, wer diese „fremden" Kulte zerstörte, wie z. B. König Asa von Juda. Er hatte die „Geweihten" aus dem Lande vertrieben, alle Götzen beseitigt und seine Mutter der Würde als „Gebieterin"[2] enthoben, weil sie der Göttin Aschera – im Pantheon der Kanaanäer Frau des obersten Gottes El – ein Standbild hatte errichten lassen: „Und Asa hieb ihr Götzenbild um und verbrannte es im Kidrontale" (1 Kön 15,11–13). Josaphat, Sohn des Asa, vollendete das Werk des Vaters, indem er den „Rest der Geweihten" ausrottete. Und die große Kultreform des Königs Josia, die er – laut Aussage des Textes – unter Berufung auf das Deuteronomium vollzog, bestand darin, „aus dem Tempel des Herrn alle Geräte hinauszuschaffen, die man dem Baal und der Aschera und dem ganzen Heer des Himmels gemacht hatte" (2 Kön 23,4 und ff.), die Götzenpriester zu „beseitigen", die Wohnungen der „Geweihten" „in denen die Frauen Gewänder für die Aschera woben" (V 7), niederzureißen, und auch im Lande alle Götzenstätten zu zerstören: „Und er zerschlug die Malsteine und hieb die Ascheren um und füllte ihre Stätte mit Menschengebeinen" (2 Kön 23,14).

Der Monotheismus war im Israel der vorexilischen Zeit bei weitem keine Selbstverständlichkeit; auf diesen Umstand sind wir bereits im vorigen Kapitel gestoßen. Schon die wenigen angeführten Stellen zeigen zweierlei: einmal, wie dominant die kanaanäischen Kulte unter Israeliten und Judäern gewesen sein müssen; zum anderen, daß dieser Dominanz die Vehemenz der Abwehr durch die Tradenten einer späteren Zeit entspricht, die desselben Geistes Kinder waren, wie vor ihnen Propheten vom Schlage eines Amos, Hosea oder Jeremia. Unter den Götzen, die ihrem Verdikt verfielen, finden sich tatsächlich eine Reihe bedeutender Göttinnen; ob freilich der Rückgriff auf sie für feministisches Interesse ein Gewinn ist, wird erst zu prüfen sein.

In einer für die Propheten typischen Zeichenhandlung heiratete Hosea im Auftrag Gottes eine Hure: „Denn zur Dirne ist das Land geworden, hat den Herrn verlassen" (Hos 1,2). Der Hoffnung des Hosea, die Hure Gomer möchte von ihren „Buhlen" ablassen und zu ihrem Mann zurückkehren, entspricht die Hoffnung Gottes auf die Rückkehr des Volkes. Wenn nicht, spricht Gott, will ich „all ihrer Lust, ihren Festen, Neumonden und Sabbaten und all ihren Feiertagen" ein Ende machen (Hos 2,11).

Nicht Baal, der Regengott, hat das Land zum Blühen gebracht, verkündete Amos im Namen Jahwes; zum Erweis dessen ließ Jahwe alles verdorren. „Dennoch seid ihr nicht umgekehrt zu mir, spricht der Herr“ (Amos 4,6). Das Volk frevelte weiter, Männer wie Frauen beteiligten sich am Abfall, „Sohn und Vater gehen zur (Kult-)Dirne, um meinen Namen zu entweihen“ (Amos 2,7b). Und zum Propheten Jeremia spricht Gott: „Siehst du nicht, was sie treiben in den Städten Judas und in den Gassen Jerusalems? Die Kinder lesen Holz auf, und die Väter zünden das Feuer an; die Frauen kneten den Teig, um der Himmelskönigin Kuchen zu backen, und fremden Göttern spendet man Trankopfer, um mir wehe zu tun“ (Jer 7,17–18). Auch für Jeremia ist das Volk zur ungetreuen, hurerischen Ehefrau geworden; durch seinen Mund spricht Jahwe: „Ich gedenke dir's, wie du mir hold warst in deiner Jugend, wie du mich liebtest in deiner Brautzeit, wie du mir folgtest in der Wüste. . .“ (Jer 2,2). „Sie (aber) ging hin auf jeden hohen Berg und unter jeden grünen Baum und buhlte daselbst“ (Jer 3,6b).

Diese Belege ließen sich um viele vermehren. Es sind vor allem vier dieser „fremden“ kanaanäischen Götter und Göttinnen, die Israel offensichtlich so fremd nicht waren, von denen das Alte Testament spricht. In der Reihenfolge ihrer Häufigkeit: Baal, Astarte (bzw. deren Kultfiguren, die Ascheren), El und Anat. Bei Astarte, Aschera oder Ascherat handelt es sich vermutlich um verschiedene Namen derselben Gottheit. Was wissen wir im einzelnen über diese höchsten Repräsentanten eines Götterhimmels, der Jahwe gegenüberstand? El erscheint als dem Gott Israel völlig assimiliert und spielt im „Götterkampf“ keine Rolle; Baal und Astarte werden häufig zusammen genannt; diese Götter, sowie Anat, finden sich auch in Zusammensetzung mit Orts- und Eigennamen der Israeliten, was ebenfalls auf Assimilation schließen läßt; den Göttern werden Tempel gebaut, Standbilder errichtet (das Stierbild spielt eine große Rolle), ihre Verehrung findet vor allem auf Bergen und Höhen statt. Immer wieder ist in diesem Zusammenhang von „Hurerei“ die Rede, was auf die rituelle Praxis der „heiligen Hochzeit“ und auf kultische Prostitution hat schließen lassen.

Noch einmal: Warum diese Abwehr gegenüber einer Religion, die das Volk über Jahrhunderte geprägt hatte? Kultkonkurrenz ist eines der Motive, das im Götterkampf zwischen Jahwe und Baal am Berg Karmel ausführlich geschildert wird (1 Kön 18,16ff.). Daß die Pflege dieser Kulte auch mit politischer Abhängigkeit zu tun hat, geht z. B. aus dem Verhalten des Königs Ahas von Juda hervor: In einer kriegerischen Auseinandersetzung mit Syrien, Edom und Israel ruft Ahas den assyrischen König Thiglath-Pileser herbei, mit dessen Hilfe er siegt. Als Ausdruck des Dankes läßt er in Jerusalem einen Altar nach dem Vorbild jenes Altares errichten, den er in Damaskus gesehen hat (2 Kön 16,7ff.).

Vom Interesse und der theologischen Konzeption der prophetischen und priesterlichen Überlieferung war schon die Rede. Feministinnen sehen aber ein anderes Motiv als entscheidend an, nämlich den Kampf einer patriarchalen Kultur gegen eine ursprünglichere matriarchale, die sich durch Mythen, Riten und eine gesellschaftliche Praxis ausgezeichnet habe, worin Frauen eine bedeutsame, wenn nicht dominante Rolle spielten. Nur in einer Rückkehr zu den Wurzeln dieser Kultur sieht diese feministische Position eine Chance für Frauen auch unserer Tage, wieder Selbstbewußtsein zur Befreiung aus patriarchaler Knechtschaft zu gewinnen. Gegen den Gott Jahwe „das patriarchale, autoritäre Entmündigungsprinzip"[4] werden die Göttinnenmythen nicht nur erforscht, sondern auch wiederbelebt und samt ihren Symbolen in einer neuen rituellen Praxis zur Geltung gebracht. In einer modernisierten Mondliturgie etwa singen und tanzen Frauen für die „Mondin" als „unsere Schwester", „unsere Mutter", „unsere nächtliche Geliebte"[5]. Diese Frauen wandern aus allen gegenwärtig gültigen Hochreligionen aus; vom Juden- und Christengott erwarten sie nichts mehr; sie gehen zurück in eine alte, verschüttete Tradition, wo Frauen noch etwas galten und sich ihres Lebens freuen konnten[6].

Ein fruchtloser Mythos

Heide Göttner-Abendroth ist es vor allem, die die Göttinnenmythen als Ausdruck einer matriarchalen Kultur mit Hilfe von Material des Matriarchatsforschers J. J. Bachofen zusammengestellt und analysiert hat. In der folgenden Darstellung beschränke ich mich zunächst auf den geographischen Raum Syrien-Palästina und die Mythen der Syro-Phönizier, weil diese für das Alte Testament am bedeutsamsten sind. Der Fund eines Bauern in der kleinasiatischen Bucht von Minet-el-Beda, die von griechischen Geographen als „weißer Hafen" überliefert ist, führte seit 1929 zur systematischen Ausgrabung des wenig landeinwärts liegenden Schutthügels von Ras Schamra, der sich bald als Überrest der phönizischen Küstenstadt Ugarit herausstellte. Mehrere Archive und Bibliotheken, die dort gefunden wurden, enthielten eine Fülle ugaritischer Keilschrifttexte; sie geben gründliche Auskunft über mythologische Vorstellungen, die nicht ohne Beziehung zum mesopotamischen und ägyptischen Raum entstanden sein dürften, aber dennoch eine eigene Gestalt aufweisen. Figuren weiblicher Gottheiten[7] fanden sich schon in Ausgrabungsschichten vom 5. vorchristlichen Jahrtausend an; die Texte selbst stammen aus einer jüngeren Zeit, vermutlich aus dem 14. Jahrhundert v. Chr., wobei nicht auszuschließen ist, daß sie auch ältere Elemente enthalten. Die Blüte Ugarits fällt in die Periode von 1600 bis 1300 v. Chr., um 1200 wurde die Hafenstadt von eindringenden Seevölkern zerstört und danach nicht mehr besiedelt.

Die dort gefundenen Texte, die sogenannten Ras-Schamra-Texte, sind eine überaus aufschlußreiche Quelle über Mythen, die zum Jahwe-Glauben in Konkurrenz standen, und es ist verwunderlich, daß Göttner-Abendroth sich damit offenbar nicht im einzelnen auseinandergesetzt hat. Sie stützt sich auf die Quellenselektion früherer Forscher und sieht in den Mythen über die Göttin Anat und den Gott Baal den Ausdruck einer entwickelten matriarchalen Kultur[8]: Anat, die „Herrin der Berge", ist die Schwestergattin des Baal, ihres „Heros", eines ihr untergeordneten Gottes. Den Jahreszeitenrhythmus abbildend, gerät Baal in die Fänge des Todesgottes Mot und stirbt. Anat, die Liebende und Aggressive, kämpft gegen Mot um die Freigabe Baals; sie zieht Mot die Haut ab, dreht ihn durch eine Mühle und verstreut das Fleisch über die Felder. Mot stirbt zwar nicht – schließlich ist er der Todesgott –, aber er gibt Baal heraus: Der Frühling zieht ins Land, es regnet, und Gras und Saat sprießen auf. Die Fruchtbarkeit des Landes und auch der Menschen hängt also von Anat und ihrem siegreichen Kampf ab. Baal ist sterblich, Anat nicht;

sie ist also die dominante Göttin – so lautet die Schlußfolgerung Göttner-Abendroths.

Prüft man diese Aussagen an den Quellentexten, dann zeigt sich, daß Göttner-Abendroth Wesentliches unterschlägt, das nicht in den Rahmen ihres Interesses fällt: Nicht Anat und auch nicht Baal stehen an der Spitze des Pantheons, sondern El und seine „Göttergattin" Ascherat[9]. El ist der „senior god"[10], Schöpfer alles Geschaffenen, Vater der Menschen, auch „der Stier" genannt, freundlich und gnädig[11]. Sie, Ascherat, Göttergebärerin (siebzig Götter und Göttinnen sind aus ihr hervorgegangen), Herrin des Meeres, erscheint in einer deutlich sekundären Rolle. Wenn ihr Mann z. B. etwas verweigert, wird sie als Vermittlerin angerufen[12]. Ein möglicherweise liturgischer Text schildert die Paarung Els mit ihr und einer zweiten Göttin, genannt Rchm, vielleicht Ascherats Magd[13], in unmißverständlicher Deutlichkeit. Die Göttinnen gebären die zwei „lieblichen Götter", die mit Brot und Wein bewirtet werden – wohl wieder ein Hinweis auf die Verknüpfung von Paarung, Geburt und Fruchtbarkeit des Landes.

Auch Anat und Baal sind Kinder des obersten Götterpaares. Ein großer Teil der Texte handelt davon, daß die Kinder in Konkurrenz zu den Eltern stehen. Baal, nicht Anat, will Herrscher über alles werden und ein eigenes Haus für sich haben. Anat unterstützt ihn dabei. El ist so machtlos noch nicht, wie er von manchen Feministinnen und anderen Forschern, auf die jene sich berufen, dargestellt wird[14], denn er muß seine Erlaubnis dazu geben. Anat ist es, die ihm diese Erlaubnis durch Morddrohungen abzuringen versucht. Als El sich weigert, wird Ascherat um Intervention beim höchsten Gott gebeten bzw. durch Geschenke dazu zu bewegen versucht. Zunächst zeigt sich Ascherat darüber empört, daß El keine Geschenke bekommen hat: An ihn müsse man sich in erster Linie wenden. Aber Ascherat fürchtet sich mehr vor Anat als vor El. Daher reist Ascherat nun doch zu ihrem Gatten, der sich vom Besuch überrascht zeigt, ihr ein Mahl serviert und ankündigt, er werde ihr anschließend beiwohnen (wollen auch Göttermänner „nur das Eine"?). Ascherat, daran nicht sonderlich interessiert, lenkt das Gespräch auf den Wunsch Baals. El wird zynisch: „Wenn Ascherat eine Magd ist, möge sie Ziegel streichen, dann wird erstehen ein Haus für Baal, wie die (übrigen) Götter, und eine Wohnstätte, wie die Söhne Ascherats haben."[15] El ist also nicht dafür, überläßt die Angelegenheit jedoch seinen „Untergebenen". Wieweit eine Kultkonkurrenz, wie wir sie schon aus dem Alten Testament kennengelernt haben, auch hier den historischen Hintergrund bildet, läßt sich nicht mehr erhellen. Aber was uns interessiert, nämlich die dominante Stellung der Göttinnen im Pantheon, kann aus den Ras-Schamra-Texten nicht belegt werden. Der feministischen Selektion widerspricht der Gesamtzusammenhang der Aussagen[16].

Die Göttin Anat ist ohne Zweifel die beeindruckendste Gestalt: Sie kämpft, watet im Blut ihrer Gegner, wird nicht „satt ihres Mordens", die abgehauenen Köpfe reichen ihr bis an den Rükken, „Wonne fühlt sie, als sie ihre Knie in das Blut der Helden tauchte"[17]. Es geht aus dem Kontext nicht deutlich genug hervor, was Anat so in Rage gebracht hat. Da im Anschluß daran Baal zum ersten Mal seinen Wunsch äußert, zur Stärkung seiner Macht ein eigenes Heiligtum zu bauen, läßt sich die schon erwähnte Kultkonkurrenz als Motiv vermuten. Dem mag eine Vernachlässigung des Baal-Anat-Kults vorausgegangen sein, die Anat, auch um der Ehre Baals willen, mit blutiger Vernichtung der Abtrünnigen rächt[18]. Jedenfalls handelt Anat nicht anders als Jahwe, zumindest was die Vernichtung der Feinde angeht. Warum wird Jahwe also von Feministinnen Gewalttätigkeit vorgeworfen und Anat nicht? Immerhin ist es als Fortschritt anzusehen, daß Jahwe nicht lustvoll im Blut der Feinde watet.

Nachdem sich Anat vom Blut gereinigt hat, schickt Baal Boten zu Anat und läßt ihr ausrichten: „Komm zu mir vom Schlachtfeld, senke Eintracht ins Erdreich, gieße Frieden bis ins Erdinnere, viel Liebe bis ins Innere des Feldes."[19] Gerda Weiler zitiert eine andere Übersetzung dieses Abschnittes und wählt eine Zeile daraus als Titel für ihr Buch („Ich verwerfe im Lande die Kriege"): „Die Botschaft des Baal, das Wort des Erhabenen unter den Helden: ‚Ich verwerfe im Lande die Kriege, lege auf die Erde heilige Liebe, gieße Frieden in die Mitte des Gefildes, in deinem Garten, unter dem Granatapfelbaum laß uns die Heilige Hochzeit feiern.'"[20] Solche, die hinter diesem Text einen Ritus vermuten, wofür spricht, daß Mythen in der Regel einen Sitz im kultischen Leben haben, übersetzen wieder anders: „Komm in das

Land der Kriege! Setze Töpfe in die Erde, gieße ein Heilsopfer aus mitten im Land, stelle Gefäße auf mitten im Feld."[21] Die Übersetzungen divergieren also erheblich schon dadurch, daß offenbar nicht sicher ist, ob Baal von sich spricht oder eine Aufforderung an Anat richtet. Im einen Fall wäre Baal, im Gegensatz zu Anat, der auf Frieden Bedachte, im anderen Fall würde Anat aufgefordert, wiedergutzumachen, was sie in ihrem Wüten angerichtet hat. Wie auch immer: Die blutige Vorgeschichte der Szene ist unbestreitbar, und Feministinnen, die ihre besondere weibliche Begabung für den Frieden betonen, sollten sich jedenfalls nicht auf Anat berufen. Der Buchtitel von Gerda Weiler provoziert unzutreffende Assoziationen.

Da Anat und Baal ebenso wie Ascherat und El im Dienste der Fruchtbarkeit stehen und Krieg mit Dürre bzw. Liebe/Frieden mit Wachsen und Gedeihen identifiziert werden, läßt sich der Kampf Anats auch damit in Zusammenhang bringen. Anat wütet immer, wenn es Baal zu retten gilt; dann vereinigt sie sich mit ihm, denn nur gemeinsam schaffen sie Fruchtbarkeit. So sehnt sich Anat nach Baal „wie das Herz des Mutterschafs nach seinem Lamme"[22], auf einer Wiese feiern sie ihr Liebesfest, nehmen Rindergestalt an, so daß Anat ein Kalb (vgl. den Kult des goldenen Stiers oder Kalbes) gebiert[23]. Fruchtbarkeits- oder Vegetationskult[24] wird diese Form von Religiosität daher zutreffend genannt: Menschenkinder, Tierjunge, Korn und Früchte sollen wachsen. Das Geschehen im „Himmel", das Treiben der Götter, ihre Niederlagen und Siege entscheiden über Leben und Tod. Alle Erotik steht im Dienste der Fruchtbarkeit. Und erneut wird ein Widerspruch zu feministischem Interesse deutlich: Wer sich dagegen wehrt, Frauen auf Fruchtbarkeit und Mutterschaft zu reduzieren, kann schwerlich die Göttinnenmythen dafür in Anspruch nehmen. Anat kämpft zwar, aber sie kämpft zum Zwecke der Befruchtung alles Lebendigen. Unfruchtbarkeit war damals wohl das Schlimmste, das einer Frau widerfahren konnte. Das läßt sich auch aus dem Alten Testament ersehen. Da Sara keine Kinder bekommt, schickt sie ihren Mann Abraham zur Magd (Gen 16,1 ff.); als Rahel sieht, daß ihr Schoß verschlossen bleibt, muß ihr Mann Jakob ihr durch die Magd Bilha Kinder erzeugen (Gen 30,1 ff.). Die Männer tun, was ihre Frauen ihnen anschaffen, denn die Nachkommenschaft steht in der Bewertung über der persönlichen Beziehung zwischen Mann und Frau. Der Einwand, Menschen hätten damals so etwas wie eine persönliche Liebesbeziehung nicht gekannt, hält den Aussagen der Texte nicht stand. Von Jakob wird ausdrücklich gesagt, daß er Rahel liebte, nicht ihre Schwester Lea, der er im Auftrag des Schwiegervaters Kinder „machen" mußte; Elkana versucht seine kinderlose Frau Hanna, die er mehr liebt als seine mit Fruchtbarkeit gesegnete Frau Peninna, eben mit seiner Liebe zu trösten: „Bin ich dir nicht mehr wert als zehn Söhne" (1 Sam 1,1 ff.)? Doch solcher Trost verfängt nicht. Für Hanna, wie für die anderen, bleibt der Mann Mittel zum Zweck ihrer Fruchtbarkeit.

Das alles zeigt, wie weit das Interesse der Frauen vor viertausend Jahren von dem, was Frauen heute bewegt, entfernt liegt. Feministinnen, die Mythen und Riten aus dieser Vorzeit wieder aufleben lassen, sehen daher von dem ab, was damals entscheidend war: Sie bitten die Göttinnen nicht um Fruchtbarkeit. Nichts anderes ist aber der Angelpunkt der versunkenen Welt der weiblichen Gottheiten, und der so seiner Intention beraubte Mythos wird im wörtlichen wie übertragenen Sinn fruchtlos. Was soll er uns in einer Epoche und Zivilisation, für die Fruchtbarkeit zur Last, wenn nicht zum Fluch geworden ist? Würden Frauen von damals wiedererstehen, als Fruchtbarkeit vom frühen Tod der Mütter und Kinder überschattet war, und unsere Debatten über Empfängnisverhütung und Abtreibung hören, so käme ihnen unsere Welt ebenso fremd vor, wie uns bei genauem Hinsehen die ihre erscheinen muß. Die Selektion der Motive, wie sie Feministinnen vornehmen, wenn sie z. B. Anat als Herrin über Leben und Tod, als die ihrem sterblichen Heros Übergeordnete, die Mutige, Kampfestüchtige und in der Liebe Initiative darstellen, „beweist" ausschließlich das Interesse: So wollen Frauen heute sein; sie wollen die Tradition männlich-destruktiver Dominanz über ihren Leib und ihre Seele zerbrechen. Sie haben recht. Dazu ist es höchste Zeit, aber die Argumente müssen andere sein; die Argumente, die sich aus den Göttinnenmythen gewinnen lassen, können sich allzuleicht gegen ihre Verfechterinnen kehren.

Wenn wir heute von Fruchtbarkeit und Mutterschaft sprechen, so verbinden sich damit wenig erotische Vorstellungen: Mütter unterscheiden sich von anderen Frauen, die noch auf der Suche nach einem Erzeuger sind, durch fürsorgliche Anständigkeit. „Ich liebe meinen Mann und die Kinder, wenn nur der Sex nicht sein müßte“[25]: Mit diesem oft gehörten Satz läßt sich eine Haltung zusammenfassen, die auch von Männern geteilt wird; einer Ehefrau und Mutter muten sie vieles nicht zu, was sie von Prostituierten erkaufen. Die ugaritischen Muttergöttinnen dagegen sind weit entfernt von einer solchen Spaltung. Die Geburt erscheint als unproblematische Folge einer machtvollen, drastisch geschilderten Erotik: Das Glied Els ist lang wie der Ozean; heiß wie das Kohlenfeuer, auf dem der Vogel brät, ist die Begierde des Gottes und seiner zwei Frauen; Anat verwandelt sich in einen schnellen Vogel, wenn die Sehnsucht sie zu ihrem Geliebten treibt, für Baal wird sie zur Kuh, wenn er sich machtvoll wie ein Stier auf sie stürzt[26]. Aber auch die aggressive, tödliche Seite des Eros wird deutlich: El will den Konkurrenten Baal vernichten; er gebietet einer Dienerin in die Steppe zu gehen, sich mit den Feldgöttern zu paaren, um reißende Tiere zu gebären. Baal wird in Begierde zu ihnen entbrennen und von ihnen zerfleischt werden. So geschieht es, und die Folge ist eine Dürre von sieben Jahren[27]. Beziehungsprobleme oder ethische Probleme gibt es nicht. Der Eros entfaltet sich, wann, wo und wem gegenüber es ihm immer gefällt.

Wenn man davon ausgeht, daß Mythos und Kult zusammengehören, dann liegt es nahe, eine entsprechende erotische „Liturgie“ anzunehmen, in der die versammelte Kultgemeinde realiter nachvollzieht, was der Mythos vorgibt. Drei verschiedene Praktiken stehen hier zur Debatte: die heilige Hochzeit, Kultprostitution und rituelle Defloration – historisch umstrittene Themen. Es gibt Belege dafür und dagegen, Argumente, die dafür und solche, die dagegen sprechen. Je älter die Textzeugnisse, desto weniger klare Auskunft läßt sich gewinnen, verständlich, denn eine allen vertraute Praxis mußte nicht erläutert werden, und eine Geschichtsschreibung im distanziert historischen Sinne gab es damals nicht. Die deutlichsten Zeugnisse stammen aus Mesopotamien, das nicht ohne Einfluß auf Syro-Phönizien war, im Zusammenhang mit dem Inanna-Ishtar-Kult, wobei diese Göttinnen in Funktion und Charakter starke Parallelen mit Anat aufweisen. Wenn von Ishtar gesagt wird, daß 120 Männer sie nicht erschöpfen können[28], oder ein kultisches Bild ein nacktes Paar auf dem Bett zeigt[29], sagt das allerdings noch nichts für die Praxis aus. Das kann sich auch auf den Mythos beziehen. Die Warnung, keine Frau aus dem Kultpersonal der Ishtar zu heiraten, weil sie so viele Männer „hat"[30], spricht eine deutlichere Sprache. Daß die heilige Hochzeit zur Jahreswende oder im Mai/Juni gefeiert wurde, belegen die Texte wohl, das Wissen über die konkrete Gestaltung des Festes setzen sie allerdings voraus. Erst in den Jahrhunderten um die Wende unserer Zeitrechnung werden die Quellen deutlicher und ausführlicher, weil von Menschen geschrieben, die zu allem eine distanziert-polemische Haltung einnehmen, wie auch schon die Texte des Alten Testaments. Zu den Quellen dieser Art zählen etwa Herodot, der griechische Geschichtsschreiber des 5. Jahrhunderts v. Chr., Strabo, Geschichtsschreiber und Geograph aus dem 1. vorchristlichen, oder der Satiriker Lukian aus dem 2. nachchristlichen Jahrhundert. Aber gerade die kritische Haltung dieser Schriftsteller erweckt Zweifel gegenüber der Authentizität der von ihnen bezeugten erotischen Kulthandlungen. Auch Feministinnen sind in dieser Sache geteilter Meinung. Die einen halten alles für Verleumdung: sie wehren sich gegen das Vorurteil, demzufolge für Zeiten – wie sie meinen – weiblicher Dominanz im Himmel und auf Erden eo ipso ein ethischer Tiefstand anzunehmen sei, so daß die Vermutung für alles spräche, was heutige Vorstellungskraft an Verkommenheit phantasieren kann[31]. Die anderen, so z. B. Gerda Weiler, geben sich entgegengesetzten Phantasien hin und kommen ins Schwärmen: „Für Mann und Frau sind Liebe und Sinnengenuß ein heiliges Erlebnis. Sie überschreiten sich selbst, steigern sich in göttliche Ekstase und werden der schöpferischen kosmischen Lebenskraft teilhaftig."[32]

Was die historische Rekonstruktion anbelangt, lassen sich nur wenige Teile eines Puzzles zusammenstellen, gleichsam Inseln in einem uns verborgenen Gesamtbild: Möglicherweise hat es die Praxis der heiligen Hochzeit, in der die copula zwischen Priesterin und König den Eros der Götter abbildete, in Mesopotamien,

Syro-Phönizien und Palästina gegeben, möglicherweise auch die Kultprostitution. Für Ägypten z. B. finden sich keine Belege bzw. erst für die Zeit der Ptolomäer, in der die Göttinnen der genannten Religionskreise bereits im Lande beheimatet waren. Vielleicht war die Praxis von Ort zu Ort verschieden, begannen sich später kultische und profane Prostitution zu vermischen, so daß der ursprüngliche religiöse Sinn zum Tempelgeschäft degenerierte, eine Entwicklung, die es überall gegeben hat und gibt, wo Religion mit Geld zu tun hat. Polemik mag vieles überzeichnet haben. In einem muß man den feministischen Kritikerinnen sicher recht geben: Die kultische Praxis des Eros war ein sakraler Vollzug, nicht einfach Unmoral, wie es oberflächlich betrachtet erscheinen kann. Eros und Leben entspringen einer Kraftquelle, in der die alten Kulturen das göttliche Numen[33] erblickten.

Die historische Rekonstruktion läßt, wie gesagt, nur Mutmaßungen zu; einen wesentlichen Schritt weiter kann uns auch hier wieder die systematische Reflexion über den Eros führen. Nicht historische Fakten belegen oder widerlegen die Macht des Eros, sondern das Nachdenken über das, was Eros bedeutet. In den Ras-Schamra-Texten geht es nicht nur um Fruchtbarkeit. Wörtlich genommen, enthüllen sie geradezu ein Panoptikum verschiedenster, auch verwerflicher Lüste: Anat und Baal betreiben offensichtlich Inzest; manche Forscher schließen nicht aus, daß Anat auch zuweilen gemeinsam mit ihrer Mutter Ascherat das Bett des Vaters El geteilt hat[34]; Szenen wilder Paarungen werden von poetisch-deftigen Schilderungen der empfundenen Lust begleitet; aber nicht nur die Lust an der Lust beherrscht die Szene, sie wechselt ab mit den Gelüsten nach Macht, Lust an Gewalt und Töten. In höchster Erregung und hymnisch-hybriden Worten teilt Baal Anat seinen Plan mit, für sich ein eigenes Heiligtum zu bauen: „Eine Götterwohnung will ich bauen, wie sie der Himmel nicht gekannt, etwas, wie es den Menschen nicht kund wurde, ... zum Ergötzen auf dem Gipfel meiner Macht.“[35]. Unmißverständlich gibt Anat ihrer Lust am Morden Ausdruck, während sie metzelt, „freut“ sie sich, „läßt schwellen ihre Leber“, „lacht aus vollem Herzen“, „fühlt Wonne“ und hört erst auf, als sie „satt“ ist[36]. Die Götter des ugaritischen Pantheon fühlen und agieren völlig außerhalb jeder ethischen Gesinnung und moralischen Ordnung. Personale Beziehungen zwischen Menschen, wie sie Liebe, Treue, Fürsorge schaffen, scheinen ihnen fremd (außer gegenüber ihren Kindern). Sie sind aber auch wieder keine Unpersonen, sonst würde sie nicht so heftige Leidenschaft miteinander verbinden. Diese Leidenschaft ist allerdings das Entscheidende, wenn nicht Einzige ihrer Beziehungen, und die Verweigerung löst blutige Rache aus: Als Anat den Bogen des Halbgottes und Jägers Aqhat erblickt, erfaßt sie eben diese Leidenschaft des Begehrens so, daß man mit Recht vermuten kann, der Bogen sei „pars pro toto" und der Begehrte ist Aqhat selbst. In ihrer Lust windet sie sich wie eine Schlange. Sie bietet Aqhat Geschenke und ewiges Leben, aber er weist sie zurück: dieser Bogen sei nichts für eine Frau. Die Rache Anats ist grausam und gründlich. Anat verwandelt sich und ihren Diener in Raubvögel, steckt den Diener in ihren Schoß, wovon aus dieser den Aqhat lustvoll zerhackt. Die erotische Metaphorik liegt deutlich zutage[37].

Würde der Mythos, wie viele, auch Feministinnen annehmen, schlicht die soziale Wirklichkeit abbilden, dann wäre es um die Gesellschaft, in der solche Mythen leben, schlecht bestellt. Daß dem keineswegs so ist, zeigen die nicht-mythologischen Texte und Inschriften der Syro-Phönizier bzw. auch die der Nachbarvölker: Als guter König gilt, ganz wie in Israel auch, wer dem Volk „Vater, Mutter und Bruder" zugleich ist[38], wer das Recht der Witwen, Waisen und Armen vertritt, wer für Wohlstand und öffentliche Sicherheit sorgt[39]; Ehe, Scheidung, Erbrecht geben individuellen Vereinbarungen sogar mehr Raum, als das heutigentags möglich ist. So vermacht z. B. ein ugaritischer Bürger in seinem Testament den gesamten Besitz ausschließlich seiner Witwe; seine beiden Söhne werden nicht bedacht, sondern lediglich aufgefordert, der Mutter zu gehorchen[40]. Inzest, Homosexualität, Verkehr mit Tieren sind verboten und werden bestraft[41]. Auch die Beziehung dieser Menschen zu ihren Göttern entbehrt der Frivolität. Die Votivinschriften bekunden die innige Devotion, mit der die Götter um Rettung aus der Not angerufen werden, und die ihnen als Dank für Hilfe und Schutz dargebracht wird[42]. Vergehen und Übertretung hat es damals wie in jeder menschlichen Gesellschaft gegeben; die Texte belegen auch das; wir sind ihnen darin nicht überlegen. Wie kommen dann aber solche um Wohlanständigkeit bemühte Menschen zu dermaßen „unanständigen“ Mythen?

Wie die Mythen aller Naturreligionen sind auch die ugaritischen Mythen Nachvollzug und zugleich Personifizierung des natürlichen Lebenskreislaufes von Werden, Vergehen und wieder Werden. Der Mythos postuliert eine jenseitige Welt, in der Eros und Fruchtbarkeit, Bedingungen der Lebenserhaltung, als göttliche Personen erscheinen, die auf den Fortbestand allen Lebens im Diesseits einwirken. Dabei sieht der Mythos aber gerade von den für das humane Zusammenleben notwendigen Einschränkungen, also von ethischen Geboten und Verboten ab. In diesem Sinne „überhöht“, verstärkt er auf massive Weise, was Menschen im lebenschaffenden Eros erfahren. Der Mythos lebt also geradezu vom Gegensatz zur gesellschaftlichen Wirklichkeit des Menschen, der, agierte er wie jene Götter und Göttinnen, die Basis menschlicher Gemeinschaft hätte zerstören müssen. In diesem Sinne hat bereits Plato die Mythen der alten Götter kritisiert: Gewalttaten, Unrecht und viel Schauderhaftes bestimmte das Leben jener Götter, nicht das Schöne und Gute[43]. Die Mythen, die Plato vor Augen standen, ließen die Götter durch ihr Handeln im Sinne der „Ananke“, des blinden Schicksals, auf die Geschichte der Menschen einwirken. Die Fruchtbarkeitsmythen Ugarits weisen auf das Mysterium der immer wieder neu erstehenden Natur. Ethik, derer der Mensch nicht entraten kann, kommt da wie dort nicht vor. Gerade deshalb sind Ugarits Mythen nicht Abbild der sozialen Wirklichkeit.

Deshalb kann auch die Frage, ob den Mythen ein real-leiblicher Nachvollzug der Paarungen entsprochen hat, offen bleiben. Wenn, dann bezöge sich ein solcher auf den Bereich der Kultpraxis, also auf das, was wir mit Aristoteles die Poiesis genannt haben, und nicht auf das Alltagsleben. Das ist das entscheidende Argument gegen den Vorwurf der Unmoral, der von den Polemikern aller Zeiten erhoben wurde und nicht zuletzt dem Erweis eigener moralischer Überlegenheit dienstbar war. Aus demselben Grunde lassen sich die Mythen der Naturreligionen auch nicht dazu benutzen, der „freien Liebe“ ein Loblied zu singen.

Wie absurd es wäre, alltägliche Praxis und – ganz allgemein gesprochen – Glaubensvorstellungen in einen linearen, abbildhaften Zusammenhang zu bringen, soll folgendes Gedankenexperiment zeigen: Stellen wir uns vor, das Christentum zählt zu den vom Staub der Jahrhunderte bedeckten Religionen und seine liturgischen Texte würden ausgegraben, so böte z. B. die Abendmahlsliturgie genug blutige Assoziationen, um eine entsprechende handgreifliche Praxis zu belegen, nähme man die Texte wörtlich. Daß solche Überlegungen nicht völlig absurd sind, beweist die heidnische Polemik gegen die Christen in den ersten Jahrhunderten, die den Christen unterstellt, das Blut von geopferten Kindern zu genießen[44]. In den antijüdischen Ritualmordlegenden der Christen erfährt dieses Motiv eine beschämende Wiederbelebung. Wie die Inschriften der Menschen von Ugarit vor 3500 Jahren zeigen, wußte man sehr wohl zwischen Mythos und Wirklichkeit grundsätzlich zu unterscheiden, aber Polemik tendiert dazu, den Gegner durch Zuweisung eines hohen Maßes von „Primitivität" zu verketzern. Von solchen Verführungen war und ist keine Religion frei, weder die heidnische, noch die christliche oder die jüdische. Daß jüdische Propheten- und Priestertraditionen bisweilen auch unzutreffende und entstellende Polemik betrieben, ist weder deren Spezifikum, noch rechtfertigt das ein pauschales Urteil über „die Juden". Wie sehr dagegen die jüdische Kritik an einem Glauben berechtigt ist, der im Mythos das Walten der Natur, der Fruchtbarkeit und des Eros zum übernatürlichen Mysterium erhebt und dabei die ethische Frage aus Glaubensdingen ausklammert, sollen die weiteren Ausführungen zeigen.

Mit der Fruchtbarkeit steht der Eros im Mittelpunkt der ugaritischen Mythen. Damit wir nicht auf ein falsches, unserem Zeitalter hingegen sehr naheliegendes Gleis kommen, muß eine erste Unterscheidung getroffen werden. Wenn wir von Erotik sprechen, meinen wir meistens Sexualität in einem reduzierten biologisch-naturwissenschaftlichen Sinne. So gesehen, unterscheidet sich der Sexus der Tiere nicht vom Sexus des Menschen. Heutige „Aufklärungsliteratur" befaßt sich daher hauptsächlich mit der biologischen Funktion von Sexualität bzw. mit der empirisch-statistischen Erforschung des Paarungsverhaltens[45]. Abwechslungsreiche Liebestechniken sollen nach diesem Denkmodell die menschlichen Beziehungen befriedigend gestalten[46]. Nun ist nichts gegen abwechslungsreiche Liebestechniken einzuwenden, wohl aber gegen die Identifikation von Sexus und Eros.

Es gehört zur „Natur“ des Menschen, nicht nur natürlich im biologischen Sinne zu sein. Eros ist gerade nicht die bloß natürliche Liebe, und was gar „freie Liebe“ sein möchte, sollte sich über die Determination der Physis zu erheben wissen.

Auch in diesem Zusammenhang lohnt es sich, einen Blick auf Plato zu werfen. Im „Symposion“ belehrt Diotima, die weise Frau aus Mantinea, Sokrates über den Eros: Eros, die Leidenschaft, ist ein machtvoller Dämon; begierig verlangt ihn danach zu besitzen, wessen er bedürftig ist. Eros ergreift den Menschen, treibt ihn an, macht ihn tätig und erfinderisch, das Ziel seines Begehrens zu erlangen. Eros schafft jene Begeisterung, um derentwillen Menschen vieles, wenn nicht alles zu erleiden imstande sind[47]. Plato spricht vom göttlichen Wahnsinn, aus dem die größten Güter für den Menschen entspringen. Der vom Eros Getriebene ist seiner selbst nicht mächtig, er wird hingerissen, er will letztlich Unsterblichkeit, sei es durch Zeugung und Fortpflanzung im Schönen des Leibes oder der Seele[48]. Für Plato ist die erotische Leidenschaft, die sich am schönen Körper entzündet und zur geschlechtlichen Vereinigung führt, nur die unterste, zu überwindende Stufe. Im Anblick des Schönen kann und soll sich die Seele der Idee des Schönen, das für Plato zugleich das Gute ist, „erinnern“[49], um zur reinen Schau dieser Ideen aufzusteigen[50].

Man hat Plato, wie es das Schicksal dialektisch denkender Geister ist, häufig sehr einseitig rezipiert. Was als „platonische Liebe“ zum Gemeinplatz geworden ist, meint ursprünglich nicht den saueren Verzicht, sondern die größere Leidenschaft: Plato lehnt die Sinnlichkeit keineswegs ab, aber er reduziert den Eros nicht auf sie. Auch und erst recht, wo der Mensch seiner Vernunft mächtig ist, treibt ihn der Eros an. Solcher umfassender Eros ist für Plato auch zwischen Mann und Frau nicht unmöglich, wenngleich selten. Welche sozialen Erfahrungen hinter dieser Seite der platonischen Eroslehre stehen, bedürfte einer eigenen Erörterung. Hier sei mindestens vermerkt, daß es Diotima ist, die um die Geheimnisse des Eros weiß und sie vermittels der sokratischen Methode dem unwissenden Sokrates eröffnet: Die Umkehrung der gewohnten Rollen ist selbst eine erotische Figur, in der die Gleichrangigkeit im Spiel des Eros zum Ausdruck kommt.

Plato ist kein Mythologe, wenn er sich auch zuweilen im metaphorischen Sinne der Ausdrucksformen des Mythos bedient[51]; wie er die Göttermythen seiner Zeit kritisiert, so hätte er auch die ugaritischen Mythen skeptisch betrachtet, wären sie ihm bekannt gewesen. Außerdem zielt Plato in seiner Eroslehre letztlich auf die Idee des Guten und ist darin den Mythen von den Göttern und Göttinnen im ugaritischen Pantheon nicht zu vergleichen. Für unseren Zusammenhang bedeutsam ist jedoch, was Plato über die Art, das Wesen des Eros sagt. Dem entspricht die Erfahrung des Eros als einer Macht, die den Menschen ergreift, über alles Alltägliche erhebt, ihn in den Himmel reißt und in die Hölle wirft, einer Macht, der der Mensch ausgeliefert wird. Die hinreißende erotische Kraft ist nichts Menschliches im Sinne von bloß natürlich; unverfügbar, auf Leben und Unsterblichkeit aus, wird Eros auch in den ugaritischen Mythen als göttliche Macht empfunden und im Eros der Göttinnen personifiziert: heiliger Eros[52]. Die unbegrenzte, Leben schaffende Macht der Götter entfaltet sich im grenzenlosen, Leben zeugenden Eros.

Von der Gewalttätigkeit des Eros

Sprache und Bilder des Eros sind vielfältig und ambivalent wie die Erfahrung selbst: Taumel, Rausch, den Grund unter den Füßen zu verlieren, kopfüber zu stürzen, fallen in den „kleinen Tod", wie der Volksmund sagt, kennzeichnen die mit dem Eros verbundene Ekstase, eine Grenzüberschreitung, die das Bodenlose sucht und nichts anderes will, als am Gegenstand seines Begehrens zu verlöschen. Aus der Überschreitung der Grenzen gewinnt der Eros seine Energie, seine Lust. Er überschreitet die Grenzen des Ich, der Einzigartigkeit der Person, die Grenzen der sozialen Ordnung und der Konvention, die Grenzen der Scham. Aus der Übertretung gerade der Tabus, womit die Gemeinschaft den Eros zu bannen sucht, entsteht jene Spannung, die der Eros braucht, um seine Begierde zu entfalten, von der er schließlich zugleich erlöst: je schamloser die Übertretung, umso heftiger und „befreiender" der Genuß. Neugierig, ja besessen folgt der Eros der ihm innewohnenden Mächtigkeit, er schreckt vor nichts zurück, greift an, was sich ihm in den Weg stellt und wird dadurch noch gestachelt. Die Figuren „verstecken – entdecken", „täuschen – überraschen", „zufügen – erleiden" begleiten seinen Weg, Schmerz und Erlösung werden ununterscheidbar im Dienste der Verschwendung aller Kräfte[53]. Anat, der erotischsten aller Göttinnen, ist nichts von alledem fremd.

Einen „leidenschaftlichen Appell" will der französische „Theoretiker des Eros", George Bataille, mit seinen Analysen und literarischen Gestalten des Eros ausrufen: „. . . die Augen zu öffnen, dem, was geschieht, dem was ist, ins Gesicht zu sehen"[54], dem heiligen und zugleich teuflischen Eros, dessen Verdrängung sich bitter rächt. Die Fruchtbarkeitsreligionen, die zumindest im gleichen Maße Erosreligionen sind, können uns eben diesen Dienst erweisen, den allerdings die feministischen Erforscherinnen der Göttinnenmythen gerade nicht in Anspruch nehmen wollen.

So betrachtet z.B. Gerda Weiler[55] das biblische Hohelied Salomos als einen Kulttext zur Feier der heiligen Hochzeit, an deren realem Vollzug nicht nur König und Priesterin, sondern die ganze Kultgemeinde beteiligt gewesen sei. Sie sieht darin Ausdruck von „Reichtum und Reife einer Liebesbeziehung", „in der gleichwertige Menschen – durch keine rigide Moral eingeschüchtert – ihre Gefühle frei zum Ausdruck bringen dürfen". Die Sprache, die eben nicht „bloß" Sprache ist, sagt viel über das Interesse der Autorin aus; „reife" Liebe, „gleichwertige" Menschen, „freier" Ausdruck der Gefühle – das sind unsere Probleme, die der Welt der Göttinnen mehr als fern liegen. Gerda Weiler findet sich übrigens in Übereinstimmung mit einem Mann, einem Theologen in der Nachfolge Karl Barths, Helmut Gollwitzer; auch er sieht im Hohenlied gegenwärtige Liebesvorstellungen erfüllt: Das „nicht-auswechselbare einmalige Du" käme hier zu Wort und Gestalt, eine Erotik, die den anderen nicht abtrennt von seinen Sorgen und Lasten (auch wenn davon nichts im Text steht, wie Gollwitzer selbst einräumt); und eh sich's der Leser versieht, ist der Eros zur christlichen Agape geworden, und das Hohelied ein Exempel „selbstlosen Erbarmens"[56].

Barbara Sichtermann, zwar keine Mythenforscherin, aber deshalb nicht weniger für die Weiblichkeit engagiert, hat – neben anderen – das Verdienst, Mächtigkeit und Ambivalenzen des

Eros wieder ins Bewußtsein gehoben zu haben[57]. Einen ihrer Aufsätze untertitelt sie mit „Versuch über eine Grenzlinie“: „So gewiß eine Vergewaltigung nicht nur den Frieden, sondern die körperliche Integrität einer Frau angreift, also ein ordinäres Gewaltverbrechen ist wie jede schwere Körperverletzung, so gewiß geht doch Sexualität nicht auf in einer schlichten Übereinstimmung der Körper, in einem Austausch von Bejahungen. Es hat da, scheint mir, eine implizite Einigung gegeben, die vorschnell war: eine Fiktion von Eierkuchen-Sexualität, in der zwei lächelnde Gesichter und vier offene Arme zufrieden ineinandersinken. Solange der feministische Protest gegen die Verharmlosung einer Vergewaltigung sich auf die Fiktion einer weiblich-friedlichen Sexualität . . . stützt, solange bleibt die Grenzlinie zwischen Körperverletzung und Sexualität undeutlich. Auf diese Grenzlinie aber kommt es gerade an.“[58] Ähnlich wie Bataille warnt auch Sichtermann davor, die Augen vor der Macht des Eros und vor dem Eros der Macht zu verschließen, „die Passion aus der Ekstase zu vertreiben“ und die „schmeichelhaften Zuschreibungen“, denen zufolge weiblicher Eros harmonischer und humaner sei als der männliche, gegen die Männer zu kehren[59]. „Wenn die Frauenbewegung sich ihre Radikalität erhalten will, muß sie aufhören, an der Domestizierung von Sexualität mitzuarbeiten.“[60]

Eros ist Vitalität, und Vitalität ist in gewisser Weise immer „böse“, schon dadurch, daß sich alles Lebendige als solches zu behaupten sucht, wodurch Menschen oft ohne die Absicht, Böses zu tun, in Gegensatz zu anderen Menschen geraten. Eros ist Selbstbehauptung und, schließt man den biologischen Zweck, die Nachkommenschaft ein, Selbstbehauptung im Dienste des neuen, anderen Lebens. Auch insofern ist der Eros „böse“, als er den Himmel stürmt, den babylonischen Turm zu bauen versucht. Aber er kann darin nicht wohnen und muß immer wieder zurück in das Gehege menschlicher Gemeinschaft. Dieser Grundantagonismus durchzieht die Gestalt des Eros in allen seinen Formen: er ist hoch und niedrig, lebenspendend und tödlich, heilig und verwerflich zugleich. Die erotische Literatur hat diese Ambivalenz und die Nähe zum Tod immer und oft in unerträglich grausamer Weise zum Ausdruck gebracht[61]. Und wenn wir es auch nicht gerne wahrhaben wollen, so stimmt es doch: In jedem Menschen schlummert dieser himmelhoch jauchzende Abgrund, den verletzte Seelen[62] verstärkt empfinden müssen. Diese Wahrheit des Eros, als entgrenzende Vitalität immer auch böse zu sein, bleibt eine der Wahrheiten in Genesis 3, worin erzählt wird, daß mit dem Begehren der Tod in die Welt kam.

Die geradezu martialische Macht des Eros ist es denn auch, die, dem Krieg verwandt, dem Krieg entgegenstehen kann. In einem Vorwort zur „Lysistrata" von Aristophanes räsoniert Barbara Sichtermann erfrischend über Nähe und Konkurrenz von Eros und Krieg. Nicht „Friedensfähigkeit aus Einsicht in die ethische Höherwertigkeit der Liebe" bestimme die Rebellion der Frauen Lysistratas und schließlich auch ihrer Männer, sondern „Friedensbereitschaft aus sinnlicher Gier"[63]. Die Frauen wollen den Krieg beenden, weil sie auf ihre Männer aus sind, und die Männer beenden schließlich den Krieg, weil sie auf ihre Frauen aus sind. Ohne Zweifel: „Die Liebe findet im Frieden eine bessere Voraussetzung, sie braucht die ungeteilte Aufmerksamkeit von Männern und Frauen, sie koexistiert schlecht mit Waffengeklirr und Todesangst. Aber das bedeutet nicht, daß sie selbst friedlich wäre."[64] Die „kriegerischen Inszenierungen der Liebe", für die der Tod Analogon der Entgrenzung ist, treten gegen den ganz realen Tod am Schlachtfeld an[65]. Eros trägt Waffen!

Der Macht des Eros entspricht aber auch der Eros der Macht, die ohne Zweifel erschreckende Einsicht, daß Macht, Zerstören, ja Töten Lust bereiten können. Gehorsamsstruktur, politische „Notwendigkeit", Verteidigungswille reichen nicht aus, die Begeisterung plausibel zu machen, mit der Menschen Kriege heraufbeschwören. Schließlich hat die „gesunde Alltagsmoral, . . . daß eine Umarmung besser ist als eine Wunde in der Brust[66], die Lust am Kriege bislang nicht zu entmachten vermocht, da Krieg nicht „triebfrei" und Liebe, da mit Eros verbunden, nicht „zahnlos" ist[67]. „Müssen wir jegliche Aggression (im engeren Sinn) unterdrücken und sanktionieren, wie es die Friedensbewegung nahelegt, um dann der tödlichen wenigstens nicht zu erliegen, oder gäbe es einen anderen Weg: Eros als Schützen zu bestätigen und gleichwohl den (apokalyptischen) Waffengang im großen zu vermeiden?"[68] Der machtvolle Eros kann als Gegner des der Macht innewohnenden Eros antreten. Die politische Sprache kann sich eines erotisch-obszönen Vokabulars bedienen, um die

Macht der realen Waffen bloßzustellen: „Vielleicht können wir übereinkommen, daß Brust an Brust zu liegen erregender ist als Bajonette."[69]

Eros schießt seinen Pfeil nun einmal in eine, von unseren Händen unbedeckte, bereitwillige Brust, mitten ins lustvolle Herz. Wer es nicht wahrhaben will, wer Widerstand setzt, reizt Eros noch mehr und provoziert den tödlichen Kampf. Wer sich dem reizvollen Kampfspiel der Liebe entzieht und sich mit Friedensparolen lächelnd über die in ihm/in ihr schlummernde Macht hinwegtäuscht, verliert damit seine/ihre Vitalität: „Zombies" oder „Vampire" heißen die lebenden Leichen. Oder: Eros greift zum Geschütz noch stärkerer, verbrecherischer Reize: Im April 1986 starb in Wien der dreijährige Raphael unter den Mißhandlungen des Freundes seiner Mutter. Die beiden kopulierten neben dem Kind, das gerade sein Leben aushauchte. Es sei eine erotische Ausstrahlung gewesen; nie hätten sie so heftige Gefühle gehabt, wie in diesem Augenblick, „rechtfertigte" sich der Mörder[70]. Eine Fleisch gewordene Vision de Sades oder: Die „Auferstehung" des Gilles de Rais[71]? Der entfesselte Eros oder die Rache der verleugneten Anat?

Es ist höchste Zeit, mögliche Mißverständnisse auszusprechen. Weder Bataille noch Sichtermann beschwören die Lust perverser Erotik, sie sprechen nicht für den Krieg und nicht für das Verbrechen. Im Gegenteil: Sie wollen die Abgründe, an denen Menschen ihre Häuser der Wohlanständigkeit bauen, bewußt machen, damit sie nicht blind hineinstürzen. „Einer der wichtigsten Werte sexueller Organisation", schreibt Bataille, „hängt mit dem Streben zusammen, den Aufruhr des Liebesaktes in eine die Gesamtheit des menschlichen Lebens umfassende Ordnung einzulassen. Diese Ordnung gründet sich auf die zärtliche Freundschaft zwischen Mann und Frau und auf die Bindung beider zu ihren Kindern. Nichts ist für uns wichtiger, als dem Sexualakt einen Platz an der Basis des sozialen Gebäudes zuzuweisen."[72] Zugegeben, Bataille ist zugleich pessimistisch, ob das jemals wird gelingen können, wozu möglicherweise seine traumatischen Lebenserfahrungen beigetragen haben[73]. Sichtermann unterscheidet klarer und nüchterner als Bataille zwischen der rituellen Praxis des Eros als „Spiel", „Figur" und unmittelbarer brutaler Gewalt, die letztlich auch den Eros „vergewaltigt"[74].

Von den Göttinnenmythen läßt sich eben dies „lernen“, nämlich mit der Mächtigkeit des Eros zu rechnen. Auch Mythen zählen, wo mit Riten verbunden, zur Poiesis. Sie halten das Bewußtsein für die Gefährlichkeit des janusköpfigen Eros wach; ihre gesellschaftliche Praxis hat ihn, wie wir gesehen haben, gleichwohl durch humane Ordnungen einzuzäunen gewußt. Daher ist es im Grunde nicht so erheblich, ob den Mythen und Riten eine, dann aber ebenfalls rituelle poietische „Praxis“ z. B. der heiligen Hochzeit entsprochen hat. Der leibliche Vollzug einer heiligen Hochzeit, zwischen wem auch immer, wäre als Ritus, als Liturgie dem alltäglichen Leben entrissen – eine erlaubte Grenzüberschreitung unter der Schirmherrschaft der Götter, unter dem Schutz des Heiligen, ein erster, dennoch nicht unbedenklicher Schritt zur Ausgrenzung von Gewalt aus dem „normalen“ Leben. Im tagtäglichen Zusammenleben gelten zum Schutze der Gemeinschaft allemal andere Reglements, damit Familien nicht zerbrechen, Kinder nicht preisgegeben, das Leben und der Frieden nicht zerstört werden. Nicht ein Entweder-Oder ist der erotischen Weisheit letzter Schluß, sondern die Fähigkeit zu unterscheiden, wann und wo welche Formen der Liebe dem jeweils Möglichen, dem Begehrten oder dem Zuträglichen entsprechen. Solche Entscheidungen zu treffen, zählt zum Schwierigsten; es gibt keine Rezeptanweisungen. Unvermeidbar bleibt die Verfehlung; auch das gehört zur Realistik menschlicher Existenz. Oft braucht es Katastrophen, Exaltationen, um Einsichten wiederzugewinnen, die verloren schienen. Die Mythen der Menschen vor viertausend Jahren sind für Wiederbelebungsversuche ungeeignet; die Kräfte aber, die diese Mythen beschwören, treiben uns nicht weniger um und verlangen, gegenwärtig bedacht und gestaltet zu werden.

Zucht und Unzucht der Agape

Das Christentum steht seit jeher unter dem Verdacht der Leibfeindlichkeit; aber diesen Vorwurf weist die von den Anfängen bis heute belegbare Praxis der karitativen Liebe zurück (daß es in einer Volkskirche immer auch solche gibt, die nichts ernst nehmen, steht auf einem anderen Blatt). So ist das Christentum zwar nie leibfeindlich gewesen, die Gretchenfrage, wie es zum Eros steht, macht dagegen verlegen. Die vom Eros etwas verstehen, zögern nicht: „Zum schwierigen Erbe, das das christliche Abendland der Moderne verpaßt hat, gehört, daß es diesen einen allgemeinen Begriff für Philanthropie und Sex besaß: Liebe."[75] Der Gott der Christen, das summum bonum, das „höchste Gute", und das Gutsein des Menschen als Unterdrückung aller begehrlichen Regungen auch im letzten Winkel des Herzens werden gerne zusammen gesehen. So wie Gott selbst im Gegensatz zu den heidnischen Göttern von aller Unreinheit, Beschmutzung und Schuldhaftigkeit frei ist, muß auch der Mensch sich davon befreien. „Das Christentum gab niemals die Hoffnung auf, diese Welt der egoistischen Diskontinuität schließlich zum Reich der Kontinuität, das die Liebe erhellt, zurückzuführen."[76] Die Folge: Der Eros wurde profan, d.h. aus den Bezirken des Heiligen ausgewiesen und der „unreinen" Welt überantwortet[77]. Profanisierung in diesem Sinn bedeutet keineswegs eine „Versachlichung"; der Versuch, den Eros bloß vom Zweck der Kinderzeugung her zu bestimmen, verschließt die Augen davor, daß die Spannung zwischen Schändlichkeit und Erhabenheit, die den Eros charakterisiert, nicht aus der Welt zu schaffen ist. Hat er aber nur mehr an der unreinen Welt Anteil, so muß, wer die Grenze zu ihm übertritt, notwendig der Gottesbeziehung verlustig gehen. So sieht etwa Bataille die christliche Position. Aber wenn er sie auch als etwas Erhabenes, als einen faszinierenden Traum bewundert, dessen Verwirklichung er allerdings für unmöglich erklärt, so hält er doch gerade damit die Verbannung des Eros aufrecht, die die Ursache seiner Qualen ist.

Wie konnte es soweit kommen? Mit dem Judentum um die Exilszeit und mit dem Christentum wird ein neues Kampffeld eröffnet: Agape, die fürsorgende, erbarmende, das Wohl des Nächsten suchende Liebe, tritt gegen Eros an. Ein gladiatorenähnliches Ringen, denn Agape trägt keine Waffen, wohl aber ist sie mit den Argumenten für Humanität gepanzert, und das Netz, das sie auswirft, ist für den Angreifer nicht weniger gefährlich. Wer sich die Gewalttätigkeit des Eros vor Augen hält, versteht schon, worum es geht: Als Menschen sind Mann und Frau einander gleich, gleichermaßen der Nahrung, Kleidung, Behausung, der leiblichen Pflege, der zärtlichen Liebe bedürftig. Was für sie gilt, gilt umso mehr für ihre hilflosen Kinder. Unverletzt sollen sie sein, geborgen in der väterlich-mütterlichen Hand Gottes, unverletzt durch böse Worte, scharfe Waffen und – maßlose Begierde: kein Mensch sei bloß Mittel zum Zweck[78]. Agape bevorzugt nicht, schließt nicht aus, sieht nicht nur das Reizvolle, Gelungene am Menschen, sondern sieht ihn ganz mit seinen Grenzen, mit seinem Versagen, mit seiner Endlichkeit. Nicht daß die Christen sich hinsichtlich menschlicher Leidenschaften aller Art Illusionen gemacht hätten; weil sie um sie und ihre destruktiven Kräfte wußten, riefen sie den Bann über den Eros aus und suchten in ihren Gemeinschaften ein Stück des „Himmels auf Erden" zu verwirklichen. Daß das so leicht nicht war, stellte sich bald heraus, und so konzedierte Paulus mit guten Gründen die Ehe als Heilmittel gegen die Unenthaltsamkeit, als Mittel, das Feuer des Liebesbrandes klein und unter Kontrolle zu halten.

Bis heute stehen die christlichen Kirchen auf dem Standpunkt, daß Eros, die sinnliche und begehrliche Liebe, die eheliche Lebensgemeinschaft als geistige Liebe und Fruchtbarkeit voneinander nicht getrennt werden dürfen. Besonders die römisch-katholische Kirche beruft sich dabei auf die Natur als so und nicht anders von Gott gegeben und gewollt[79]. Fortpflanzung gilt hier als göttlicher Zweck, die Leidenschaft soll jedoch beherrscht und der Vernunft unterworfen werden. Was aber bedeutet in diesem Zusammenhang „Natur"? Warum wird das leidenschaftslose biologische Funktionieren natürlich genannt, die leidenschaftliche Begierde nach dem anderen Menschen von dem, was angeblich natürlich ist, ebenso unterschieden wie die Vernunft? Zur „Natur", besser, zum Wesen des Menschen gehört es, eben nicht bloß natürlich sein zu können, wie abstrahierendes biologisches Denken uns vormachen will. Der Rekurs auf die biologische Fortpflanzung ist für den Menschen, zu dessen Natur es gehört, begehren, denken und wollen zu können, etwas allzu Künstliches, nämlich das Ergebnis einer bestimmten Art von Reflexion, die auf das empirisch Gegebene schaut und dabei von jeglicher Motivation, sei es des Eros, der Agape oder der Vernunft absieht. Diese Art von Naturverständnis[80] ist für den Menschen unnatürlich und unterscheidet sich nicht vom Naturverständnis derer, die das Heil in der „sexuellen Revolution" suchen. Eine bedenkliche Übereinstimmung!

Dagegen: Wenn es zum Wesen des Menschen gehört, nicht im reduzierten Sinne natürlich sein zu können, dann zählen auch Eros, die leidenschaftliche Liebe, und Agape, die fürsorgende Liebe, zur spezifisch menschlichen „Natur“: Eros begehrt die schöne leibliche Gestalt, Agape richtet sich auf die bedürftige, hilflose, leidende leibliche Gestalt (so z. B. die Liebe der Eltern auf die Pflege der Kinder). Aber so traut vereint, wie es auf den ersten Blick scheint, gehen Eros und Agape nicht miteinander. Eros sucht, auch das sieht schon Plato, das Schöne und flieht das Häßliche, auch das Hilflose, denn er will Widerstand des ihm Entsprechenden. Agape, häusliche Pflichten, Sorge für das Fortkommen der Familie und die Aufzucht von Kindern waren und sind daher erfahrungsgemäß die wirksamsten Mittel, Eros zu vertreiben. Was dann übrig bleibt, ist biologischer Sexus, lustlose „Mehrung des Gottesvolkes“, eheliche Pflicht.

Läuft es auf einen Kampf zwischen Eros und Agape hinaus, so scheint der Sieg der Agape eine humanere, weniger destruktive Form des Zusammenlebens zu gewährleisten. Agape ist imstande, gesellschaftliche Zustände zu stabilisieren, nicht Eros, aber sie kann auch die Zuwendung zum Schwächeren zum Aufbau von Hierarchien mißbrauchen. In diesem Sinne war die Strategie der Agape in der christlichen Tradition sehr erfolgreich und hat den ersehnten Frieden zwischen Menschen, zwischen Männern und Frauen, in den Seelen der Gläubigen nicht immer gebracht. Davon, was geschieht, wenn Eros die Agape vertreibt, haben wir schon ausführlich gesprochen. Was geschieht aber, wenn die Agape destruktive Kräfte entfaltet?

Der Kampf für den Eros verbindet sich seit langem mit dem Kampf gegen eine „rigide“ christliche Moral. Für de Sade konnte Eros nicht anders als blasphemisch sein[81], Bataille hat den Priester, der seiner an Tuberkulose tödlich erkrankten Lebensgefährtin den Trost der Sakramente spenden wollte, mit dem Revolver verjagt[82], Sichtermann, aus dem Kreis der 68iger Generation kommend, und Weiler, ehemals „Lehrerin mit Schwerpunkt Religion“, beklagen den Untergang des Heidentums. Vier Welten, die sich nicht vergleichen ließen, wäre ihnen nicht ein Motiv gemeinsam: die Überzeugung, daß die christliche Verbannung des Eros keinen Segen gebracht hat (um es euphemistisch auszudrücken). Können aber – so höre ich schon empörte Stimmen aus kirchlichen Kreisen – ein Perverser, ein von erotischen Obsessionen Geplagter, eine „Linke“, eine Überläuferin glaubwürdige Zeugen sein? Gehören sie eben nicht alle in jene profane Welt des Unreinen, mit der ein sauberer Christ nichts zu tun haben darf? Wer so denkt, gibt der Kritik der Genannten noch einmal recht. Man muß ihre Haltung nicht teilen, um ihre Argumente zu hören. Im wesentlichen sind es zwei Vorwürfe gegen das Christentum, die seine Kritiker ins Treffen führen, um zugleich damit über den Verlust der heidnischen Welt zu trauern.

1. Auch die Agape kann, obwohl sie für Humanität und Ordnung ficht, destruktive Kräfte entfalten, indem sie Menschen ihrer Vitalität beraubt. Wer die Forderungen der Bergpredigt buchstäblich nimmt oder sie gar als Erziehungsprogramm mißversteht, mag vielleicht nach langen Kämpfen erfolgreich auch die tiefinnersten Regungen der Selbsterhaltung, des Hasses, des Neides, des sinnlichen Begehrens besiegen; aber er geht als Schatten seiner selbst, als Leiche aus diesem Gefecht hervor und umgibt sich mit Abgestorbenen, wenn er anderen diesen Weg aufzwingt. Der Eros kann Menschen zerreißen, wie ein wildes Tier seine Beute schlägt; die Agape kann Menschen ersticken, ihnen den Lebensnerv ziehen. Schon Celsus, der „Voltaire“ des 2. nachchristlichen Jahrhunderts[83], spottet – darin ein Vorläufer Nietzsches – über die blutleeren, mieselsüchtigen, düsteren christlichen Gestalten. Der christlicherseits geforderte Gewaltverzicht z. B. wäre dann eben kein Verzicht, die vitalen Kräfte auszuagieren, sondern schlicht Unfähigkeit, Schwäche. Daß christliche Sozialisation häufig auf das Zerbrechen von Menschen aus ist, belegen viele Erfahrungsberichte aus katholischen Klosterschulen und evangelischen Pfarrhäusern[84]. Es wäre unfair, die Aufrichtigkeit solcher Bekenntnisse zu bezweifeln.

2. Nicht immer siegt Agape über Eros, nicht immer findet die Schlacht im offenen Gelände statt. Eros kann in den Untergrund gehen und von dort aus eine umso wirksamere und unangreifbarere Partisanentätigkeit aufnehmen. Eros schießt nicht nur in eine bereitwillige Brust, sondern auch die vor ihm Fliehenden in den Rücken: „Gewiß, sie ist beunruhigend die Annahme ... einer Verbindung zwischen den destruktiven und den konstruktiven Kräften und Bedürfnissen der Menschen. Wo immer wir beides rein scheiden können, ist uns wohler zumute, aber wir

bezahlen dieses Wohlsein mit einer gewaltigen Verleugnung, in deren Schatten sich die tabuierten Verbindungen umso enger herstellen."[85] Die Folgen einer solchen Verleugnung sind schlimm genug: Die sprichwörtliche christliche Heuchelei signalisiert Selbsttäuschung über die Einlösbarkeit eines übermenschlichen Anspruchs. Die Phantasie entfaltet sich im Dienste der Verschleierung. Über Konflikten schwebt, einem Damoklesschwert gleich, der hehre Anspruch der Agape, bereit, jeden sogleich hinzurichten, der einen realistischen Weg sucht, und d. h. der Dialektik des Eros nicht ausweicht. Politik, im weitesten Sinne als Interessenausgleich verstanden, braucht „die Drohung, den Druck und die Intelligenz der Diplomatie", den „Mut zur Offensive und die Klugheit der Balance"[86]; für viele Christen riechen allein schon solche Worte nach Verrat an der Reinheit, am reinen Evangelium. Und so folgt denn der vermeintlich vollständigen Zucht der Agape nicht selten der Schatten einer verschwiegenen Unzucht. Es gibt die geheimen Orgien im stillen, auch im priesterlichen Kämmerlein und die offene, kirchlich abgesegnete Doppelmoral. Solange der Eros seinen Waffengang im Dunkeln führt, genießt er Gastrecht im christlichen Hause; wo er aber ans Licht kommt, erntet er Entrüstung (und die Wiederverheiratung Geschiedener würde gar die Grundfesten des römisch-katholischen Weltgebäudes erschüttern). Eheberater können ein Lied davon singen, wie lange gerade christliche Paare einander quälen; das gesetzlich gehandhabte Scheidungsverbot ist ihnen keine Hilfe mehr, wenn sie nach Lebensmöglichkeiten suchen.

Wohin mit dem Eros, der sich so schwer besiegen oder vertreiben läßt? Die Tradition bietet noch eine „Lösung", die für Frauen folgenschwerste. Eros bekommt einen Bereich zugewiesen: den Mann. Ihm wird Erotik als Privileg zugestanden, vor der Ehe, in der Ehe und außerhalb der Ehe. Ein Mann, so sagt die opinio communis, braucht das; „er" sei triebhafter als „sie"; „er" benötige keine Zärtlichkeit, komme von Natur aus schneller „zur Sache", wolle immer nur „das Eine". „Sie" dagegen bedürfe der Zärtlichkeit, nicht der Lust, ihre Empfindungen seien ausgewogener, weil von Natur aus an der Agape orientiert. So werden Eros und Agape auf die Geschlechter aufgeteilt. Was Wunder, wenn sich der Kampf zwischen den beiden Gestalten der Liebe als Kampf zwischen den Geschlechtern fortsetzt? Ein solcher Kampf zählt aber nicht zu den Figuren des Eros, an denen beide beteiligt sind, worin Mann und Frau in Aggression und Hingabe einander abwechseln, um aus beidem „Gewinn" zu ziehen. Die des Eros beraubte, „kastrierte" und damit zugleich in den Himmel gehobene Frau, die keinen Widerstand leisten kann, muß den Eros des Mannes geradezu aufstacheln bis zur brutalsten realistischen Gewaltanwendung. Die „kriegerischen Inszenierungen der Liebe"[87] werden so vom wirklichen, todbringenden Krieg abgelöst. Schwäche macht Eros aggressiv, weil ihm keine Grenze gesetzt wird, und reizt dazu, das ihm innewohnende Bedürfnis nach Grenzüberschreitung zu eskalieren – durch Vergewaltigung, Körperverletzung, Inzest, Kindesmißbrauch und was dergleichen Tabubrüche mehr sind. Umgekehrt tut es auch den Männern nicht gut, daß sie zur passiven Hingabe unfähig geworden sind; das beweist jene Form der Prostitution, die in einschlägigen Inseraten die Künste der „strengen Domina" anbietet. Wie anders wären solche Exzesse zu begreifen? Nur wer die Strategie des Eros nicht durchschaut, unternimmt absurde Schuldzuweisungen: Reizt nicht „die Frau" zu den Werken der Finsternis? Ein Körnchen Wahrheit verbirgt sich in dieser Frage wohl, nur ist es nicht „die Frau", sondern die ihr als Rolle zugedachte „erhabene" Ohnmacht, die den Eros provoziert. Und es ist „der Mann" nicht einfach das unschuldige Opfer, sondern mangelnde Einsicht der Grund all dieser heillosen Irrungen. Ein Argument mehr für die Reflexion, für die viel verlästerte Kopfarbeit, wenn in das blinde Zusammenspiel Licht gebracht werden soll.

Es zählt nicht zum Spezifikum christlicher Frauen, an ihre angeblich „natürliche" Sanftmut und Friedfertigkeit zu glauben. Längst haben feministisch Engagierte, die vom Christentum nichts wissen wollen, die unheilvolle Nachfolge angetreten. Auch ihnen sei gesagt: „Je stärker ein Geschlecht versucht, auf dem Feld von Sexualität dem anderen seine Bedingungen zu diktieren – anstatt zu sehen, daß es nur ein Bedingungsgefüge gibt, das für beide Geschlechter gilt – desto fremder wird uns die Lust, desto bereiter wird auch das Feld für lustfremde Gewalt."[88] Männer haben es immer verstanden, die „kriegerischen Inszenierungen der Liebe" vorzuschieben, wenn sie rohe Gewalt gegen Frauen ausüben, damit ihnen die Gerichte mildernde Umstände genehmigen. Wir Frauen aber arbeiten ihnen zu, „wenn wir, statt die Grenzlinie zwischen Gewalt und Lust . . . neu zu bestimmen, die Existenz oder Berechtigung jener Figuren leugnen. . .“[89].

Für eine „erotische“ Theologie

Wir wollen der Frage nicht ausweichen: Wie steht es mit Eros und Christentum, mit der These vom destruktiven Sieg der Agape über ihren größten Feind? Es wäre falsch zu glauben, erst die Christen hätten die Agape entdeckt. Das Problem der verschiedenen Gestalten von Liebe wird in vielen Traditionen bedacht. Zunächst ist es notwendig, noch weitere Unterscheidungen zu treffen. Anfangs haben wir von Eros und Agape im Zusammenhang mit der dem Menschen eigenen Natur gesprochen: Begierde und Fürsorge als Triebkräfte des Lebens. Mit dem Argument, daß die Macht des Eros durch die Reglements des Gemeinschaftslebens begrenzt werden muß, sind wir bereits auf eine nächste Ebene dessen gekommen, was die Wirklichkeit des Menschen ausmacht: Wir sind nicht an die Natur als den „Pflock des Augenblicks“ (Nietzsche) gebunden wie das Tier, sondern freigesetzt, bewußt, verantwortlich und damit ethisch qualifiziert zu handeln, und d.h. unter Umständen auch gegen unsere Natur. Auf dieser Ebene ist Agape nicht mehr nur natürliche Fürsorge (z.B. Elternliebe), sondern Wille, Verpflichtung, das Wohl des anderen zu suchen in allen leiblichen und seelischen Nöten: Ethik als eine Gewissensfrage; wer sich aber kein Gewissen macht, dem tritt die Rechtsordnung als zwingendes Gesetz gegenüber, weil die menschliche Gemeinschaft nur dann lebensfähig ist, wenn Recht und Ordnung Humanität zu gewährleisten suchen. Die ethische Dimension der Agape war zu allen Zeiten Voraussetzung menschlichen Zusammenlebens und ebenso immer gefährdet. Daß dem Eros Grenzen gesetzt werden müssen, war und ist unter den differenzierten Kritikern der christlichen Tradition unbestritten. Die Furcht vor dem Chaos durch Eros hat sich als berechtigt erwiesen, denn unter den Christen findet sich wie unter den Heiden das Ausgleiten in obszöne Praktiken[90].

Ohne Zweifel haben sich im jüdisch-christlichen Religionskreis langsam die Gewichte zugunsten der Agape verschoben. Hier spielt sie die entscheidende Rolle im „Drama" der Liebe. Mit der Agape ist das Bewußtsein der Humanität gewachsen, das auch in einer säkularen Welt um Anerkennung ringt. Ein solches Bewußtsein zugunsten des hinreißenden Eros zu verlieren oder preiszugeben, kann auch nicht in einem feministischen Interesse liegen, das sich wehrt, wenn Frauen als bloßer Gegenstand des Begehrens genommen werden.

Zugleich tritt aber auch die Gefahr der christlichen Tradition humaner Agape zutage, wenn die dem Menschen ebenso eigene Kraft des erotischen Begehrens ausgelöscht werden soll. Natur und Geist sind für den Menschen eben keine Alternative, wenn auch in der christlichen Theologie immer wieder versucht worden ist, das spannungsreiche Verhältnis zugunsten der einen oder der anderen Seite aufzulösen. Dann bekämpfen einander die Ekstatiker bzw. „Schwärmer"[91] und die „Platoniker" unter den Christen, die um der Gottesliebe willen ihre Leiblichkeit abzutöten suchen. Diese beiden Wege sind jedoch nicht die einzigen kontroversen Stränge im komplexen Gewebe christlichen Glaubensgutes. Es gibt noch einen dritten Weg, der nicht ohne Widerspruch zu den beiden anderen begangen worden ist, den ich im Aufgreifen der bisherigen Begrifflichkeit eine „erotische" Theologie nennen möchte. Ein Beispiel für diese Art theologischen Denkens ist Martin Luther. Er entfaltet seine Theologie u. a. im Gegensatz zu Erasmus von Rotterdam, ein Gegensatz, der nicht ohne Vorläufer und nicht ohne Wirkungsgeschichte ist. Man könnte, zugespitzt formuliert, das theologische Denken des Erasmus als agapisches Konzept, das Luthers als erotisches bezeichnen[92]; zugespitzt ist diese Formulierung deshalb, weil Luthers Theologie nicht als agapefeindlich bezeichnet werden kann, sondern sich durch die dialektische Verbindung beider Formen der Liebe auszeichnet. Dennoch verwende ich den Begriff „erotisch", um die Überwindung agapischer Einseitigkeit zum Ausdruck zu bringen, was aber nicht bedeutet, daß Luther nun ins Gegenteil, auf ein reduziert erotisches Verständnis von Liebe zurückfiele.

Die Agape, die liebende Fürsorge, derer in gleicher Weise alle Menschen bedürfen, findet ihren zusammenfassenden Ausdruck im jüdisch-christlichen Gebot der Nächstenliebe. Agape ist das

Gute schlechthin. Alles Gute, sagt Erasmus, kommt aus der Güte Gottes. Dort, wo die Bibel ethische Weisungen enthält, ist sie klar und gut; vieles allerdings in ihr bleibt dunkel und verworren; das, so Erasmus, kann man vergessen. Der Mensch nun wird als „neutrales“ Wesen geboren, weder gut noch böse. Das Böse lernt er von bösen Menschen, weshalb eine christliche Erziehung ihm von der Wiege an das Handeln aus Agape beibringen muß. So wie alles Gute von Gott kommt, kommt alles Böse vom Menschen, vom Verstoß gegen das Gebot der Agape. Was Menschen zu einem solchen Verstoß veranlaßt, sind die niederen Regungen des Fleisches, des Körpers. So erscheint der Mensch zerspalten: „unten“ ist er ein Vieh, „oben“ aber, in seinem Geist, ist er ein göttliches Wesen. Damit liegt das Gute, der Natur des Menschen eingepflanzt, jedenfalls im „oberen“ Teil, in der Vernunft. Sie läßt den Menschen frei, sich für das Gute und damit gegen das Fleisch zu entscheiden. Wenn der Mensch nun von dieser Freiheit Gebrauch macht und – nur vordergründig gut platonisch – die niederen Teile seiner Natur erfolgreich bekämpft, verschmilzt er mit Gott, dem Guten, und wird Gott gleich. Diese Verschmelzung gehört zu den Charakteristika der Agape: Ich verschmelze mit mir zum ganzen Guten, Menschen verschmelzen zu einer umfassenden Gemeinschaft im Zeichen einer res publica Christiana, Mann und Frau verschmelzen zu „dem“ Menschen (Erasmus ist für die Betonung der Gleichheit der Geschlechter bekannt), und schließlich verschmilzt der Mensch mit Gott zur vollkommenen Agape. Alle Widersprüche, Fremdheiten sind beseitigt, die in mir, die zwischen mir und dem anderen, die zwischen Mann und Frau, die zwischen Gott und Mensch. Den Weg dorthin weist die Agape, ihr machtvoller Imperativ: „Du sollst“, oder, wie meine Großmutter zu zitieren pflegte: Du kannst, wenn du willst, drum wolle, wenn du sollst! Erasmus gibt zu, daß das ein mühsamer Weg ist, der aber dennoch Aussicht auf Erfolg hat. In diesem Konzept ist Agape die Himmelskönigin, die am Ende alles mit ihrem weiten Mantel allumfassender Selbstlosigkeit zudeckt – im wörtlichen Sinn.

Dieses Denken übt Faszination aus, denn es scheint den Wunsch nach Beendigung auch des Geschlechterkriegs zu erfüllen; zudem ist es geschichtsmächtig und wird häufig mit „dem“ Christentum identifiziert. Die ersehnte Vollkommenheit wurde freilich nicht erreicht: Das war auch eines der Argumente, mit denen Luther gegen Erasmus antrat, nicht im friedlichen, akademischen Dialog, sondern mit der Vehemenz eines Wütenden: Luther bestreitet nicht, daß Agape das Gute schlechthin ist, aber er bestreitet, daß der Mensch fähig wäre, sich für das Gute so einfach zu entscheiden. Er kann über sich selbst nicht völlig verfügen, nicht über seinen Körper, nicht über seinen Willen, nicht über seine Vernunft. Das ist seine „Natur". Wenn wir gut sein wollen, heißt das noch lange nicht, daß wir es wirklich wollen, und noch lange nicht, daß wir es auch sein können. Die Leidenschaften, die dem Guten widerstreiten, sitzen überall: in Leib, Seele und Geist.

Das Böse ist für Luther nicht einfach ethische Verfehlung, sondern eine Macht, die dunkle, letztlich unbegreifliche Seite der Wirklichkeit. Wie die dunklen Stellen der Bibel zur Heilsgeschichte gehören, gehören die dunklen Seiten zum Menschen. Und Gott? Auch er hat seine dunkle Seite, er wirkt durch Gute und Böse, er ist maßlos, da nichts über ihm und nichts ihm gleich ist. Wäre er sonst Gott? Gott ist Leben, Kraft, er muß immerzu wirken, erscheint schöpferisch und zerstörerisch, aber das Zerstörerische wird in der Erlösung „aufgehoben", denn er übt Güte, Gnade, Agape; die daraus erfließende ethische Weisung ist jedoch nicht gegeben, um Gott und Mensch in eins zusammenzuschmelzen. Nicht zufällig tritt die Agape in Form der Forderung auf. Luther wendet sich, wie Erasmus, gegen jede Schwärmerei und hält ihr den Anspruch der Agape entgegen. Aber er tut es nicht in der Hoffnung, die vitale, aber auch böse, die Leben schaffende, aber auch zerstörerische Nachtseite des Menschen eliminieren zu können. Das „Du sollst" ist offensichtlich gegen etwas Widerstrebendes gerichtet, ist eine Kampfansage. Luther verwendet den Begriff Eros nicht, aber die Weise, in der er die menschliche Unfähigkeit zum Guten schildert, entspricht dem bereits dargelegten Wesen des Eros. In diesem Sinne führt Luther aus: Das Liebesgebot hat zwei Funktionen. Zum ersten will es den Menschen abhalten, dem Nächsten Böses zu tun – Agape begrenzt den Eros; zum anderen läßt es den Menschen erkennen, daß nicht Agape, sondern Eros, der Janusköpfige in seinem Innersten wohnt, nicht die Sorge um das Wohl des Nächsten, sondern die auf das Selbst gerichtete Begierde im umfassenden Sinne.

Aber der Eros des Menschen darf nicht abgetötet werden, denn er ist zugleich die Erfahrung der Grenze: Vitalität geht zu Ende, die Begierde der Liebe und die Begierde des Wissens erreichen ihr Ziel nicht, durch keine Mühe der Erziehung. So auf sich selbst zurückgeworfen, bleibt der Mensch einsam und verzweifelt. Er kann sich nicht versöhnen, nicht mit sich selbst, nicht mit der Gemeinschaft, nicht mit dem anderen Geschlecht, nicht mit Gott. Seine Hoffnung ist die Erlösung, die Leben schaffende Kraft Gottes, der zugleich erwählende und alles begnadende Amor Dei. Erotische Analogien begleiten Luthers Reden von Gott, das er der Bibel und nicht wie Erasmus der platonischen Philosophie entnimmt: Gott ist der andere, der Fremde, mit dem man nicht verschmelzen kann. Nicht trotzdem, sondern deshalb erwacht die Sehnsucht nach Versöhnung, nach Einssein mit ihm. Aber auch Gott sehnt sich nach dem Menschen und will ihm nahekommen. Der Mensch bemüht sich, Gott zu gefallen, indem er seinen Willen zu erfüllen sucht, aber er kann sich ihn auch dadurch nicht gefügig machen – Gott bleibt, wer er ist. Gott macht dem Menschen Geschenke, um ihm seine Liebe zu zeigen, er rettet ihn aus Gefahr und Todesnot, aber auch der Mensch bleibt, wer er ist, und neigt dazu, solches als „eheliche Pflichterfüllung" für selbstverständlich zu nehmen. Versagt Gott seine Geschenke, wird der Mensch aggressiv und versucht einzuklagen, wovon er meint, daß es ihm zustünde; wird der Mensch gedankenlos gegen Gott, bekommt er die abgewandte Seite Gottes zu spüren: die Liebesgeschichte Gottes mit dem Menschen ist voll von den Figuren des Eros.

Wenn Gott und Mensch zueinander kommen wollen, müssen sie durch den „Tod" gehen. Gott stirbt am Kreuz und wird zum Leben erweckt; die erotische Figur „durch den Tod zum Leben" bestimmt auch die Erfahrung des Menschen: „Wenn Gott lebendig macht", sagt Luther, „tut er das, indem er tötet, wenn er gerecht macht, tut er das, indem er schuldig macht, wenn er in den Himmel bringt, tut er das, indem er zur Hölle führt."[93] Liebe, Leben, Schmerz, Tod, Sünde binden Eros und Agape spannungsreich zusammen, sie überwinden einander in ihrer destruktiven Macht, indem sie einander in ihrer Eigenständigkeit bestätigen. Die Sprache der Erlösung setzt die erotischen Analogien fort[94]. Im Mahl werden das Blut des Mensch gewordenen Gottes getrunken und der Leib des Mensch gewordenen Gottes verzehrt – die leibliche Vereinigung von Gott und Mensch findet statt. Aber ebensowenig wie Mann und Frau sich in der Verschmelzung auflösen, wird Gott „bloß“ Mensch oder der Mensch „wirklich“ Gott. Sie bleiben einander fremd, und das erhält ihre Beziehung; in ihrer Sehnsucht bleiben sie einander widerständig.

Auch diese Theologie ist ein entscheidender Strang christlicher Tradition. Sie kann sich auf die biblischen Schriften berufen und hat ihre Wirkungsgeschichte seit den Kirchenvätern. Sie ist insofern eine „erotische“ Theologie, als sie die Erfahrung des Eros nicht verleugnet, weder des menschlichen Eros in seiner ganzen Ambivalenz, noch des „Eros“ Gottes, der erwählt und verwirft, nahekommt und fremd bleibt. Aber hier wird der menschliche Eros weder vergöttlicht noch verteufelt, und die Dialektik der Liebe bewahrt ihre Spannung. Man sollte diese Theologie wiederentdecken, ehe man das Christentum auf ein Klischee reduziert, gegen das im Namen alter Mythen leicht fechten ist. Denn es wäre an der Zeit, eine schlechte Gewohnheit abzulegen: Ebensowenig wie es „den“ Mann und „die“ Frau gibt, existiert „das“ Christentum; dazu ist der Reichtum der Traditionen viel zu groß, die „Unterscheidung der Geister“ allerdings auch hier angebracht.

Die Lehre der Anat

Längst haben wir mit diesen Überlegungen die unmittelbar „natürliche“ Erfahrung des Erotischen verlassen und uns auf den schon im ersten Kapitel gezeigten Weg der analogen Rede begeben, deren dialektische Denkfigur sowohl den – diesfalls nicht theokratischen, sondern naturalistischen – Kurzschluß, als auch den Verlust der Beziehung zur Wirklichkeit verhindert: Gottes Liebe ist nicht menschlicher Eros, daher menschlicher Eros auch nicht göttlich. Darin liegt die grundsätzliche Kritik an den Naturreligionen und an deren Rezipienten wie z. B. Bataille, obwohl wir von ihnen viel lernen können. Gottes Liebe hingegen ist immer „mehr“ als menschlicher Eros (und menschliche Agape), er ist Inbegriff des vitalen Lebens, ja das Leben selbst (und

Inbegriff der Güte und Fürsorge). Von daher steht der Glaube an den lebendigen Gott den menschlichen Formen der Liebe kritisch gegenüber und kritisiert also alle Eros-Euphorie, wie sie auch unter Feministinnen zu finden ist: Eine Reduktion auf die vitalen Kräfte des Eros bringt eben keine Erlösung von allen Übeln dieser Welt, wie die „sexuelle Revolution" à la Ernest Bornemann[95] vorgaukelt, ebensowenig wie die Verleugnung des Eros. Das ist die Lehre der Anat: Die Verschwisterung von Leben und Tod läßt sich nicht lösen, nicht von den Anbetern des Lebens, noch von denen, die es abtöten wollen. In diesem Sinne sind die alten Mythen klüger als viele ihrer gegenwärtigen Rezipienten, aber sie erschließen sich keiner nostalgischen Rückschau.

Die Aussage, daß Eros als Vitalkraft zum Menschen gehört, ist ebenso zutreffend wie die Aussage, daß Eros destruktiv ist, also lebenszerstörend wirkt. Dieser Widerspruch läßt sich nicht „auf einfache Weise entfernen"[96], obwohl das immer wieder versucht wird: Die einen versuchen vor der Destruktion die Augen zu verschließen, die anderen versuchen, Menschen durch Brechen der Lebenskraft zugleich vor der Destruktion zu bewahren. Aber auch eine bloße Behauptung der Zusammengehörigkeit hilft nicht viel weiter. Gewiß gehören zum „Ganzen" des Menschen beide „Seiten", aber die Weise ihrer Verbindung bleibt nebulos, oder es wird der moralische Imperativ benutzt: Du sollst ganz sein! Wie wenig das auch von Feministinnen benützte Schlagwort von der in die „Ganzheit" des Menschen integrierten Sexualität fruchtet bzw. fruchten kann, mag die Kontroverse zwischen Erasmus und Luther verdeutlichen. Die Verbindung der „widersprüchlichen" Aussage läßt sich allerdings über die Grunddialektik menschlicher Existenz klären, der Dialektik von Natur und Geist, Eingebundensein in ein Gegebenes und davon frei sein zum bewußten Handeln. Die Natur steht „jenseits" von Gut und Böse, das Handeln aber im Zeichen der ethischen Verantwortung. Der Mensch müßte auf sein Ich, sein Bewußtsein, seine Motivationsfähigkeit, seine Geschichtlichkeit verzichten können, um am Gutsein der Natur teilzuhaben. Da das nicht möglich ist, steht für ihn auch die Natur unter dem Anspruch der Verantwortung. Leugnet man aber die Eigenständigkeit der Natur bzw. betrachtet man sie als eine für den Menschen fremde, ja feindliche Macht, dann kommt es zu jenen Formen der Vergewaltigung von Natur „innerhalb“ und „außerhalb“ des Menschen, wie sie heute auch Feministinnen zu Recht anprangern. Die feministische Position will die eine Seite der Dialektik wieder neu zur Geltung bringen, aber das ist zu wenig, denn für die Frage der Dialektik selbst trägt sie ebensowenig aus, wie die Position derer, die sie bekämpft.

Die Wiederbelebung der Göttinnen und mit ihnen der Naturreligionen bedeutet die Negation des Ich, des Bewußtseins, der Freiheit in Denken und Handeln und damit des Personseins des Menschen; und die Behauptung, daß dies nicht beabsichtigt sei, setzt die Logik dieser Denkpraxis nicht außer Kraft. Ich komme noch einmal zurück auf die Dialektik von Eros und Agape. Gegenüber einer christlichen Theologie, wie sie Erasmus repräsentiert, in der Agape die Vitalkraft des Eros besiegt, kann man die Naturreligionen, George Bataille, Barbara Sichtermann usw. als „Lehrstück“ dafür nehmen, daß der Mensch auch Natur bleibt. Das begründet meine Zustimmung, zumal sie alle nicht die „Blauäugigkeit“ eines Ernst Bornemann und anderer Vertreter des Plädoyers für die Befreiung des Menschen zur bloßen, als rein und gut gedachten „natürlichen“ Sexualität haben (Feministinnen wie z. B. Gerda Weiler nicht ausgenommen). Der letzte Schritt zur dialektischen Denkfigur steht allerdings noch aus. Dialektik heißt, daß das eine, Eros, zum anderen, Agape, nicht nur im einander begrenzenden Widerspruch steht, sondern das eine im anderen „aufgehoben“ ist, und daß daher beide ohne einander nicht auskommen. Was damit gemeint ist, sei zum Abschluß dieses Kapitels noch angedeutet.

Eros ist nicht Agape. Eros will gewinnen, Agape sich verausgaben; Eros sucht seine „Lust“, Agape das Wohl des anderen; Eros dient der Selbstfindung, Agape der Selbstlosigkeit; Eros ist machtvoll, Agape übt Machtverzicht, opfert sich bis zur Hingabe des Lebens, das Eros zu erringen sucht. Bei näherem Hinsehen zeigt sich jedoch schon, daß diese Zuordnung der „Eigenschaften“ nicht ganz so zutrifft. In gewisser Weise verausgabt sich auch der Eros, ist er auf den anderen gerichtet, gibt er sich hin; und in gewisser Weise will auch Agape gewinnen, indem sie Leben bewahrt, tritt sie leidenschaftlich auf und zeigt den Mächtigen, die mit dem Leben der anderen spielen, die Zähne. Es gibt die leidenschaftliche Agape und den zärtlichen Eros. Dennoch sind sie nicht dasselbe, dennoch bleibt ihr Antagonismus bestehen, der, würde man ihn auflösen, beide ihre destruktiven Kräfte entfalten ließe. Nur miteinander, was nicht heißt in Harmonie, nur gegeneinander, was nicht heißt als Alternative, können sich beide entfalten. Es zählt zur Eigenart dialektischer Rede, daß sie, solange inhaltliche Aussagen gemacht werden, vage, verrückt, absurd widersprüchlich erscheint. Das Ineinander-„Aufgehoben-Sein" zeichnet sich gleichwohl in der Sprachgestalt und damit für die Wirklichkeit ab, sofern man die grundsätzliche Beziehung der Sprache zur Wirklichkeit anerkennt und in ihr nicht bloß willkürlich vereinbarte Zeichen erblickt.

Gehen wir davon aus, daß die vielfältigen Formen menschlicher Existenz grundsätzlich in der Dialektik von Natur und Geist stehen und das eine im anderen „aufgehoben" ist, dann wird auch verständlich, daß gerade solche Dialektiken geeignet sind, der „großen Dialektik" der Beziehung von Gott und Mensch in analoger Rede sprachlichen Ausdruck zu verleihen: Gott ist der Inbegriff des Lebens, hinreißend und bestimmend; Gott ist der Inbegriff der agapischen Liebe, hingebungsvoll und sich opfernd; Gott ist fern und fremd, nahe und vertraut. In Erinnerung an Kant gilt aber: Gott und Mensch können nie so, auch nicht dialektisch vermittelt, „zusammenkommen", wie für den Menschen z. B. Eros und Agape. Aber die dialektische Beziehung von Eros und Agape kann als Analogie, als Bestimmung der Art und Weise des Verhältnisses, uns den Mund öffnen, um den Unaussprechlichen zu Wort kommen zu lassen.

Drittes Kapitel

Matriarchat – das verlorene Paradies

Gretchenfrage, feministisch

„Die Behauptung eines frühgeschichtlichen Matriarchats oder einer Gleichstellung der Geschlechter in prähistorischen Zeiten war für die Frauenbewegung des 19. Jahrhunderts besonders attraktiv, denn sie lieferte ihr im Namen der Wissenschaft den Beweis, daß weibliche Unterdrückung historisch und nicht biologisch sei.“[1] Dieser Satz von Marie-Luise Janssen-Jurreit kennzeichnet nicht nur das damalige, sondern ein höchst gegenwärtiges Interesse an der historischen Rekonstruktion matriarchaler Kulturen. Es beschäftigt die Frauenbewegung seit dem Ende der sechziger Jahre und verknüpft sich in der feministischen Theologie mit der Kritik an der einseitig männlichen Gottesvorstellung des jüdisch-christlichen Monotheismus.

Aber damit nicht genug: Die Überzeugung von der historischen Existenz der Matriarchate hat programmatischen Charakter angenommen. Wer daran zweifelt, daß es Matriarchate gegeben habe, oder wer deren Existenz zwar anerkennt, sie aber als niedrige Vorstufe der Menschheitsgeschichte abwertet, wer schließlich meint, es lasse sich eine vollgültige matriarchale Kultur nicht historisch verifizierbar belegen, der fällt unter das feministische „Anathema“; Heide Göttner-Abendroth sieht in solchen Menschen Ideologen oder Opfer des Patriarchats, die nicht zur Gemeinde der Matriarchatsgläubigen gehören. Der Glaubenssatz lautet: „Unumwunden bezeichne ich die frühesten Religionen der Menschheit als ‚matriarchal‘.“[2]

Eine uneingeschränkte Behauptung wie diese sollte einer kritischen Prüfung standhalten. Daher muß uns nun die Frage beschäftigen, ob es solche matriarchale Kulturen und Religionen gegeben hat, wieweit die Methoden, die dem Rekonstruktionsverfahren zugrunde liegen, zielführend sind, und welche Konsequenzen sich aus all dem für Frauen heute ergeben.

Heide Göttner-Abendroth fand mit ihren Matriarchatsthesen im deutschen Sprachraum das stärkste Echo; auf sie bezieht sich auch Gerda Weiler, wenn sie auf matriarchale Spurensuche im Alten Testament geht. Aus dem anglo-amerikanischen Raum machte vor allem Elizabeth Gould Davis mit ihrem Buch „Am Anfang war die Frau“[3] Eindruck. Vor ihnen hat sich bereits Elisabeth Schreier, 1899 in Wien geboren und 1962 in der Emigration gestorben, auf sehr originelle Weise mit dem Thema beschäftigt; ihr posthumes Werk „Göttinnen“[4] ist 1978 neu herausgebracht worden. Inzwischen sind die Matriarchatshypothesen schon vielfach zusammenfassend dargestellt worden und haben Eingang in die Kompendienliteratur, ja sogar in Schulbücher gefunden[5], und das heißt, daß sie als wissenschaftlich gesicherte Forschungsergebnisse weitergegeben werden. Sollte es sich also nicht erübrigen, die Frage ihrer Anerkennung als Gretchenfrage zu stellen?

So unterschiedlich die Positionen im einzelnen sind, so gehen doch alle Autorinnen davon aus, daß vor Beginn patriarchaler Geschichtsschreibung, also vor ca. 3000 v. Chr., die gesamte Welt von einer matriarchalen Epoche bestimmt gewesen sei. Göttner-Abendroth z. B. unterteilt diese Epoche noch in die Zeit des „einfachen“ Matriarchats, die des „entwickelten“ und schließlich die des „weltweiten“[6].

Der Ackerbau, vom einfachen Gartenbau bis zu technisch entwickelter Bodenkultivierung (künstliche Bewässerung), bildete die ökonomische Basis. Matrilinearität, also Namensgebung und Erbfolge in weiblicher Linie, und Matrilokalität, also der Wohnsitz der Mutter als Zentrum der Sippenbildung, kennzeichneten die Familienstruktur. Monogamie sei unbekannt gewesen, Polygamie beider Geschlechter die Regel. So rühmt Göttner-Abendroth die große sexuelle Toleranz und begründet sie damit, daß die zeugende Rolle des Mannes bei der Entstehung eines Kindes nicht bewußt war. Wenn, dann habe die Mutter als Sippenoberhaupt nicht dem Vater ihrer Kinder, sondern dem Sohn oder ihrem Bruder Funktionen und Würden im Stamm verliehen. Diese Struktur sei auch bei der Bildung von Staatsformen beibehalten worden.

Im religiösen Bereich repräsentiere die Sippenmutter die Muttergöttin. Alle Mythen rankten sich um weibliche Gottheiten; männliche gebe es nicht, denn der Heros, der die Göttin begleitet, ist im Gegensatz zu ihr sterblich und spiele eine untergeordnete Rolle im Kultdrama. Die Muttergöttin verbindet Weiblichkeit und Erde, aus der alles Lebendige hervorgeht. Richard Fester z. B. sieht in der Hockstellung der Beerdigten einen Beleg dafür, daß die Toten in Gestalt von Embryos dem Mutterschoß der Erde zurückgegeben wurden, um von dort wiederzukehren[7]: Der Tod ist also zugleich Wiedergeburt. Aus dem dunklen Mutterschoß bricht der Mensch zum Licht des Lebens auf. Nacht und Mond seien daher die religiösen Symbole des Matriarchats. Die Hörner des Stieres stellen in dieser Deutung die beiden Mondsicheln dar. In Stierbildern und -skulpturen erscheint zwischen den Hörnern oft auch die volle Mondscheibe. Die Zeitrechnung erfolgt nach dem Mondjahr, demnach hat das Jahr dreizehn Monate; die Nacht sei bevorzugte Zeit für Beratung, Rechtsprechung, kultische Handlungen. Nach Göttner-Abendroth ist die Mondgöttin des entwickelten Matriarchats dreifaltig: Jungfrau, Geliebte/Mutter und Greisin. Im Kult vollziehen Priesterinnen die Riten, die den Jahreszeitenrhythmus abbilden: Initiationsfeste im Frühling, die „Heilige Hochzeit" im Sommer, Tod und Wiederauferstehung des Heros im Herbst und Winter.

Die einzelnen Motive zu diesem Panorama einer matriarchalen Epoche sind den Mythen sehr verschiedener Kulturen und Zeiten entnommen; die Frage bleibt, wie weit sie sich redlicherweise zu dem erwünschten Bild verdichten lassen, zum Bild vom Matriarchat als einer historischen Tatsache, das der Deskription zugänglich ist.

Matriarchate, so heißt es übereinstimmend, hätten sich durch besondere Friedfertigkeit ausgezeichnet. Kriege wurden keine geführt, Kriegshandwerk und Erzeugung von Waffen nicht geübt. Daher wären die matriarchalen Kulturen den Angriffen der kriegerischen Hirtenvölker schutzlos ausgeliefert gewesen. Ohne nähere Gründe anzugeben, spricht Göttner-Abendroth von einem „Wechsel" von matriarchalen zu patriarchalen Gesellschaften, der sich lange hinzog und von einem Ringen der beiden Kulturen bestimmt war[8]. Diese „patriarchale Revolution" wird im Mittelmeerraum (auf diesen wollen wir uns auch für die weiteren Ausführungen beschränken) häufig mit der großen indogermanischen Wanderung (2500–1700 v. Chr.) identifiziert.

Über diese Frage nun, wie es zum Untergang der Matriarchate kommen konnte und welche Gründe für den Herrschaftsantritt des Mannes maßgebend gewesen sein mögen, gehen die Interpretationen auseinander. Während Gerda Weiler schlicht mit der Unmoral argumentiert, die dem männlichen Geschlecht innewohne, so daß die letzten matriarchalen Spuren, was die alttestamentliche Geschichte angeht, in der Exilszeit getilgt worden seien, so bietet Elizabeth Davis vielerlei Gründe an: Der Anteil, den der Mann durch die Zeugung am Entstehen eines Kindes hat, wurde zuerst von den Frauen entdeckt. Vergeblich bemühten sie sich, dieses Wissen vor den Männern zu verbergen. Als diese es entdeckten, war die Frau ihrer Überlegenheit als der allein Leben Spendenden beraubt. Von da an wußten die Männer ihre Leben schaffende „Gunst" an Bedingungen zu knüpfen. Die Frauen wurden abhängig[9]. Oder: Männer, die dem polygamen Matriarchat nur lose verbunden blieben, trieben sich außerhalb der Siedlungsgebiete jagend und raubend umher. Diese ausgestoßenen, funktionslosen Männer bildeten Banden und machten sich durch die „Knabenliebe" von den Frauen unabhängig. Waffengeübt und von Natur aus brutal, dem sittigenden Einfluß der Frauen entzogen, überfielen sie die friedlichen Matriarchate und rissen die Macht an sich. Davis weiß ihre Darstellung mit anschaulichen Details zu schmücken: Die Fleischrohkost der wilden Jäger habe vielleicht entscheidend zum Umsturz beigetragen – Fleischfresser zeichnen sich durch größere Geschlechtsorgane aus, „und diese Entwicklung kann für die Frauen unwiderstehlich gewesen sein"[10].

Differenzierterer Überlegungen bedient sich Josefine Schreier, um den Übergang vom Matriarchat zum Patriarchat zu erklären. Sie greift auf die Identifikationstheorie Sigmund Freuds zurück, nach der Menschen einander nachahmen. Freud sieht darin die ursprünglichste Kommunikationsform des Menschen, die daher auch in der Kindheitsentwicklung eine entscheidende Rolle spielt. Indem jemand einen anderen Menschen zum Vorbild nimmt, will er sein eigenes Ich so gestalten, wie ihm das seines Vorbildes erscheint[11]. Diese Vorbild-Nachahmungsstruktur ist nur sinnvoll, wenn sich das Vorbild dem Nachahmenden überlegen zeigt. Freud hat diese Kommunikationsform an der Beziehung des Sohnes zu seinem Vater ausgeführt. Schreier modifiziert das Modell auf die Beziehung zwischen Mann und Frau hin: Diejenigen Männer im Matriarchat, die sich mit den mächtigen Frauen zu identifizieren suchten, wurden bevorzugt. Vorbild-Ideal zu sein ist schließlich eine schmeichelhafte Rolle. „Nur solche Männer wurden zu Königen erhoben, die die Identifizierung vollzogen hatten."[12] Als Beispiel führt Schreier die Couvade an, die Nachahmung des Geburtsvorganges durch den Vater. In diesen Bereich gehört auch die bei manchen Völkern nachweisbare Sitte, daß Männer in Ausführung von öffentlichen Funktionen Frauenkleider und falsche Brüste tragen. Identifikation jedoch führt, wieder nach Sigmund Freud, zur Rivalität: Der Nachahmende will an die Stelle seines Ideals treten[13]. Den von den Frauen geförderten Männern des Matriarchats sei das schließlich gelungen.

Hoffnung aus der Geschichte

Nicht zufällig gehen die Meinungen über die Entstehung des Patriarchats auseinander. An diesem Punkt entscheidet sich, wie der erschlossene, geglaubte, erhoffte frühere Zustand in den zweifelsfrei geschichtlich belegbaren, ja bis heute erfahrbaren übergeht, was also – um es noch einfacher zu formulieren – den früheren vom heutigen unterscheidet und unterscheiden soll.

Die Frage, welche historischen Daten man als relevant ansieht, schreibt Josefine Schreier, hänge davon ab, von welchen „Theorien" man geleitet werde. Tauscht man das Wort „Theorie" durch das Wort „Interesse" aus, dann wird verständlich, was Schreier meint: Sie verfolgt ein dezidiertes Interesse, zieht, wie sie selbst sagt, diesem entsprechende Linien durch die Geschichte[14] und möchte die Leser auf ihren Weg mitnehmen. Erst am Ende ihres Buches wird sie konkreter: Hinsichtlich ihrer Rechtsstellung habe die Frau in der modernen Gesellschaft gewonnen. „Aber ihre soziale Stellung ist auch weiter unsicher, bedroht und angegriffen von den modernen Anhängern des Patriarchats. Das psychologische Bedürfnis, die Mutter zu eliminieren und herabzusetzen", findet Schreier in der Literatur der führenden Psychologen, von Freud und Jung bis zu amerikanischen Therapeuten, die sie durch ihr Exil kennenlernte[15]. Dieser Herabsetzung der Mutter, mehr noch, des Weiblichen, setzt Josefine Schreier ihre Rekonstruktion matriarchaler Frühgeschichte entgegen.

Elizabeth Davis, die man, wie auch Josefine Schreier, eine „Privatgelehrte" nennen könnte[16], will mit ihrem Buch gegen den „Mythos der weiblichen Minderwertigkeit" antreten. Durch den erschütternden Blick in eine vergangene, verdrängte Geschichte soll in den Frauen unseres Jahrhunderts „ihre ureigene Würde" und ihr Stolz wieder erweckt werden. Niemand, so schreibt Davis bitter, hat bislang „Gottes Fluch" von Eva genommen[17]. Ihr Ziel ist die „matriarchale Gegenrevolution" gegen die patriarchale Revolution, die die matriarchale Kultur ausgerottet habe. Mit ergreifenden, geradezu apokalyptischen Worten schließt sie ihr Buch: „Das Zeitalter des Männlichkeitskultes geht nun seinem Ende entgegen. Seine letzten Tage werden durch ein Aufflammen einer alles erfassenden Gewalttätigkeit und Verzweiflung erhellt, wie es die Welt bisher noch kaum gesehen hat. Menschen guten Willens suchen von überall Hilfe für ihre zugrunde gehende Gesellschaft, doch vergeblich. Jegliche unserer kranken Gesellschaft verordnete soziale Reform hat nicht mehr Wert als eine Binde für eine klaffende und faulende Wunde. Nur eine vollständige Zerstörung der Gesellschaft kann die lebensgefährliche Krankheit heilen. Nur der Sturz der dreitausend Jahre alten Bestie des männlichen Materialismus wird die Menschheit retten."[18] Man gewinnt nicht den Eindruck, daß die Chancen einer Rettung nach Davis' Meinung gut stünden.

Solcher Hoffnungslosigkeit setzt Göttner-Abendroth die Überzeugung entgegen, das verlorene Paradies der Matriarchate könne wiedergewonnen werden. Gesellschaften, die unter der Dominanz der Frau standen, vermögen uns durch ihre Religiosität „eine utopische Leitidee" zu sein[19]. Wir dürfen, so meint sie, nicht in einen Antagonismus verfallen und das weibliche Prinzip verabsolutieren, um es gegen das männliche zu kehren. Ihr geht es um die Integration beider Prinzipien, und sie ist überzeugt, daß dies den Frauen heute gelingen kann, bis hin zur Wiederherstellung des Matriarchats. Durch „präzise Kenntnis der historischen Formen" matriarchaler Kulturen und Analysen heutiger patriarchaler Lebens- und Gesellschaftsformen würde es möglich sein, die Utopie in Handlungsstrategien umzusetzen[20]. Wie diese aussehen könnten, verschweigt sie uns.

Gerda Weiler baut vor allem auf den Arbeiten von Heide Göttner-Abendroth auf. Ihr geht es um die Wiedergewinnung des matriarchalen Menschen, der das Wesen der Dinge zu erforschen vermag, der die Natur nicht beherrscht, sondern sich ihr anpaßt, „um die allmorgendliche Wiedergeburt jedes Tages und die alljährliche Neuwerdung der gesamten Schöpfung durch sein Leben und Tun, durch seine hingebende Liebe und durch kultische Heiligung zu bewirken“[21]. Sie will zurück zur toleranten Weltanschauung der Mütter[22], zu einer „natürlichen Ordnung“, die ohne Gesetz „sittlich verpflichtet“[23]. Auch Weiler sieht in der Zerstörung des Patriarchats den einzig möglichen Weg, diese Welt gesunden zu lassen: „Die Menschheit bedarf der Re-Integration des Männlichen ins matriarchal Umgreifende, um wieder heil zu werden.“[24]

Ganz deutlich wird in solchen Entwürfen, welche Hoffnungen Frauen mit der Rekonstruktion der Matriarchate verbinden. Nur solche gegenwärtige Hoffnungen, die ihren Anker in die Geschichte auswerfen, erklären den großen Anklang, den die Matriarchatsthesen gefunden haben. Die Interessen daran sind nicht zuerst diejenigen Abstand nehmender wissenschaftlicher Erkenntnis, sondern Betroffenheit vom unheilen Zustand der Welt und des Umgangs der Geschlechter miteinander. Diesen Interessen spürt man Leiderfahrung, nachvollziehbaren Haß und verständliche Sehnsucht nach einer anderen für Frauen besseren Welt als der unseren ab. Und wenn nun im weiteren die Prüfung der historischen Rekonstruktion von Matriarchaten auch ergibt, daß die – noch dazu spärlichen – Fakten nicht so eindeutig sind bzw. die Methoden zweifelhaft, dann heißt das nicht, daß jene persönlichen Signale überhört oder gering geachtet werden dürften.

Dennoch: Wer ein solches Interesse, wenn nicht in allen Einzelheiten, so doch in der grundsätzlichen Intention teilt, sollte sich den kritischen Blick auf die Methoden bzw. die Identifikation von Interesse und Methode nicht trüben lassen. Göttner-Abendroth geht davon aus, daß es in der von Männern betriebenen Matriarchatsforschung nur vorurteilsbesetzte Positionen gebe. In einem ersten Schritt stellt sie sich daher die Aufgabe, „die Liste der Vorurteile der Forscher zusammenzustellen“[25], also eine Art Sündenkatalog. Vorurteilsfrei zu forschen bedeutet für Göttner-Abendroth nicht etwa, die Quellen gründlich zu studieren, um sich im Anschluß daran ein Urteil zu bilden, sondern vielmehr, sich ihrer Position anzuschließen und Matriarchate als gegeben vorauszusetzen. So kann es zur bereits zitierten „unumwundenen" Bezeichnung der frühen Religionen als matriarchal kommen, obwohl Göttner-Abendroth betont, die bisherigen Forschungsergebnisse mit „ideologiekritischer Vorsicht" betrachten zu wollen.

Nun sei jedem unbenommen, von einer Hypothese auszugehen. Jede Forschung muß mit Hypothesen arbeiten, in denen sich das Interesse des Forschenden artikuliert. Methode meint jedoch, der wörtlichen Bedeutung nach, den Weg, das Vorgehen, wodurch die Hypothese verifiziert werden kann, oder, wenn der Weg nicht zum Ziel führt, falsifiziert werden muß. Das wieder wirkt sich verändernd auf die Hypothese aus, so daß man genötigt wird, diese entweder ganz fallen zu lassen, oder zu modifizieren.

Göttner-Abendroth verharrt aber, wie schon gesagt, in einem Zirkelschluß: Indem sie ihr feministisches Interesse bereits als verifizierte Hypothese ausgibt, muß dieses Interesse als etwas objektiv Erwiesenes erscheinen. Damit entzieht sie sich jeder Kritik, denn der Kritiker fällt notwendig unter das Verdikt, nicht objektiv sein zu können, mehr noch, er zieht sich eine moralische Disqualifizierung zu: Durch die Kritik beweist er seine Vorurteilsbesetztheit. Im Klartext: Wer nicht das richtige feministische Interesse aufweist, hat keine wissenschaftlichen Qualitäten! Diese im negativen Sinne ideologische Argumentationsfigur ist aus totalitären Systemen von „Rechts" und „Links" bekannt: Wer die Parteilinie nicht vertritt, taugt auch als Wissenschaftler nichts. Hinsichtlich der inhaltlichen Aussagen vertritt Göttner-Abendroth keine solche Ideologie. Ich unterstelle ihr das auch nicht. Was ich damit sagen will: Es ist ihr offensichtlich nicht bewußt, daß die formale Struktur ihrer Argumentation derjenigen totalitärer Denk- und Gesellschaftssysteme entspricht.

Wissenschaft als Liebesbeweis

Hier werden zwei Ebenen durcheinandergebracht, das subjektive Interesse und der methodische Weg der sachlich-objektiven, also für die Zeit dieser Tätigkeit vom subjektiven Interesse absehenden Prüfung. Findet eine solche Prüfung nicht statt, muß notwendig jedes historische Material das Interesse bestätigen. Aus der Psychologie sind derartige Zirkelschlüsse bekannt. So rechnet man z. B. in der Psychoanalyse mit dem Widerstand des Patienten. Widerstand heißt: Der Patient weigert sich, selbstverständlich unbewußt, für ihn wenig schmeichelhafte Gründe einer Störung einzugestehen. Wertet der Therapeut nun diese Weigerung als „Beweis" für den neurotischen Charakter seines Patienten, so hält er die Therapie für umso notwendiger. Damit hat sich der Therapeut jedoch zugleich der kritischen Rückfrage an sich selbst und an seine Interpretation der Störung seines Patienten entzogen. Der Schluß: Je stärker der Widerstand, desto stärker die Neurose. Die Person des Therapeuten ist damit außer Obligo. Was übersehen wird: Der Patient könnte sich zu Recht gegen die vorgetragene Diagnose wehren, weil sie sein Problem nicht anspricht, möglicherweise sogar Ausdruck eines Problems von seiten des Therapeuten ist[26]. Um zu begreifen, was sich hier abspielt, können die von Paul Watzlawick erhobenen Modelle von Kommunikationsstörungen hilfreich sein: Er geht davon aus, daß Menschen auf einer Inhalts- und einer Beziehungsebene miteinander kommunizieren. Inhaltsebene heißt – um ein Beispiel zu wählen –, daß man übereinkommt, einen Verwandtenbesuch zu machen; Beziehungsebene heißt, jeder will vom anderen geachtet, wertgeschätzt, geliebt werden. Zu Konflikten kommt es, wenn diese beiden Ebenen vermischt werden: Will der eine den Verwandtenbesuch dann doch nicht machen, faßt dies der andere als Beweis der Lieblosigkeit auf, beharrt womöglich auf dem vereinbarten Besuch, um den Liebesbeweis zu erpressen, oder zieht sich schmollend zurück, um die Lieblosigkeit der Welt zu beweinen oder auf Rache zu sinnen. Watzlawick bringt diese Kommunikationskonfusion auf den treffenden Satz „Wenn du mich liebtest, würdest du mir nicht widersprechen."[27]

Wenden wir dieses Modell auf die „Methode" von Göttner-Abendroth an. Trennen wir die Inhaltsebene (= Matriarchate) von der Beziehungsebene (= feministisches Interesse), dann sagt sie „durch die Blume", besser durch die feste Annahme von Matriarchaten: Wenn du mich liebst, mußt du mir zustimmen; wenn du, Frau, mir solidarisch sein willst, muß du meine feste Annahme teilen; wenn du, Mann, nicht zu jenen inhumanen

Patriarchen zählen willst, mußt du meine feste Annahme teilen. Göttner-Abendroth kommuniziert also auf der Beziehungsebene, die Inhaltsebene ist nur Mittel zum Zweck. So gesehen, könnte ich sie verstehen; auf der Beziehungsebene will sie Aufmerksamkeit, Solidarität und eine humane Haltung gegenüber Frauen. Dieses Interesse teile ich ohne Einschränkungen. Das gilt aber unabhängig von der Frage, ob ich die Matriarchatshypothese ohne kritische Prüfung annehme. Die kritische Prüfung, wie immer sie ausgeht, mindert meine Solidarität nicht. Umgekehrt mag ich meine Solidarität durch Nötigung zur Übernahme der Matriarchatshypothese nicht erpressen lassen bzw. dadurch unter Beweis stellen müssen. Auch für die Auseinandersetzung mit der Gegenseite, mit jenen (Männern, aber auch Frauen), die aus derselben Konfusion heraus Parteinahme für ihr gegenteiliges Interesse heischen oder zur sachlichen Prüfung der Matriarchatshypothesen antreten, ist Göttner-Abendroths Vorgehen keine „Methode". Dem emotionalen Druck auf der Beziehungsebene kann man sich entziehen, man kann Gegendruck ausüben oder Solidarität heucheln. Auf der Sachebene bleibt Göttner-Abendroth angreifbar und widerlegbar.

Von den Fallstricken der Kausallogik

Während Davis und Weiler ganz ähnlich vorgehen, redet Josefine Schreier eine klarere Sprache. Auch sie nennt eine Voraussetzung, aber nicht ihre Theorie, sondern die Bereitschaft der Leser, offen und unvoreingenommen zu sein, sich auf ihr Interesse zunächst einmal einzulassen[28]. Sie vergleicht das Unternehmen einer historischen Rekonstruktion mit der Tätigkeit eines Detektivs: Durch Auswahl relevanter Daten und Theorien soll ein Geschehen erklärt werden. Nur *eine* Erklärung könne jeweils richtig sein, meint Schreier, und sie legt offen, welches Erklärungsmodell sie für richtig hält: das der Psychologie; „. . . wenn wir menschliche Handlungen zu verstehen versuchen, gehen wir auf die Motive zurück, die die Menschen veranlassen, in bestimmter Art zu handeln."[29] Handeln sieht Schreier aber nicht unter dem Aspekt des Willkürlichen oder Zufälligen. Handeln als etwas Bewirktes hat für sie eine kausallogische Ursache: „Wir verwenden in solchen Schlüssen allgemeine Theorien, welche gewisse Zustände und Vorgänge mit ihren Ursachen verknüpfen. Wenn wir wissen, daß ein gewisser Zustand im allgemeinen aus einer bestimmten Ursache entspringt, werden wir geneigt sein anzunehmen, daß sich auch im gegebenen Fall eine solche Ursache in der Vergangenheit ereignete, obgleich wir nicht direkt feststellen können, daß sie sich tatsächlich ereignete."[30] In diesem Sinne bedient sich Schreier der psychologischen Theorien Sigmund Freuds.

Schreier schlägt die Brücke zur Vergangenheit, indem sie annimmt, daß bestimmte Ursachen Menschen immer und zu jeder Zeit zu bestimmter und damit entsprechender Reaktion veranlassen. Ein für Schreier zentrales Beispiel wurde schon genannt: Menschen orientieren sich nachahmend an anderen, mächtigen Menschen, die ihnen als Ideal erscheinen; sie wollen werden wie das erstrebte Ideal und treten damit zu diesem in Konkurrenz; die Folge ist der Kampf um die Vorherrschaft, um die Stellung als Idealfigur. Ein solches Reiz-Reaktions-Schema läßt sich beobachten bzw. durch kritische Selbstprüfung bestätigen, also, so lautet der Schluß, zählt ein solches Verhalten notwendig zum Verhaltenspotential jedes Menschen, wann immer er gelebt hat. Die Kausallogik, die für das Reiz-Reaktions-Schema charakteristisch ist, begründet die Notwendigkeit im Sinne eines „wenn – dann„: Wenn Menschen unterdrückt werden, wehren sie sich; wenn Menschen seßhaft leben, verbessert sich die soziale Lage der Frauen, da diese durch die Bindung an Kinder auf die stabilitas loci angewiesen sind; wenn Männer darauf kommen, daß sie die Kinder zeugen, nützen sie diese Macht aus; Frauen pflegen Kinder, also sind sie lebensbejahend, Männer führen Kriege, also sind sie lebenszerstörend; alle Embryos im Mutterleib sind zuerst weiblich (Chromosomensatz XX), also ist die Frau „die Erste"[31], etc.

Dieses Erklärungsmodell ist ein Charakteristikum der sog. Einzel- oder Realwissenschaften[32], die heute gegenüber den systematischen Wissenschaften dominieren, ja – und das ist ein schlichter Irrtum – als *die* Wissenschaft par excellence angesehen werden, auch von Feministinnen. Die Faszination und Popularität dieses Wissenschaftsmodells liegt in der einfachen Denkstruktur: a) Gegenstand dieser Art von Wissenschaft ist alles Empirische, also alles Beobachtbare. Der Biologe z.B. beobachtet Schmetterlinge, der Physiker beobachtet den freien Fall, der Soziologe und der Psychologe beobachten menschliche Verhaltensweisen. Auch die Freud'sche Identifikation zählt insofern zum Empirischen, als wir bei uns selbst und bei anderen das Phänomen der Nachahmung beobachten können. Was sich nicht beobachten läßt, ist im Rahmen dieses Modells im abwertenden Sinne „Spekulation". b) Das durch die Beobachtung gewonnene Material wird in einem nächsten Schritt auf eine Erklärung hin befragt. Warum haben manche Schmetterlinge Augen auf den Flügeln? warum fallen Gegenstände nach bestimmten Regeln? warum praktizieren Menschen bestimmte Riten? warum ahmen Menschen einander nach? Die Erklärung erfolgt c) nach den Regeln der Kausallogik, also nach dem Denkmodell von Ursache und Wirkung. Dabei wird Empirisches durch Empirisches einleuchtend gemacht: Um Feinde abzuwehren, haben Schmetterlinge Augen auf den Flügeln; die Anziehungskraft der Erde bewirkt den freien Fall; aus Angst vor Blitz und Unwetter beschwören Menschen überirdisch vorgestellte Wesen; um sich aus einer untergeordneten Position zu befreien, ahmen Menschen große Vorbilder nach. Das Ziel der Kausallogik ist eine allgemeine und objektiv gültige Aussage. d) Die Logik von Ursache und Wirkung ist notwendig umkehrbar. Jede Ursache hat eine bestimmte Wirkung, jede Wirkung eine entsprechende Ursache. Daraus ergibt sich die heute viel kritisierte Machbarkeit. Wenn Angst z.B. Menschen dazu treibt, überirdische Wesen zu beschwören, dann ist bewußtes Angstmachen der sichere Weg, Menschen zum Glauben an Gott bzw. in die Kirche zu treiben. Die Erfahrung, daß Krisenzeiten Menschen nach der Religion fragen lassen, bestätigt dann die kausallogische Regel. Die Folge „wenn – dann" läßt sich umkehren in ein „dann – wenn".

Was dieses Denkmodell nicht beachtet bzw. bewußt ausklammert, ist die Fähigkeit des Menschen, sich zu motivieren, und das heißt: der Mensch vermag sich in seinem Handeln grundsätzlich der Kausallogik zu entziehen. Er kann sich distanzieren, über das, was er beobachtet, reflektieren und in bewußter Entscheidung, also aus einem eigenständigen Motiv heraus anders handeln, als die Kausallogik ihm vorgibt. Er muß nicht Angst bekommen, wenn jemand ihm Angst machen will; er muß aus

Angst nicht überirdische Wesen beschwören, er muß keine Vorbilder nachahmen. Eine wissenschaftliche Methode die für die Erscheinungen der Natur brauchbar ist, wird, auf den Menschen und seine Motivation angewendet, gefährlich, denn sie nimmt ihm die Möglichkeit, bewußt gegen Sachzwänge anzutreten. Jeder moralische Imperativ z. B. wäre von vornherein sinnlos, wenn wir nicht anders könnten, als irgendwelchen kausallogischen Gesetzen folgen.

Die Polemik gegen wissenschaftliche Theoriebildung, verbunden mit dem Aufruf zur humanen Verantwortung, ist ein durchgängiges Motiv in den feministischen Positionen Mit einem guten Gespür nennen viele dieser Frauen die Wissenschaft menschenfeindlich, und es ist in der Tat menschenfeindlich, Handeln auf kausallogische Mechanismen festzulegen und dadurch jede Freiheit in der Motivation zu leugnen. Aber ich konnte in der feministischen Literatur bislang kein dementsprechendes Argument für eine solche Kritik finden. Daraus ergeben sich zwei entscheidende Fehler, zum ersten: Wissenschaft bleibt mit dem Denkmodell der Einzel- bzw. Realwissenschaften identifziert, als wäre z. B. die Ethik keiner wissenschaftlichen Reflexion zugänglich. In der Folge werden die systematischen Wissenschaften wie Philosophie oder Theologie als reine Spekulation abgetan, ein Urteil, das die feministische Position in unheilige Allianz mit den Realwissenschaften bringt[33]. Zweitens argumentieren auch die Matriarchatsforscherinnen im Widerspruch zu dem, was sie an Wissenschaft kritisieren, nach eben demselben kausallogischen Denkmodell und verstricken sich dadurch in eine heillose Konfusion der Argumente.

Ein Beispiel dafür liefert u. a. Elizabeth Davis: Die Frauen in der matriarchalen Kultur hätten, so meint sie, z. B. durch physisches Kräftemessen (die Brunhilde-Sage erinnert daran) ihre Werber „getestet“: „. . . die sexuelle Auswahl eines ‚überlegenen Erzeugers‘ durch die Frau. . .“[34]. Dadurch wären die kleinen und schwachen Männer ausgemerzt worden, was auch den Frauen durch das bessere Erbgut zu größerer physischer Kraft verholfen habe. Aber auch die Männer seien durch diese „Zuchtwahl“ (dieses Wort stammt von mir, nicht ohne anspielende Absicht) zu immer größerer physischer Überlegenheit gelangt und wären dadurch befähigt worden, die Macht gegen die Frauen zu ergreifen. In den patriarchalen Kulturen träfen nun die Männer die Auswahl und seien dazu geneigt, die „jämmerlichsten Muster der Frauenwelt zu heiraten und zur Mutter des Geschlechts zu machen“[35]. Die Folgen für die Erbsubstanz lägen auf der Hand. Daher sollte nach Davis wieder die weibliche Zuchtwahl eingeführt werden, damit der weibliche Einfluß zur Entwicklung eines würdigen männlichen Geschlechts beitrage[36].

Analysieren wir diesen Gedankengang, dann ergeben sich folgende Denkmuster: Aus Gründen der Kausallogik können Frauen immer nur starke Männer, Männer dagegen nur schwache Frauen wählen, sagt Davis. Aber ist und war das zwangsläufig so? Hier wird ein evolutionäres Motiv auf die Motivation von Menschen übertragen. Weiter: die Folge der „Zuchtwahl“ sind starke Frauen, warum aber um so vieles stärkere Männer, daß diese die Frauen unter ihre Herrschaft bringen? Der Schluß von physischer Stärke auf Machtgier identifiziert in einem nächsten Schritt ein biologisches Merkmal mit einer ethischen Haltung. Kommen Männer mit derlei biologistischen Argumenten, regen sich Frauen – mit Recht – auf. Ist es zudem ethisch vertretbar, schwache Männer auszumerzen? Entspricht es einer ethischen Haltung nicht viel mehr, schwache Frauen an Ehe und Mutterschaft teilhaben zu lassen, auch wenn dann keine Heroen in die Welt gesetzt werden? Gibt ein solches Argument nicht auch die volle Rechtfertigung dafür, schwache Frauen, behinderte Menschen oder primitive Rassen auszumerzen? Wenn die Zuchtwahl der Frauen heute wieder eingeführt würde, so schließt Davis, könnte ein würdigeres männliches Geschlecht entstehen. Wie aber sollte das zugehen, wenn doch eine der Wurzeln des Patriarchats in eben der Zuchtwahl der Frauen liegt, die durch ihre Selektion Männer zu Monstern werden ließ? Wie sehr Davis dem auch von ihr verworfenen Modell der Einzelwissenschaften verhaftet ist, zeigt schließlich ihre naive Vorstellung, man könne eine einstmals „bewährte“ Wenn-dann-Relation (= Zuchtwahl der Frauen „macht“ bessere Männer) vom Damals ins Heute mir nichts, dir nichts übertragen. Wie aber sollte nun das wiederum geschehen? Durch die „Bekehrung des Männergeschlechts“[37], das biologisch auf Machtgier festgelegt ist? durch ein Volksbegehren? durch obrigkeitliche Verfügung (hatten wir das nicht „jüngst“ schon einmal)? Ohne en detail zu argumentieren wie

Davis, meint auch Göttner-Abendroth, daß sich aus der Analyse gesellschaftlicher Verhältnisse Handlungsstrategien ergeben können. Woher aber gewinnen wir die Motivation dazu? Aus den Fakten, die doch in der Kausalfolge ohnehin den ihnen vorgezeichneten Weg gehen? Wie anders als über humanes Interesse ließe sich die Kraft des Faktischen durchbrechen? So spitzt sich das Problem auf die Frage zu, wie eine ethische Motivation vermittelt werden kann. Dazu schreiben die Matriarchatsforscherinnen nicht. Gerda Weiler ist wenigstens insofern konsequent, als sie Humanität durch Beschimpfung der Verletzer des Humanen einklagt.

Einer der verhängnisvollsten Rückschlüsse im Zuge der blinden Übernahme einzelwissenschaftlicher Logik ist der folgende: Wenn die Frau, sowohl biologisch wie geschichtlich betrachtet, die „Erste" war und, so wird argumentiert, daher auch heute wieder die Erste werden muß, ist sie selbst als prima causa für alles, was folgt, damit auch für das Entstehen des Patriarchats, verantwortlich. Das ergibt sich in der Folge dieses Denkens, aber die feministische Literatur belegt solcher Art Schlußverfahren aparterweise auch noch, ohne daß den Schreiberinnen das sonderliche Probleme zu machen scheint. So wurde nach Schreier der Prozeß der Identifikation der Männer mit den Frauen durch deren machtvolle Fähigkeiten provoziert[38]. Von der Psychologie schreitet Schreier dann zur Biologie fort: Vergangene Urerlebnisse würden „Spuren im Gehirn" hinterlassen und sich so auf die folgenden Generationen vererben[39]. Die Zuchtwahl der Frauen und die „Tatsache", daß sich die Frauen von den großen Geschlechtsorganen der fleischfressenden wilden Männerhorden beeindrucken ließen, führten nach Davis die patriarchale Revolution herbei[40].

Wie vertragen sich solche Aussagen mit einem feministischen Interesse? Daß Frauen an allem schuld sind, ja die Schuld der Männer provozieren, müssen sich Frauen seit Jahrhunderten anhören. Ich gehe davon aus, daß Feministinnen dem nicht ernsthaft zustimmen würden. Dann können solche fatalen Rückschlüsse aber nur die Folge eines Denkens in kausallogischen Kategorien sein, Kategorien also, die jener von den Feministinnen so verhaßten und von ihnen so verteufelten Art von Wissenschaft eigen sind. So gesehen haben wir aber alle keine Chance, uns oder unsere Wirklichkeit zu verändern, und sind alle moralischen Appelle, mit denen auch Feministinnen nicht geizen, eine contradictio in adjecto. Interessant ist auch, daß die psychologischen und soziologischen Argumente bei den genannten Autorinnen letztlich in den Biologismus münden: Vererbte Gravuren im Gehirn und Chromosomensätze sind unser Schicksal. Was uns davon erlösen kann, ist, wie könnte es in diesem Modell anders sein, der nächste evolutionäre Schritt, den z.B. Gerda Weiler nahe bevorstehen sieht[41], gleichsam eine „natürliche Naherwartung".

Heillose Konfusionen kennzeichnen die feministische Matriarchatsforschung auf der methodischen Ebene: Sachebene und Beziehungsebene (Interesse) gehen durcheinander, ebenso die kausallogische Argumentation und der moralische Appell, der Forderung von Vorurteilsfreiheit entspricht die eigene Pflege von Vorurteilen und schließlich treten die historischen Rekonstruktionsversuche in Gestalt der erbaulichen Rede auf, wenn die Schwestern, wie im vorangegangenen Kapitel gezeigt, ins Schwärmen geraten. All das haben jene, die sich Matriarchatsforscherinnen nennen, nur weiterentwickelt, aber nicht erfunden, sondern übernommen – von Männern, denen sie vorwerfen, üble Patriarchen zu sein.

Bachofens Befreiung vom Weibe

Zu den Männern in der Matriarchatsforschung, auf die Feministinnen sich stützen, zählen vor allem J. J. Bachofen („der Altbasler Patrizier ist also noch immer sehr lebendig"[42]), R. von Ranke-Graves, L. H. Morgan, W. Schmidt und R. Briffault[43]. Unüberhörbar hat Bachofen die „Paternität" als Entwicklung des Geistes, des Individualismus, der Erhebung über die Natur, des prometheischen Lebens, einer „tieferen", niedrigeren Stufe des Muttertums als der stofflichen Gebundenheit, unbewußten Gesetzmäßigkeit, der „ewigen Unmündigkeit in alterndem Leibe" gegenübergestellt[44]. Dennoch bauen die genannten Feministinnen ihre Rekonstruktionen des Matriarchats besonders auf dem Werk Bachofens auf. Eine kritische Auseinandersetzung findet kaum statt. Selbstverständlich teilen sie nicht das Interesse Bachofens, die Überlegenheit des Männlichen zu glorifizieren, aber die Denkwege, mittels derer er sein Interesse zu begründen sucht, scheinen sie nicht zu durchschauen. Jedenfalls unternehmen sie es nicht, ihn zu widerlegen.

Bei Davis findet sich ein bescheidener Seitenhieb auf Ranke-Graves: Es sei eine „typisch männliche Schlußfolgerung", den Mythos von der großen lydischen Königin Omphale und dem ihr als „Sexobjekt" unterworfenen Herkules als schreckliches Beispiel für die Angst der Männer vor zügelloser Frauenmacht auszulegen[45]. Einige Kapitel später schreibt Davis selbst, daß der Mann durch den langen Zeitraum weiblicher Überlegenheit in seinem Unterbewußtsein eine „immerwährende Abneigung gegen die Frauen" aufbaute, und beruft sich mit dieser Erklärung zur Entstehung des Patriarchats auf Bachofen[46]: Die Frauenherrschaft sei „schuld" an der folgenden Männerherrschaft. Das ist die bescheidene Ausbeute an (widersprüchlich-) kritischen Rückfragen an die Matriarchatsforscher. Ergebnis: Die feministische Matriarchatsforschung[47] benutzt Sekundärliteratur männlicher Forscher als Quelle. Zudem berufen sich die Autorinnen auf einer Tertiärebene aufeinander (so z. B. Gerda Weiler auf Göttner-Abendroth). Das kann nicht gut gehen.

Die Kompendienliteratur faßt die feministische Einstellung gegenüber Bachofen positiv: „. . . er bleibt der erste Zeuge einer erst hundert Jahre später wieder interessierenden Geschichte der Frau"[48]. Da aber weder Bachofen noch die anderen Autoren leidenschaftslos an die Primärquellen herangegangen sind, lassen sich Forscherinteresse und Quellenmaterial schon bei ihnen nicht so einfach trennen, zumal besonders Bachofen und Ranke-Graves das Objektivitätsideal der historischen Gelehrten ihrer Zeit vehement ablehnen. Mit dieser Männerliteratur als Quelle übernehmen die feministischen Matriarchatsforscherinnen auch deren fragwürdige Methode bzw. fragwürdiges Ergebnis.

Wir haben im Zusammenhang mit der feministischen Matriarchatsforschung von einem Zirkelschluß gesprochen, der durch die Identifikation von Interesse und Forschungsergebnis zustandekommt: „Weil nur sein kann, was meinem Interesse entspricht." Dieser Zirkelschluß findet sich auch bei Bachofen, allerdings geht er von einem anderen, dem feministischen entgegengesetzten Interesse aus. Wie die Frauen, die sich auf ihn berufen, meint auch Bachofen in unschuldiger Selbsttäuschung, er sähe bei der Sichtung und Ordnung des historischen Materials von Vor-Urteilen ab. Er spricht sich selbst die Fähigkeit des Forschers zu, „den Ideen seiner Zeit, den Anschauungen, mit welchen diese seinen Geist erfüllen, gänzlich zu entsagen und sich in den Mittelpunkt einer durchaus verschiedenen Gedankenwelt zu versetzen“[49]. Die erhobenen Fakten bleiben jedoch, so Bachofen, in ihrer Vielfalt und Vielgestaltigkeit voneinander isoliert und unverständlich, wenn man sie nicht an die „Grundidee“ anschließt[50]. Verbunden mit der Grundidee jedoch erhalten sie den „Charakter innerer Notwendigkeit“[51].

Diese vorausgesetzte Grundidee „beweist“ Bachofen durch mehr als tausend Seiten hindurch: „Der Kampf des Stoffes und des väterlichen Geistes durchzieht, wie das Leben des einzelnen Menschen, so das unseres ganzen Geschlechts. . . . Sieg und Fall wechseln miteinander ab und fordern zu stets erneuter Wachsamkeit, stets neuem Ringen auf.“[52] Dieser Kampf zwischen Materie und Geist, zwischen weiblicher Erdnatur und männlicher Geistnatur läuft als roter Faden durch die Menschheitsgeschichte. Bachofen weist jede Unterstellung zurück, die jene „Grundidee“ als „subjektive Erfahrung“, als „subjektives Denkgesetz“ bezeichnen wollte[53]. Es geht ihm um ein „objektives“ Grundgesetz der menschlichen Natur, das allein Ordnung in die verwirrende Vielfalt historischer Phänomene zu bringen vermag.

Welche Grundidee Bachofen meint, verrät er dem aufmerksamen Leser, wenn auch nur in kurzen, wenig auffälligen Zwischenbemerkungen. Bachofen erweist sich als Naturphilosoph, der von Aristoteles und Plato gelernt hat. Die klassische, antike Ontologie steht Pate. Dieses Denken geht von der Frage nach dem Sinn des natürlich Seienden aus. Jedes natürlich Seiende tritt als einmaliges Individuum in Erscheinung. Gleichwohl entwickelt sich ein solches Individuum nach Gestaltungsprinzipien, die in jedem in entsprechender Weise angeordnet sind. So trägt z. B. der Same einer Pflanze das Wesen der Pflanze in sich, deren entwickelte Gestalt das im Samen unsichtbare Wesen erscheinen läßt. Um mit Aristoteles zu sprechen: Die *„usía“*, das Sein als überzeitliche „Idee“, wird wirklich in der *„morphé“*, der individuellen, vergänglichen Gestalt. Diese Gestalt ist stofflicher Natur, das gestaltgebende Wesen ist nicht als Stoff anzutreffen. Um von der Erscheinung des natürlich Seienden auf die formgebende Idee zu kommen, muß die Gestalt des Seienden transzendiert werden.

Ganz diesem ontologischen Denken entsprechend stellt nun Aristoteles „das Weib“ als Stoff dar, den Mann als die formgebende Idee, und Bachofen beruft sich darauf. Das weibliche Prinzip wird dem Holz verglichen, das männliche dem Tischler, der das Holz in Form bringt. „So wie nun der Tischler, obgleich als ein einzelner, nichtsdestoweniger viele Tische verfertigen kann, das Holz aber immer nur Stoff zu einem Tische liefert, ebenso kann der Mann viele Weiber befruchten, der Stoff aber immer nur einmal Befruchtung erhalten. ... Der Mann erscheint also als das bewegende Prinzip. Mit der Einwirkung der männlichen Kraft auf den weiblichen Stoff, beginnt die Bewegung des Lebens.“[54] Mit Aristoteles schließt Bachofen daraus, daß das männliche Geschlecht mehr zum Führen, das weibliche zum Folgen geeignet ist[55].

Was dem Menschen zuerst ins Auge fällt, ist die Gestalt des Seienden. Erst wenn er diese transzendiert, kommt er zur Erkenntnis der gestaltgebenden Idee. Das Anschauen der Gestalt liegt demnach vor der Erkenntnis der formgebenden Idee. Bachofen macht sich diesen Schluß zu eigen. Daher ist nun völlig einleuchtend, warum das Stofflich-Weibliche vor dem Formgebend-Männlichen liegen muß. Bachofen überträgt einen philosophischen Gedanken in die Geschichte. Solange Menschen das Formgebende des männlichen Samens nicht erkannt hatten, herrschte die weibliche Materie zuerst in der Form der „Sumpfzeugung“, wie er die geschlechtliche Promiskuität nennt; dann, mit dem Wissen um die Zeugungskraft des Mannes, begann sich die eheliche Ordnung zu etablieren, das Matriarchat, bis sich schließlich das Männliche als Idee aller Gestalten in der Unterwerfung des Weiblich-Stofflichen Ausdruck verschaffte. Wie das Anschauen der Gestalt vor der Erkenntnis des Geistigen liegt, so war die Frau als das stofflich-mütterliche Material in der Geschichte vor dem Mann als der geistig-zeugenden Idee. Deshalb müssen für Bachofen die matriarchale Kultur und die Gynaikokratie, die Frauenherrschaft, der Paternität vorausgegangen sein. Deshalb muß die Geschichte der Menschheit mit einer allgemeinen, über die ganze Welt verbreiteten matriarchalen

Kulturstufe begonnen haben. Auch für Bachofen gilt: Die Idee gibt der Geschichte ihre Gestalt. Ohne diese Denkstruktur auch nur im mindesten zu durchschauen, reden seitdem Feministinnen, mit wenigen Ausnahmen von der matriarchalen Kultur als einem gesicherten Ergebnis der historischen Forschung! Bachofen bietet aber nicht sinneutrales Material, dessen man sich als eines Steinbruches bedienen könnte, sondern Gestalten einer von Aristoteles und Plato übernommenen Idee. Er gibt auch zu, daß sein Material ohne diese „Grundidee" unzusammenhängend und widersprüchlich bliebe[56].

Bachofen verbindet also die naturphilosophische Grundidee mit der Evolutionstheorie und überträgt die so verstandene Naturgeschichte auf die Geschichte des Menschen. Daraus ergibt sich für ihn die Gleichung: Menschliche Geschichte entwickelt sich nach den Prinzipien der Naturgeschichte. Was Bachofen nicht beachtet, wohl aber auch aus der Philosophie hätte lernen können, ist die dem Menschen durch Selbstbestimmung in Freiheit gegebene Möglichkeit, sich gegen seine natürliche Bestimmung zu motivieren: „Die ontologische Reflexion führt zum Menschen als Sinnenwesen, das aus der Evolution als Teil der Natur hervorgeht. Die transzendentale Reflexion führt zum Menschen als Subjekt, das nicht Teil dieser Natur ist. Beide Wege sind philosophisch unabweisbar. Sie zeigen den Menschen als ‚Bürger zweier Welten' (Kant). Die Gegensätzlichkeit und Spannung dieser beiden Welten bilden das Problem des Menschen."[57] Das damit verbundene Problem der Ethik stellt sich nicht für den Menschen als Natur, denn hier ist er in vorgegebene Gesetzmäßigkeiten eingebunden. Nur der Mensch als Subjekt steht vor der Frage nach dem Richtigen oder Falschen, dem Guten oder Bösen in seinem Handeln. Diese Subjektseite aber klammert Bachofen aus: der Mensch folgt ewigen Gesetzen.

Diesem Konzept entspricht Bachofens Rekonstruktion der menschlichen Kulturentwicklung in drei bzw. vier Perioden: Am Beginn der Menschheitsgeschichte herrschte das stoffliche Muttertum: „Nicht um in den Armen eines Einzelnen zu verwelken, wird das Weib von der Natur mit allen Reizen, über welche sie gebietet, ausgestattet: das Gesetz des Stoffes verwirft alle Beschränkung, haßt alle Fesseln und betrachtet jede Ausschließlichkeit als Versündigung an ihrer Göttlichkeit."[58] Das ist nach

Bachofen die Periode des „Hetärismus“ oder der „Sumpfzeugung“. Die Erinnerung an eine so „unwürdige Kindheit“ des Menschengeschlechts ist Bachofen schmerzlich[59], aber als Verwirklichung des Naturgesetzes müsse man anerkennen, daß unsere Geschichte mit der Erscheinung der rein stofflichen, sterblichen Gestalt beginnt.

„Durch die Steigerung zum Extreme führt jedes Prinzip den Sieg des entgegengesetzten herbei, der Mißbrauch selbst wird zum Hebel des Fortschritts, der höchste Triumph Beginn des Unterliegens.“[60] Von der Lust des Mannes zum Tode ermüdet, beginnt die Frau gegen den erniedrigenden Hetärismus selbst Widerstand zu leisten[61]. Ebenso universal wie der Hetärismus entsteht nun das Amazonentum, der bewaffnete Kampf der verzweifelten Frauen gegen die Männer[62]. Es ist das eine „Entartung“, jedoch eine notwendige, die zur nächsten Stufe führt, zur Gynaikokratie, zur Frauenherrschaft[63].

Nach Bachofen ist die Monogamie das entscheidende Merkmal der mütterlichen Herrschaft als Übergang vom Hetärismus zur Herrschaft des Vaters als dem geistigen Prinzip. Vom Weibe geht die „erste Gesittung der Völker aus“[64]. Diese Frauen hüten das göttliche Mysterium, die natürliche Rechtsordnung, den Frieden. Die Gynaikokratie steht „ganz unter dem Stoffe und den Erscheinungen des Naturlebens, denen sie die Gesetze ihres inneren und äußeren Daseins entnimmt“[65]. Pflege und Verschönerung des materiellen Daseins bestimmen jenes Muttertum, von inneren geistigen Momenten (= die platonische Idee) weiß es nichts[66]. Die Frau der Gynaikokratie hat erkannt, daß sie der Befruchtung durch den Mann bedarf, aber sie durchschaut den himmlischen Ursprung des männlichen Prinzips nicht. Aus ihrer erdgebundenen Sicht muß der Mann als das zweite erscheinen, das sie als die erste hervorbringt[67]. Sie glaubt, göttliche Erzeugerin des Mannes zu sein, und unterwirft den Mann ihrem Dienst. Das Naturgesetz der Herrschaft des unstofflichen männlichen Geistprinzips verleugnend, provoziert sie selbst den Kampf des Mannes um die ihm zustehende Herrschaft[68]. In einer Zwischenbemerkung weist Bachofen auf eine besorgniserregende Erscheinung seiner Zeit hin, in der Frauen die Männer wieder zu verachten beginnen, und er konstatiert: „Am höchsten steht die Frau in den sogenannten barbarischen Zeiten.“[69]

Die Frau ist reine stoffliche Gestalt, der Mann die jenem Stofflichen die Gestalt gebende göttliche Idee. Der nächste Entwicklungsschritt ist daher das Zeitalter der „Paternität“: „. . . in der Hervorbringung der Paternität liegt die Losmachung des Geistes von den Erscheinungen der Natur.“[70] Um dieses Ziel zu erreichen, bedarf es nach Bachofen des Zwischenschritts über die Frauenherrschaft. Denn der Mann steht in der Gefahr, dem rein stofflichen Leben zu verfallen und ein Leben als wollüstiger Tyrann zu führen. Daher muß, solange die Menschheit auf der Stufe des Stofflichen steht, die Frau herrschen[71]. Der Mann muß also dienen, damit die Frau ihn erziehen kann, indem sie seine ungezügelte Kraft bändigt[72]. Hier zeigt sich bei Bachofen eine der Evolutionstheorie eigene Vorstellung, daß nämlich die Phylogenese, die Entwicklung des Individuums, der Ontogenese, der Entwicklung der Arten, entspricht: Der Sohn wird von einer Mutter geboren, durch die er, das Geistige, in seiner stofflichen Gestalt in Erscheinung tritt. Durch ihre Erziehung wird er fähig, sich über das Stoffliche zu erheben und zu sich selbst, zur Geist-Idee zu gelangen, die er repräsentiert. Diese Entwicklung vollzieht sich immer, wenn ein Sohn geboren wird; sie entspricht der Entwicklung des Menschengeschlechts.

Damit erkennt aber der Mann zugleich, daß nicht die Mutter, die Frau, die erste ist, sondern er, der Mann. Denn ohne ihn und seine gestaltgebende Zeugung kann die Frau nicht gebären. Damit unterscheidet Bachofen einen stofflichen und einen geistigen Anfang, der geistige ist, wenn auch nicht sichtbar, der Uranfang. Zu dieser Erkenntnis schreitet der Mann fort, sobald er sich von der mütterlichen Urmaterie gelöst hat: „Er ist nicht das Materielle, sondern das formgebende Prinzip, . . . die Form aber nach einer bei Aristoteles und Plato oft wiederkehrenden Auffassung göttlicher als der Stoff, weil immateriell. Gott selbst erscheint als die reinste und schönste Form. Der Mann wird in dieser Auffassung zum Demiurg, er vertritt dem Weibe gegenüber die Stelle des Schöpfers.“[73] Damit sind wir mit Bachofen auf direktestem Wege beim unheilvollen theokratischen Kurzschluß angelangt, der sich bei gründlicherem systematischen Denken als schlicht falsch erwiesen hat (siehe Kapitel 1).

Bachofens Entwicklungstheorie ist noch nicht am Ende. Es fehlt die letzte Stufe, die Befreiung „von jeder Verbindung mit dem Weibe“[74]. Solange der Mann dem Weibe Kinder zeugt, bindet sich der unsterbliche Geist an die sterbliche Materie und wogt der wechselvolle Kampf zwischen den beiden Prinzipien, der immer auch ein Kampf zwischen den Geschlechtern ist. Bachofen rühmt zwar die Friedfertigkeit der matriarchalen Kulturen und verführt uns dazu, ihn als Vorreiter heutiger feministischer Interessen zu sehen. Aber für Bachofen ist dieser Friede mit der Grabesruhe stofflich-sterblicher Materie identisch. Der männliche Kampf um die Befreiung des Geistes vom Stoff gilt Bachofen mehr, ja alles. Das weibliche Prinzip steht der Erhebung zur Unsterblichkeit im Wege[75], also muß es aus dem Weg geräumt werden: „In der Region des wechsellosen Seins waltet nur der männliche Gott.“[76] Und Christliches anklingen lassend, schreibt Bachofen schließlich: „. . . durch einen Akt geistiger Natur kann das Sohnsverhältnis hervorgerufen werden.“[77]

Die Negierung des Menschen als Subjekt ethisch verantworteter Handlungsmotive bzw. Handlungen macht sich bei Bachofen durch einen typischen Widerspruch bemerkbar: Wenn der Mensch in seiner kulturgeschichtlichen wie individuellen Entwicklung einem Naturgesetz folgt, dann kann sein Handeln nie gut oder böse, sondern nur folgerichtig sein. Warum aber wehren sich dann Frauen, wie Bachofen nachweist, gegen die männliche Herrschaft, agieren Männer, obwohl doch Repräsentanten des unstofflichen Geistprinzips, als grausame Lüstlinge, ist von Mißbrauch die Rede? Was vernünftigerweise nur als Handlungsmotiv verstanden werden kann, wird von Bachofen anders interpretiert: Menschliches Tun und Lassen sind ihm notwendige Folge einer natürlichen Entwicklung, die zwingt, so und nicht anders zu handeln. Von ihm unbeantwortet bleibt dann freilich die Frage, warum manche Frauen die Männerherrschaft begrüßt, andere sich dagegen gewehrt haben.

Konsequenzen nach Belieben

Wer meint, Bachofens historisches Material übernehmen zu können, stößt auf nichts anderes als seine Grundidee. Er hat keine Geschichte der Frau geschrieben, sondern eine Geschichte des Mannes. Wo Feministinnen, aber nicht nur sie, sondern auch

Männer sich zur Bestätigung ihres Interesses der Bachofen'schen „Forschungsergebnisse" bedienen, laufen sie Gefahr, mehr oder weniger explizit jenem Mutterkult zu huldigen, der Frauen durch den biologistischen Kurzschluß wieder auf Natur, Lust und Gebären reduziert, und der in der nationalsozialistischen Zeit zur Verleihung des Mutterkreuzes geführt hat. Ein Strang der Wirkungsgeschichte Bachofens führt auch zu seiner Inanspruchnahme im „Dritten Reich". Ich sage damit nicht, daß alle Bachofen-Rezipienten „Nazis" sind; ich will damit sagen: Wer sich ohne methodenkritische Reflexion auf Bachofen beruft, übernimmt damit, auch wenn er/sie es nicht merkt, eine gefährliche, den Frauen keinesfalls freundlich gesonnene Ideologie im negativen Sinne.

Ein anderer Strang der Bachofen'schen Wirkungsgeschichte führt nach „links". Diese Rezeption beginnt mit Friedrich Engels[78] und konnte nur durch die Umkehrung der Intention Bachofens geschehen. Auch hier spielt der Zirkelschluß von Interesse und Ergebnis die entscheidende Rolle. Engels nimmt nichts von dem wahr, was Bachofen über das überlegene männliche Geistprinzip aussagt, geschweige denn etwas von der dahinter stehenden Naturphilosophie. Engels selektiert ihn nur auf die hohe gesellschaftliche Stellung der Frau in jenen Tagen der grauen Vorzeit hin. August Bebel steht in derselben Linie: „Dem Sozialismus gehört die Zukunft, das heißt in erster Linie dem Arbeiter und der Frau."[79] Negativ hebt er davon ab, daß sich in keinem früheren Zeitalter ein so großer Teil der Frauen in einer so unbefriedigenden Lage gefunden habe, wie um die Wende vom 19. zum 20. Jahrhundert. Zum Erweis dafür, daß die früheren Gesellschaften schon so sozialistisch waren, wie die künftige Gesellschaft werden soll, beruft sich Bebel u. a. auch auf Bachofen: „Die Geltung des Mutterrechts bedeutete Kommunismus, Gleichheit aller; das Aufkommen des Vaterrechts bedeutete Herrschaft des Privateigentums, und zugleich bedeutete es Unterdrückung und Knechtung der Frau."[80] Anknüpfend an Bachofens Naturalismus formuliert er sogar: „Unsere Darlegungen zeigen, daß es sich bei der Verwirklichung des Sozialismus nicht um willkürliches Einreißen und Aufbauen, sondern um ein naturgeschichtliches Werden handelt."[81]

Dieses Denkmodell geht davon aus, daß die vertretene politische Intention imstande sei, eine heile Gesellschaft gleichsam paradiesischer Beschaffenheit in die Welt zu setzen. Das wird dann mit einem legitimierenden Rückgriff auf die als etwas Historisches ausgegebene Idee einer ehemals heilen, paradiesischen Urzeit begründet: Was einmal war, kann und muß wieder werden. Inzwischen betrachten Sozialisten und Marxisten dieses Modell ihrer Väter mit kritischem Blick[82]. Auf der populären Ebene wird aber immer noch so argumentiert, was Ernest Bornemann beweist, der in der von Bachofen postulierten Urpromiskuität das zukünftige Idealbild einer freien Gesellschaft erblickt.

Welche die heile Urzeit ist, bleibt, da Idee, austauschbar und daher eine willkürliche, genauer: eine interessengebundene Annahme. Der katholische Ethnologe Wilhelm Schmidt findet, daß das Emporsteigen der Frau im Mutterrecht der Ordnung von Ehe und Familie geschadet hätte. Zu herrschen, noch dazu, nach Schmidt, aufgrund von materiellem Landbesitz, entspräche nicht dem Wesen der Frau[83]. Die Heilszeit sei daher nicht die des Mutterrechts gewesen, sondern die diesem vorausgehende, „die bilaterale Individual- und Großfamilie, in welcher eine natürliche Arbeitsteilung zwischen Mann und Frau bestand"[84]. Janssen-Jurreit spottet treffend, Schmidt sähe in der Urzeit die Eheform der katholischen Naturrechtslehre verwirklicht[85].

Moltmann-Wendel meint, feministische Matriarchatsforschung zeichne sich durch den Mut zu unkonventionellen wissenschaftlichen Methoden aus[86]. Ich habe nach diesen vergeblich gesucht. Die Feministinnen, von denen ich ausgegangen bin und die in der Theologie ihre besondere Rolle spielen, haben, was die Methoden anbelangt, alles von Männern übernommen, was konventionell ist: den Zirkelschluß von Interesse und Ergebnis, die Idee von der natürlichen Entwicklung, die zum Guten führt bzw. die Identifikation von Natur und Gut-Sein, damit verbunden den evolutionstheoretischen Ansatz unter Verzicht auf systematische Überlegungen zur Ethik (reduziert auf moralische Zwischenrufe), die Kausallogik der Einzelwissenschaften, dazu wesentliche – ungeprüfte – Inhalte, wie den Lobpreis göttlicher Mutterschaft und die Perioden der Kulturgeschichte nach Bachofen – all das vermengt in einem kaum entwirrbaren Knäuel. Mit Bachofen[87] fühlen sich seine Nachfahrinnen als leidgeprüfte Opfer, wenn kritische Stimmen laut werden.

Jeder, der nach dem ihm genehmen „heilen“ Anfang der Menschheitsgeschichte sucht, kann sich Bachofens bedienen und hat sich seiner bedient. Bachofens historisches Material ist so eng mit seiner Theorie verknüpft, daß sich aufgrund seines Textes schwer eine Trennung vornehmen läßt. Wer zum historischen Material vorstoßen möchte, muß den mühsamen Weg zu den Primärquellen gehen und dabei zunächst auf jede Theorie, in der sich ein Interesse formuliert, verzichten. Beate Wagner spricht von der Unterscheidung von „idealen Mustern“ und „gelebter sozialer Wirklichkeit“[88]. Eine solche Unterscheidung ist aber nicht nur für den Forschenden wichtig, sondern auch für die Quellen, deren jeweilige literarische Gattung beachtet werden muß. Schildern die Quellen beobachtend eine Praxis, bieten sie, wie z. B. Aristoteles, selbst eine Theorie, oder geben sie Sollensforderungen wieder wie z. B. Rechtsnormen, von denen man eher auf Probleme in der Praxis als auf eine entsprechende Praxis schließen kann?

Das erste, das auf diesem Wege der Forschung zerbricht, ist die von Bachofen vorausgesetzte „innere Notwendigkeit“. Die ethnologische Forschung hat für das Geschlechtsverhältnis sowohl in vergangenen wie in gegenwärtigen Gesellschaften kausallogische Regelzusammenhänge zu erstellen versucht und ist dabei immer zugleich auf Abweichungen von solchen Regeln gestoßen. Janssen-Jurreit meint mit Recht: „In unserer eigenen Zivilisation lassen sich von Jahrhundert zu Jahrhundert, von Generation zu Generation und von Land zu Land Machtverschiebungen und historische Prozesse in der Gestaltung des Geschlechtsverhältnisses nachweisen.“[89] Warum sollte das für andere Zeiten und Völker nicht gelten?

Abschied vom Matriarchat

Für die Frage, ob es jemals ein Matriarchat gegeben habe, geht der Befund bei genauer historischer Prüfung negativ aus. Was sich aus der Sichtung des archäologischen Materials und der spärlichen literarischen Zeugnisse, ergänzt durch den Vergleich mit gegenwärtig existierenden ethnischen Gruppen gewinnen läßt, sieht in Kurzfassung so aus: Es gab und gibt matrilineare und matrilokale Gesellschaftsorganisationen. Wo beide Merkmale zugleich auftreten, also die Ableitung des Verwandtschaftsverhältnisses von der Mutter bzw. der Wohnort der Frauen als Zentrum des Lebens und der Arbeit, spricht man von Matrifokalität. Diese beiden Bestimmungen sagen über die soziale Stellung der Frauen noch nicht viel aus. Erst wenn sich Matrifokalität mit dem Hackbau als primärer Bearbeitungsweise des Bodens, mit der Arbeit der Frauen in Kollektiven (Herstellen und Verteilen der Produkte) und mit häufiger Abwesenheit der Männer verbindet, entsteht ein größeres Gleichgewicht in der sozialen Stellung der Geschlechter. Als Paradebeispiel dafür gelten die Irokesen, eine Gruppe von indianischen Stämmen im Nordosten der heutigen USA und im Süden Kanadas, die ihre Eigenständigkeit inzwischen allerdings verloren haben[90].

Der wichtigste Faktor bei den Irokesen „war die Trennung von Frauenwelt und Männerwelt, die so wirksam gewesen ist, weil die Männer ständig unterwegs waren. Vereinfacht gesagt: Die Macht der Frauen war die Abwesenheit der Männer“[91]. Ivan Illich nennt das die Genus-Struktur: „Unter der Regentschaft von Genus hängen Männer von Frauen und Frauen von Männern ab; ihre gegenseitige Abhängigkeit begrenzt Kampf, Ausbeutung und Niederlagen“[92], während die soziale Struktur der Industriestaaten durch Chancengleichheit für beide Geschlechter auf dem Hintergrund der Knappheit der Resourcen eine Konkurrenzsituation (= ökonomischer Sexus) schaffe, in der die Frauen, durch Schwangerschaft und Kinderaufzucht behindert, immer den Kürzeren ziehen müßten. Dieses Argument leuchtet ein: Wenn eine Gruppe etwas kann oder hat, dessen eine andere Gruppe bedarf, ohne es selbst zu können oder zu haben, zwingt die Situation zur Zusammenarbeit. Kompetenztrennung ist auch heute in institutionellen Verhältnissen ein wirksames Mittel gegen destruktive Konkurrenz. Das heißt aber auch immer, daß das eine Geschlecht vom anderen getrennt wird, daß jedes Geschlecht spezifische Funktionen zugeteilt bekommt, ob diese nun den persönlichen Begabungen entsprechen oder nicht. Da Frauen in jedem Fall mit Mutterschaft verknüpft bleiben, hängt ihre soziale Stellung davon ab, ob sich Produktion und Kontrolle über die Produkte, die für eine Gemeinschaft lebensnotwendig sein müssen, mit den sozialen Bedingungen von Schwangerschaft, Geburt und Sorge für die Kinder in Einklang bringen lassen.

Nicht allein die biologischen Funktionen der Frau entscheiden daher über ihren sozialen Status, sondern: „Erst die Art der gesellschaftlichen Einbindung und die sich daraus ergebenden Möglichkeiten der eigenständigen Steuerung von ‚reproduktiven Beziehungen' lassen Aussagen über den Zusammenhang von Mutterschaft und sozialem Status zu."[93] Daß z. B. Seßhaftigkeit eine Voraussetzung für eine gute Position der Frau ist, scheint sofort einzuleuchten. In Wirklichkeit reicht dieses Element allein nicht aus. Es gibt nicht-seßhafte Gruppen, in denen Frauen keine schlechte Stellung haben, und seßhafte Ackerbaukulturen, in denen sich Frauen keiner großen Achtung erfreuen. Der Status der Frauen in der Ackerbaukultur hängt von mehreren Bedingungen ab, so z. B. davon, ob Hack- oder Getreidebau im Vordergrund stehen, davon, wer im Falle von Getreideanbau den Pflug zieht, davon, ob Frauen als Produzenten der pflanzlichen Nahrung auch die Kontrolle über die Verteilung haben, davon, wie hoch der Anteil der Viehzucht ist und in welcher Weise die Arbeitsteilung erfolgt[94]. Wohnsitzregelung und Bestimmung des Verwandtschaftsverhältnisses sind Folgen solcher sozialen Bedingungen, nicht umgekehrt, denn sie stellen ein Ordnungssystem im Dienste des Konsenses dar, durch den eine Gesellschaft funktionsfähig gehalten wird[95].

Auch die These, das Patriarchat sei durch Völkerbewegungen in die älteren matriarchalen Kulturen hineingetragen worden, läßt sich bei genauerer Prüfung nicht halten. Einen Beweis dafür liefern die Spartaner, die eingewandert sind, in deren Sozialstruktur die Frauen jedoch einen um vieles größeren Spielraum hatten als etwa die Athenerinnen[96]. Geht man von der Beobachtung aus, daß kollektive Arbeitsorganisation über den Status der Geschlechter entscheidet, dann wird plausibel, daß die Männer in einer Gesellschaft umso mehr Einfluß ausüben, als die kontinuierliche Beschäftigung mit der Kriegführung sie zu eigenständigen Kooperationseinheiten zusammenführt[97]. Bei allen Versuchen der Rekonstruktion dieser frühen Perioden der Menschheitsgeschichte, die sich nur über komplizierte Rückschlußverfahren ein wenig erhellen läßt, bleibt eine letzte Ungewißheit, die nur Wahrscheinlichkeitsurteile zuläßt.

Seit etwa zweihundert Jahren versuchen Frauen ihre Geschichte zu erschließen, um Zusammenhänge aufzudecken, die ihrer sozialen Stellung hilfreich sind. Nach Bachofen wären wir Opfer einer unaufhaltsamen Entwicklung. Würden wir den Einzelwissenschaftlern und ihrer zwingenden Kausallogik folgen, müßten wir versuchen, Bedingungskonstellationen eines z. B. für Frauen günstigen sozialen Modells ins Heute zu übertragen. Wilhelm Schmidt macht hierfür einen geradezu rührenden Vorschlag. Er geht davon aus, daß Gesellschaften, in denen Frauen Hackbau betreiben, in und durch Grundbesitz an den Ort gebunden sind, mutterrechtliche Strukturen aufweisen. Würden wir heute die Steinwüsten unserer Städte durch Gärten auflokkern, in denen Frauen aller Stände „durch eigene Arbeit ihren Beitrag zur täglichen Nahrung leisten, dann könnten neben dem Gelde, das der Mann in seinem Beruf verdient, die Erträgnisse dieser Gartenarbeit die Grundlage eines neuen, gemäßigten Mutterrechts werden, das ... die alte Gleichrechtlichkeit von Mann und Frau in der Urkultur erneuern würde. ..“[98]. Illich weigert sich zwar, Strategien oder Rezepte für die Zukunft zu bieten. Wir müssen, so meint er, den unwiederbringlichen Verlust der Genusstruktur zur Kenntnis nehmen. Dennoch klingt am Ende seines Buches ein Handlungsimpuls an: „... auf die Annehmlichkeiten des ökonomischen Sexus zu verzichten“[99], was nach Illich nichts anderes heißen kann, als daß Männer und Frauen aufhören, sich gleichermaßen als „den Menschen“ zu verstehen, dem – geschlechtsunabhängig – alle Handlungs- und Lebensformen möglich wären und offenstünden. Konkret: hatte der ökonomische Sexus die Frauen gezwungen, „die Arbeit der Männer zu teilen, um genügend Familieneinkommen zu erzielen, damit sie nun kaufen konnten, was vorher im Küchengarten gewachsen war“[100], bedeutet dann der Verzicht auf ökonomischen Sexus nicht doch auch hier wieder die Rückkehr zu dem schon von Schmidt empfohlenen Schrebergarten?

Ethos im Bedingungsnetz

Frauenherrschaft im Sinne der Bachofen'schen Gynaikokratie oder im Sinne der feministischen Matriarchate hat es also nie gegeben. Das muß wohl zur Kenntnis genommen werden. Insofern wird unsere systematisch-kritische Analyse Bachofens durch die historisch-kritische Analyse bestätigt. Aber dieser Befund ist nicht so negativ, wie es auf den ersten Blick erscheint. Diejenigen, die in Anschluß an Bachofen von Frauenherrschaft sprachen, haben diese zugleich moralisch verurteilt: es ginge nicht an, Menschen, Männer, Gatten, Väter der eigenen Kinder zu knechten. Mit diesem Argument rechtfertigten sie die „patriarchale Revolution". Dasselbe Argument rechtfertigt aber auch eine „feministische Revolution", denn: geht es an, Menschen, Frauen, Gattinnen, Mütter der eigenen Kinder zu knechten? Bachofen würde diese Frage bejahen, denn ihm geht es nicht um Humanität; für ihn sind Frauen im Gegensatz zu Männern keine Menschen im vollen Sinne, sondern „Stoff". Hier müßte die Kritik an Bachofen ansetzen, um vieles vehementer als Feministinnen das unternehmen, denn er löst die Aristotelische Formmetaphysik aus einem gesamtphilosophischen Zusammenhang, der sehr wohl etwas weiß von der Freiheit und der ethischen Verantwortung des Menschen, die im Zeichen der Humanität stehen. Für manche ist es offenbar schwer möglich, in ethischen Kategorien zu denken. Zu diesem Thema können wir auch aus der Geschichte noch viel lernen: Frauenherrschaft hat es nicht gegeben, wohl aber Zeiten und Kulturen, in denen ein soziales Gleichgewicht zwischen Frauen und Männern bestand. Und das nicht nur in sog. „primitiven" Gesellschaften, sondern in Hochkulturen wie Kreta und Ägypten (hier noch bis ins 1. Jahrtausend v.Chr.). Bachofens Verdienst ist es nicht einmal, uns auf diese Fährte geführt zu haben. Etwa 150 Jahre davor hatte dies schon der französische Missionar J. E. Lafitau entdeckt.

Ich bin keine Ethnologin und stelle auch nicht den Anspruch, mich in dieses Fachgebiet einzuarbeiten, um jede einzelne Quelle zu überprüfen. Meine Prüfung bezieht sich auf das methodische Vorgehen und die Redlichkeit der Argumentation. Das Ergebnis der Ethnologen, daß die menschlichen Gesellschaftsformen vielfältig, und die Konstellation ihrer Bedingungen letztlich nicht von irgendwelchen Prinzipien ableitbar sind, wird allerdings von einem systematischen Grundgedanken aus bestätigt: Wenn der Mensch Subjekt ist und schon vor Jahrtausenden war, weil es sich sonst nicht um einen Menschen handeln könnte, der sich vom verhaltensgebundenen Tier unterscheidet, dann kann er nicht auf Regeln gebracht werden, weder auf kausallogische, noch auf naturphilosophische. Dann hatte er zu jeder Zeit auch seine Entscheidungen darüber zu treffen, wie das Zusammenleben am besten zu regeln wäre. Die Voraussetzungen waren keineswegs immer dieselben. Angefangen von Klima und Bodenbeschaffenheit bis hin zu den schöpferischen Fähigkeiten des Menschen variierten die konkreten Bedingungen. Daß die Lebensformen auch unter vergleichbaren Bedingungen nicht dieselben sein mußten und müssen, geht auf das Konto dessen, was den Menschen zum Menschen macht: die Fähigkeit, sich aus bewußten Motiven heraus für etwas zu entscheiden. Sonst könnte man nicht von Handeln, ja überhaupt nicht von Politik sprechen. Das galt für vergangene Zeiten, wie es für heute gilt. Und darin liegt die Chance für Veränderungen. Wo von Handeln und Motiven die Rede ist, steht aber immer zugleich die Ethik zur Debatte, die Unterscheidung von richtigem und falschem, gutem und bösen Handeln, und damit der Anspruch der Humanität.

Das Bedingungsfeld, das z. B. in Ägypten offensichtlich einen humanen Umgang der Geschlechter miteinander ermöglichte, läßt sich vielleicht nicht mehr erheben. Aber selbst wenn das gelänge, was würde es uns heute, wo wir nun einmal in ganz andere Umstände hineingeboren werden, nützen? Was damals war, kann nicht so einfach über Jahrhunderte hinweg übertragen werden. Aber es ist schon etwas wert zu sehen, daß das, was heute ist, nicht so sein muß; es ist schon etwas wert zu erkennen, daß wir auf einen Fortschritt in der Geschichte, der wie von selbst kommt, nicht bauen können; und es ist entscheidend zu erkennen, daß jeder Mensch, der in die Welt tritt, vor einer Verantwortung steht, die seine eigene ist.

Dennoch hat es einen Sinn, sich mit sozialgeschichtlichen Analysen zu befassen, denn sie verhelfen zur Erkenntnis, daß es soziale Bedingungen gibt, die einen humanen Umgang erschweren, und solche, die ihn erleichtern. Verantwortung will in konkrete, nüchterne und der sozialen Lage angemessene Schritte umgesetzt werden und bleibt ohne überlegte Strategien effektlos. Die Kausallogik der Einzelwissenschaften kann uns immerhin bewußt machen, wie sehr Menschen, des Gewissens grundsätzlich fähig, sich in ihrem Handeln von mechanistischen Reaktionen praktisch wie theoretisch gefangen nehmen lassen. In diesem

Sinne leisten sie uns einen Dienst, damit wir, Frauen und Männer, durch die Einsicht in eine solche Gefahr immer wieder Menschen werden können. Die These, von der wir ausgegangen sind, daß nämlich „weibliche Unterdrückung“ nicht biologisch zu begründen sei, läßt sich mit historischen Argumenten schwer, wohl aber mit systematischen widerlegen.

So ist es kein Verlust für die Sache der Frauen, von der rückwärtsgewandten Utopie einer matriarchalen Urzeit Abschied zu nehmen. Wo das Verhältnis der Geschlechter inhuman geworden ist, braucht es zum Erweis dessen keinen Vergleich mit einer besseren Vergangenheit; und die Vielgestaltigkeit der geschichtlichen Zeugnisse ist groß genug, um keine Veränderung der heutigen Zustände ausgeschlossen erscheinen zu lassen. Entscheidend ist, was Frauen wollen und was sie bereit sind, um einer Position der Stärke und des Gleichgewichts willen in Kauf zu nehmen. Die Trennung von den Männern gemäß der Genus-Struktur? Die Rückkehr zu den Urformen der Landwirtschaft? Die Aufgabe des Individuums zugunsten mythischer Zusammenhänge? Oder die Mühe der Auseinandersetzung mit dem anderen Geschlecht? Die Last politischer und intellektueller Verantwortung, die bisher selten Sache der Frauen war? Hinter den matriarchalen Utopien verbergen sich wohl sehr verschiedene Vorstellungen darüber, wie Frauen heute und in Zukunft leben wollen. Es käme darauf an, diese Vorstellungen auf den Tisch zu legen und zu diskutieren. So würde sich herausstellen, daß nach einem Idealzustand, nach der heilen Welt der Frau oder des Mannes in der Vergangenheit wie in der Zukunft vergeblich gesucht wird; daß aber hier und heute Zielvorstellungen durchzusetzen und Bedingungen zu verändern aller Anstrengung wert ist.

Viertes Kapitel

Zwischen Mythos und Utopie

Abbild, Urbild, Zerrbild

Johann Jakob Bachofen läßt uns so schnell nicht los. Eine letzte entscheidende methodische Frage haben wir bisher ausgeklammert: Können die Mythen der alten Völker als zuverlässige historische Quelle genommen werden? Sagen die Mythen etwas darüber aus, wie es damals gewesen ist? Bachofen bejaht diese Frage: „Die mythische Überlieferung . . . erscheint als der getreue Ausdruck des Lebensgesetzes jener Zeiten, in welchen die geschichtliche Entwicklung der alten Welt ihre Grundlagen hat, . . . als unmittelbare historische Offenbarung, folglich als wahre, durch hohe Zuverlässigkeit ausgezeichnete Geschichtsquelle."[1] Genauerhin bestimmt Bachofen das Verhältnis von mythischer und historischer Wahrheit folgendermaßen: Sie sind Zwillingsgeschwister, verschiedene Seiten derselben „Gesittung"; dabei dient die religiöse Äußerungsform der zivilen Äußerungsform zur Grundlage[2]. Von Bachofens bereits kritisch dargestellter Philosophie her läßt sich eine solche Verbindung von Mythos und historischer Wirklichkeit verstehen: In der Natur wie in der Geschichte und damit auch im menschlichen Geist walten dieselben Gesetze der Entwicklung. Und eben diese Ununterschiedenheit von Natur und Geschichte, die lineare Übertragung eines Naturgesetzes, das durch seine formmetaphysische Bestimmung bereits das Natürliche transzendiert, auf die Geschichte handelnder und sich motivierender Menschen, desavouiert Bachofens groß angelegtes Werk, macht es zur schnellen Beute wieder anderer halbphilosophischer Ideologien von „links" bis „rechts".

Die Verbindung von Mythos und sozial-historischer Wirklichkeit, die Bachofen, mindestens der Intention nach philosophisch zu vermitteln sucht, wird in der so populär gewordenen feministischen Matriarchatsforschung entweder durch Rückgriff auf die marxistische These der Korrelation von Basis (Ökonomie/soziale Beziehungen) und Überbau (religiös-ideeller Bereich)[3] oder durch Rückgriff auf die wissenssoziologische These hergestellt, nach der die geistige Tätigkeit des Menschen Produkt dessen sozialer Verhältnisse ist[4]. Daraus ergibt sich eine Bachofen entgegengesetzte Entsprechung: Jede Geistestätigkeit des Menschen ist in diesem Denkmodell gegenüber der jeweils gelebten Wirklichkeit sekundär, lineares Abbild gesellschaftlicher Bedingungen in Ökonomie, sozialen Formen des Zusammenlebens (hier interessiert besonders das der Geschlechter) und der religiös-rituellen Praxis.

Der erste kritische Einwand nun richtet sich gegen die, diesem Denkschema inhärente Simplifizierung sowohl der marxistischen wie der wissenssoziologischen Theorien. Beide, so sehr sie sich voneinander auch unterscheiden, gehen von einer Verbundenheit zwischen Wirklichkeit und Denken aus, aber nicht in einem linear-abbildhaften, sondern in einem dialektischen Sinne. So kritisiert der Marxismus den „Überbau“ gerade deshalb als negative Ideologie, weil dieser die wirklichen sozial-ökonomischen Verhältnisse verschleiere. Wohl geht Marx davon aus, daß der Mensch die Religion macht und nicht umgekehrt, aber mit der Religion produziere er ein „verkehrtes Weltbewußtsein“. Religion als „Theorie dieser Welt“ sei „feierliche Ergänzung“, „Trost- und Rechtfertigungsgrund“, „phantastische Verwirklichung des menschlichen Wesens“ und damit Ausdruck dafür, daß das menschliche Wesen keine wahre Wirklichkeit besitze[5]. Gerade von dem her, was die Äußerungsformen der Religion an Phantastischem bieten, wird von Marx auf eine entgegengesetzte Wirklichkeit geschlossen.

Dieser Theorie nach müßten die Mythen der großen Göttinnen skeptisch machen, denn es entspräche ihnen gerade keine hohe soziale Stellung der wirklichen Frauen, sondern das Gegenteil. Wir brauchen nicht in die graue Vorzeit zurückzugehen, um zu erkennen, daß der marxistischen Überbautheorie durchaus ein Wahrheitsgehalt zukommen kann: Stellen wir uns Historiker späterer Jahrhunderte vor, die bei ihren Forschungen auf die heutige Wiederbelebung römisch-katholischer Marienverehrung stoßen. Gemäß der feministischen Abbildtheorie müßten sie daraus auf eine besonders starke Stellung der Frauen in dieser Kirche schließen. Wir hingegen sind auf ein solches Erschließungsverfahren nicht angewiesen und wissen, wie sehr sie sich irren würden, bzw. wie sehr alles von der Frage abhängt, was unter „starker Stellung“ oder „hoher Position“ zu verstehen ist: Eine neue Hochschätzung von Mütterlichkeit und damit verbunden von biologistisch legitimierter Arbeitsteilung entsprechen dieser Art von Marienverehrung sehr wohl. Eine ähnliche Konstellation wäre daher auch für die Zeiten der Muttergöttinnen denkbar, und etliches ethnologische Material scheint diesen Verdacht zu bestätigen[6]. Jedenfalls ist eine kritische Prüfung angebracht, damit wir selbst nicht weltfremd-distanziert auf die Geschichte blicken oder unter das marxistische Verdikt gegen die Überbau-Macher fallen.

Auch die Wissenssoziologie sieht die Verbindung von geistiger Tätigkeit und sozialen Verhältnissen nicht in linearer Abbildfunktion. Sie geht vom Primat der Praxis (im gut philosophischen Sinn), also vom Primat der Lebensverhältnisse aus. Sofern uns diese zum Problem werden – und nur die illusionäre Vorstellung eines möglichen vollkommenen Paradieses auf Erden könnte die geschichtliche Wirklichkeit als eine problematische bestreiten –, geben sie Anstoß zum Nachdenken. In diesem Sinne ist jedes Denken wirklichkeitsabhängig; es ist aber nicht nur wirklichkeitsreproduktiv tätig, es kann auch entgegen der Erfahrung produktiv tätig sein, Utopien entwickeln. Die Wissenssoziologie geht wohl davon aus, „daß alle menschlichen Überzeugungen sozio-historischen Prozessen ausgesetzt waren und sind. Aber die Frage, welche wahr und welche falsch sind, bleibt übrig und stellt sich nun erst recht“[7]. Die Soziologie ist nicht blind für die Freiheit des Menschen, sich gegen die Bedingungen seines jeweiligen Lebenszusammenhangs zu motivieren und damit verändernd auf die Verhältnisse zu wirken. Aber diese Freiheit existiert nicht per se, nicht als „Loch im Strumpf der Kausalitäten“[8], sondern wir sind – um im Bilde zu bleiben – den Maschen des Strumpfes eingewoben und trotzdem fähig, aufzutrennen und weiterzustricken.

Der wissenssoziologische Standpunkt bleibt nur sehr verkürzt rezipiert, wenn wir aus seinen Argumenten zwar die Einsicht gewinnen, daß uns bei allem Denken immer ein Interesse leitet, das Interesse selbst jedoch gegenüber der wissenssoziologischen Einsicht immun halten. Das tut z. B. wieder Göttner-Abendroth, wenn sie Interesse als „intuitiv“ eingeführte Begrifflichkeit bezeichnet, die aus der Reflexion auf die eigene Biographie gewonnen werden muß und mit Hilfe des „Durchgangs" durch das historische Material zur wissenschaftlichen Theorie erhoben wird[9]. Solchen quasi-methodischen Ausführungen ist die Angst vor der Relativierung des für die Autorin gültigen Interesses abzuspüren. Indem die Wissenssoziologie die Verknüpfung jedes Interesses mit der sozialen Wirklichkeit aufdeckt, relativiert sie es tatsächlich und läßt nicht zu, daß Interessen sich wissenschaftlich bemänteln und die Rolle von Axiomen spielen. So wird die wissenschaftliche Erkenntnis von der „Tyrannei der Gegenwart"[10] befreit, aber auch das Interesse von der Tyrannei der Fakten: Unserer erklärten Absicht, die Lage der Frauen zu verbessern, nützt der historische Erweis von Matriarchaten so wenig, wie ihr auch deren Unbeweisbarkeit nicht schadet.

„Die Wissenssoziologie bringt eine ganz neue Freiheit und Beweglichkeit des Fragens nach der Wahrheit auf"[11], damit wir wirklich Neues entdecken können, jenseits unseres sozial gebundenen und gerade dadurch – möglicherweise – in die Irre gehenden Interesses als eines falschen Bewußtseins.

Wie wenig Marxismus und Wissenssoziologie, um beide noch einmal in diesem einen Punkte zu vergleichen, die Entwürfe des Denkens in einem abbildhaften Verhältnis zur Wirklichkeit sehen, geht schon aus ihrem eigenen kritischen Verhältnis zur Wirklichkeit hervor: Nur die Erkenntnis der sozialen Bindungen des Denkens macht es möglich, von eben diesen Bindungen absehend, Neues zu denken. Wenn sich eine „feministische Methode" daher für ein Abbildmodell des Denkens ausspricht, folgt sie einer anderen Logik, nämlich der einer kausallogischen Rationalität, die ich schon im vorigen Kapitel kritisiert habe und die mit den Theorien des Marxismus oder der Wissenssoziologie nicht identifiziert werden kann. Dabei ist es für das Ergebnis gleichgültig, ob die Wirklichkeit à la Bachofen als Abbild des Denkens, also der Ideen, angesehen wird, oder das Denken, also z. B. die Mythen, als Abbild der Wirklichkeit. Die Abbildvorstellung selbst ist das Problem, denn sie simuliert eine falsche, eine unmögliche Identität.

Weder kann das Subjekt, der denkende, motiviert handelnde Mensch, jemals mit der „objektiven" Wirklichkeit seiner geschichtlichen Verhältnisse identisch sein oder werden; das höbe den Sinn der Geschichte wie des Subjektes auf. Noch kann die objektive soziale Wirklichkeit, die gegenüber dem Subjekt den Charakter harter, widerständiger Gegenständlichkeit besitzt, wiewohl sie sich auch dem Handeln des Subjekts verdankt, mit dem Subjekt fusioniert werden. Könnte das geschehen, so bliebe die Zeit stehen. Das Subjekt repräsentiert immer auch die objektive Wirklichkeit und kann sie dennoch transzendieren; dementsprechend repräsentiert die objektive Wirklichkeit immer auch das Subjekt und entzieht sich diesem dennoch durch die Entfaltung eines gewissen Eigenlebens, dem das Subjekt zum Opfer fallen kann. Das extreme Beispiel des Märtyrers zeigt diese Dialektik in aller Schärfe: Aus persönlicher Überzeugung verweigert er seiner sozial-politischen Wirklichkeit jede Anerkennung und wird dadurch zugleich deren Opfer. Haben also diejenigen recht, die den Zeigefinger erheben und sagen: Ohne Opfer geht es nicht!? Sie hätten recht, meinten sie die aufgezeigte Dialektik, derzufolge Überzeugung immer auf Widerstand gefaßt und bereit sein muß, die Konsequenzen auf sich zu nehmen (es muß nicht immer gleich der physische Tod sein). Sie haben aber nicht recht, wenn sie die Opfer anderer brauchen, um ihre eigenen Interessen durchzusetzen. Aller Schindluder, der mit dem Wort Opfer getrieben wird, beruht auf dieser Verwechslung. Auch die Frauen stehen nicht einfach vor der Frage, ob Opfer gebracht oder vermieden werden sollen. Das ist ja die Weisheit des Kreuzes gegenüber der ideologischen Torheit der Welt: Wer überzeugungsfähig geworden ist, eignet sich nicht mehr, als Spielball, Objekt, und d. h. Opfer fremder Interessen herzuhalten, ist aber imstande, dafür Opfer zu bringen. Daß es einen dritten Weg nicht gibt, mag schmerzlich sein, kann aber nur von Zynikern als Legitimierung einer Strategie des Opfermachens mißbraucht werden.

In der feministischen Theologie herrscht – ich meine mich nicht zu täuschen – immer noch die Wirkungsgeschichte jener kurzschlüssigen Abbildtheorie vor, die die Matriarchatsthesen populär gemacht hat. Lineare Denkmodelle sind eben leichter nachzuvollziehen und machen auf den ersten Blick den Eindruck größerer Ergiebigkeit. Wer genauer zusieht, entdeckt aber heute bereits Perspektiven „feministischer Vernunftkritik"[12], die zu differenzieren wissen und zukunftsträchtig sind; nur haben sich diese, wie es scheint, in Theologen/innenkreisen noch nicht herumgesprochen. Die Kunsthistorikerin Sigrid Schade z.B. kritisiert das Denken in Abbildern von ihrem Fachgebiet her: „Es gibt kein Original, etwas, das authentischer wäre als Bilder. Die Bilder haben keinen Ursprung in der Realität, sondern Reales ist durch die Bilder hindurch."[13] Wer Bilder herstellt, bildet nicht Wirklichkeit ab, sondern produziert Wirklichkeit. Beziehung besteht nicht zwischen Wirklichkeit und deren Abbildung, sondern zwischen den produzierten Wirklichkeiten, zwischen den verschiedenen „Repräsentationen", wie Schade formuliert.

Sigrid Schades Bildtheorie bleibt nicht auf die konkrete Welt der Bildkunst beschränkt. So wenig wie es ein Original gibt, das sich so einfach abbilden ließe, gibt es ein repräsentationsunabhängiges menschliches Subjekt, z.B. ein „eigentliches" Wesen der Frau, „das nur verstellt oder enteignet wäre" etwa durch Werbeplakate[14]. Die weibliche „Selbst-Suche als identifikatorische Spiegelbeziehung", die „Selbst-Präsentation als Präsentation des Mangels am Anderen"[15] endet in einem zweifachen Widerspruch zu jenem selbstorientierten Interesse und kann sehr konkrete Folgen haben: Es gibt eine feministisch motivierte Verhüllung der Leiblichkeit, die ungewollt auf die Re-Inszenierung der viktorianischen Moral hinausläuft. Denn indem Frauen sich dem Blick des Anderen, des Mannes entziehen, damit sie sich selbst, ihre Leiblichkeit, ihr eigenes Begehren gewinnen und nicht zum Abbild männlichen Begehrens werden, produzieren sie, was sie verabscheuen: Ohne Bezug zu einer anderen Repräsentanz ist der begehrende Blick des Mannes nichts weiter als eigensüchtig und bloßstellend. Mit diesen Argumenten kritisiert Schade zu Recht die lange geübte weibliche Verhüllungstaktik, die heute eine seltsame feministische Nachfolge findet und – zumal in kirchlichen Kreisen – antifeministischen Moralpredigern den Wind aus den Segeln nehmen kann. Dennoch handelt es sich, weit über die Mode hinaus, um einen untauglichen Versuch, sich aus der Polarität der Geschlechter fortzustehlen. Auch die Matriarchatsvorstellungen sind Repräsentationen der Reduktion auf das weibliche, vom anderen Geschlecht scheinbar unabhängige Selbst, Abbild einer von der Wirklichkeit abgehobenen l'art pour l'art des von der Geschlechterdifferenz unbefleckten Weiblichen. Gegen die Simulation einer falschen Identität in der Abbildvorstellung setzt Schade die „Lust an der Dissimulation von Identität"[16] und d.h.: Die Beziehung der Geschlechter, ihre Formen, ihre Möglichkeiten und Unmöglichkeiten, müssen zum Thema werden, wenn Frau, wenn Mann wissen wollen, wer sie sind.

Wir sind von der Frage ausgegangen, ob die Mythen der vergangenen Tage zuverlässige historische Quellen sein können. Schon erste systematische Überlegungen nötigen zur Verneinung, jedenfalls der Vorstellung eines linear-abbildhaften Verhältnisses. Wenn nun die frühen Mythen der großen Göttinnen nicht notwendig auf real-soziale Frauenmacht verweisen, dann muß auch die Hoffnung enttäuscht werden, die Wiederbelebung der Göttinnen zöge die reale Wiederherstellung der Frauenmacht nach sich[17]. Damit ist aber nun nicht gesagt, daß Mythos und Wirklichkeit voneinander getrennte Sphären darstellten und miteinander nichts zu tun hätten; die Arten ihres Verhältnisses müssen jeweils bestimmt werden. Dann ließe sich auch eine Annäherung zur Beantwortung der Frage finden, was denn ein Mythos überhaupt ist.

Im Labyrinth der Interpretationen

„. . . und überall ist man sich ohne weiteres darüber einig, daß alle Leser auf der ganzen Welt einen Mythos als Mythos empfinden."[18] Alle Leser . . ., d.h. niemand von uns kann noch unmittelbar im Mythos stehen, wenn er ihn als solchen erkennt; wir erzählen uns keine Mythen in narrativer Unschuld, wie es offenbar die Menschen in grauer Vorzeit taten, ehe sie zum Bewußtsein des Logos kamen, der seit Plato der große Gegenspieler des Mythos ist. Dennoch scheinen uns die Mythen zu faszinieren, nicht erst seit manche Feministinnen die großen Göttinnen entdeckt haben, sondern schon seit mindestens zweihundert Jahren. Nicht zuletzt Bachofen gehört zu jenen, die der Mythos in den Bann geschlagen hat.

Das Interesse an der Rezeption des Mythos führte freilich nicht zu einem unmittelbaren Verhältnis zu ihm, sondern zu seiner Interpretation in vielfältigen, auch einander widersprechenden Formen. Wer interpretiert, steht nicht in der Verbundenheit von Sagen und Meinen, sondern muß sich fragen: Was meinten die Mythenerzähler, wenn sie dieses oder jenes sagten? Sind Mythen Gleichnisse des Wirklichen, sind die Götter Personifikationen erfahrener Mächtigkeit in Natur und Geschichte, in Gestirnen und Schicksal? Dann wären sie bildhafter Ausdruck der Wahrheit des für den Menschen jeweils Wirklichen, dem die Rationalität eines späteren Logos nichts anhaben kann. Der Mythos bliebe dann seiner Zeit verbunden und gewährte lediglich eine nostalgische, aber angenehm prickelnde Rückschau, vielleicht mit etwas Wehmut versetzt: Als die Götter noch lebendig waren . . .

Aber auch wer sich des Todes der Götter bewußt ist, muß ihre Geschichten nicht ad acta legen. Die Ratio anerkennt die Poesie gerne als ihre schöne Ergänzung. Wer räsoniert, kann dennoch aktiv wie rezeptiv die Künste pflegen, sich z. B. an der ästhetischen Gestalt mythischer Dichtung erfreuen, er kann es, eben weil die Götter tot sind und ihn nicht mehr erschrecken. Auf diesem Wege hat die Romantik den Zugang zum Mythos gefunden, in dem sie das freie Spiel der Phantasie, die absolute, bewußtlose Poesie zu erkennen meinte.

Der Begriff „bewußtlos“ wäre hier im philosophischen Sinne zu verstehen als ein Zustand vollkommener Unmittelbarkeit vor dem „Südenfall der Reflexion“ (Hegel). Hat es demnach eine Heilszeit des menschlichen Geistes gegeben, in dem das Subjekt sich noch nicht als vom Objekt getrennt sehen mußte, noch nicht distanznehmend von sich und der Welt zur Selbst- und Weltbewältigung beauftragt war? Der Mythos wurde und wird auch als Ausdrucksform eines solchen ganzheitlichen Geistes verstanden, der noch vorbegrifflich denkt und Erkenntnis in, mit und unter sinnlichen Bildern vermittelt. In diesem Verständnis ist der Mythos weder Terror der Mächte noch ästhetisches Spiel, sondern Wahrheit in sinnenfälliger Gestalt.

Der Psychologie war der Versuch vorbehalten, den Gedanken der Ganzheit des Menschen, wenn schon nicht für den Geist, so doch für das Seelenleben zu retten. Im Postulat des individuellen wie des kollektiven Unbewußten bekommt der Mythos einen neuen Lebensraum zugewiesen, sozusagen im Souterrain, wo er seine subversive, das abgespaltene Bewußtsein einholende Kraft entfaltet und zwar je mehr, desto weniger man mit ihm rechnet: das Archaische in uns.

Kann aber nicht auch gerade das Gegenteil zutreffen? Tragen nicht gerade die Mythen das Signum der verlorenen Unschuld des Menschen? Aus der Natur vertrieben und von der Gesellschaft unterdrückt, steht der Mensch vor einem unheilbaren Bruch, der es ihm in der Folge schwer macht, das, was er wahrnimmt, zu verstehen. Eben dieser Bruch ist die Botschaft der Mythen als deren Struktur, die sich der entsprechenden Analyse trotz augenscheinlicher Vielfalt des Erzählten erschließt.

Neben diesen Versuchen aneignenden Sich-in-Beziehung-Setzens zum Mythos stehen die kritisch-distanzierenden: Daß die Mythen, indem sie Horrendes, Absurdes und Obszönes erzählen, der Götter wie der Menschen unwürdig seien, bemerkten schon die antiken Sophisten und Sokratiker; ihr Argument reicht bis in die wissenschaftliche Religionsgeschichte und Ethnologie des 19. Jahrhunderts. Eine vergleichbare Dauerhaftigkeit kann der Vorwurf für sich buchen, die Mythen und dazugehörigen Kulte seien die Ausgeburt eines Priesterbetruges im Dienste des Interesses, das Volk unmündig und am theokratischen Gängelband zu halten. Eigentlich, so lautet eine andere Erklärungsmethode, die sich seit der Antike durch den aufgeklärten Teil der Geschichte zieht, waren die Götter nichts anderes als geschichtliche Personen, die man aufgrund ihrer besonderen Bedeutung in den Rang überirdischer Wesen erhob.

Nicht immer wird bewußt böse Absicht unterstellt. Aberglaube, als Mangel an Vernünftigkeit definiert, verbunden mit magischen Praktiken, sei der Wurzelboden auch des Mythos, alle zusammen barbarische Ausdrucksformen einer primitiven Urgeschichte der Menschheit. So manifestiert sich der schon antike Gegensatz von Mythos und Logos im Gewande neuzeitlicher, empirisch ausgerichteter Wissenschaft zum x-ten Male. Noch einmal sei auf die Ausgangsthese dieses Kapitels zurückverwiesen: Daß der Mythos Ausdruck realer Lebensverhältnisse sei, erweist sich auch angesichts der vielfältigen Formen der Mythosinterpretation als eine unzutreffende Sichtweise[19].

Alle diese Versuche, sei es durch nachvollziehendes Verstehen oder durch Abstand nehmendes Erklären, dem Mythos auf die Spur zu kommen, zeigen wie durch eine Negativfolie, daß der Mythos der Vergangenheit zugehört. Wir leben nicht in einem Glauben, der sich durch mythische Erzählungen vermittelt.

Warum aber dann diese vielen rezeptiven Bemühungen, die gegenwärtige Hartnäckigkeit, etwas begreifen und gewinnen zu wollen, das so viel Abstoßendes und Irrationales enthält?

Enttäuscht von der Aufklärung

Die Vernunftfähigkeit des menschlichen Geistes begann in dem Maße hoffnungsfroh zu strahlen, als sich das Gewölk abergläubischer Bindung an das Irrationale langsam aufklärte. Auch das christliche Dogma wurde der vorsätzlichen Nötigung zum sacrificium intellectus (Preisgeben der Vernunft), der Knechtung des Gewissens wie des leiblichen Lebens bezichtigt, auch wenn das Christentum, lange davor, selbst Überzeugung gegen Aberglauben gesetzt hatte. Nun aber, nachdem Dämonenwahn und Glaubenskrieg die europäische Landschaft verwüstet hatten, meldete sich die humane Würde des Menschen in dessen Ratio zu Wort: Gott und alle seine Mächte seien Projektionen des wahren Wesens des Menschen. Der Gott des Menschen sei sein Wesen (Feuerbach), das Licht der Ratio mit dem göttlichen Licht identisch (Spinoza). Zur Vernunft kommen könne also gar nichts anderes heißen, als den Weg der Vervollkommnung zu beschreiten: Subjektwerdung und Gottwerdung fallen in eins.

Subjektsein ist Ganzsein, mit sich und der Welt im Reinen: „... sie wird kommen, sie wird gewiß kommen, die Zeit der Vollendung, da der Mensch, je überzeugter sein Verstand einer immer besseren Zukunft sich fühlet, von dieser Zukunft gleichwohl Beweggründe zu seinen Handlungen zu erborgen nicht nötig haben wird; da er das Gute tun wird, weil es das Gute ist...", sieht Lessing in seiner Schrift über die Erziehung des Menschengeschlechts voraus[20]. Erinnern nicht auch manche Frauenargumente an diese, sich notwendig als Illusion zu erweisende Gewißheit der Rationalisten, wenn zu dem Subjektsein und Ganzsein noch das Frausein tritt, das die Welt von allen Spaltungen befreien soll?

War der Mensch als Subjekt verloren gegangen, so brachte dessen Wiederentdeckung ein nachvollziehbares Aufatmen mit sich, aber nur für die kurze Spanne Zeit, in der sich ein Trugschluß erweisen sollte: An die Stelle der Herrschaft Gottes und der Dämonen trat die Herrschaft des Menschen über Menschen – die „Selbstzerstörung der Aufklärung"[21]. An die Stelle der Furcht vor den Göttern trat die Furcht vor den menschlichen Herren. Müßte nicht, diesem Denkansatz folgerichtig, ein im Weiblichem begründeter Rationalismus zur Furcht vor den menschlichen Herrinnen führen? Winken nicht bereits ebenfalls auf der Linie dieser Art der Logik, die trivialen Produkte der science-fiction gewaltig mit dem Zaunpfahl?

Erkenntnisfortschritt zur Befreiung des vernunftbegabten menschlichen Subjektes von entmündigender Herrschaft entpuppt sich zugleich als geradezu wahnhafter Fortschrittsglaube, hybride Selbstentschränkung und verschleierter Herrschaftswechsel. Das gilt auch für eine andere Variante der Aufklärung, den Empirismus: der Blick des Subjekts führt zum Terror des Wahrgenommenen. Das Beobachtbare in der Natur, in der Geschichte, am Menschen, wird zum verfügbaren Objekt und gewinnt durch eben diese Objekthaftigkeit etwas Eigenständiges, die Wahrheit des Faktischen, die jede mögliche Wahrheit des Subjekts leugnet, weil sich dieses, der Leugnung vorauseilend, längst selbst zum bloßen Instrumentarium degradiert hat. So mußte schließlich die Herrschaft der Fakten die Herrschaft des Menschen entmachten.

Auch der Terror der Empirie spukt zuweilen recht kräftig in der feministischen Szene und unter deren Sympathisanten, wenn nach dem spezifischen Beitrag des Weiblichen für Gesellschaft oder Kirche gefragt, von einer erwünschten „Feminisierung der Gesellschaft"[22] gesprochen wird. Woher anders als aus der Empirie gegenwärtiger Verhältnisse können Zuschreibungen des Weiblichen als da sind: Gefühl, Arationalität oder Friedfertigkeit, gewonnen werden? Wären wir dem Denkmodell des Empirismus entkommen, wenn wir solche Zuschreibungen anderen kulturpolitischen Zusammenhängen, etwa denen vor fünftausend Jahren, entnähmen? Wie schnell zudem aus emprisichen Zuschreibungen Festschreibungen mit ontologischem, also wesensmäßigem Charakter werden, bezeugt die Wissenschaftsgläubigkeit unserer Kultur. Man sollte ihrer Adorationsbereitschaft nicht durch neue, in diesem Fall weibliche Kultfiguren huldigen.

Solange die Aufklärung einen veritablen Feind zu bekämpfen hatte, konnte sie ihr befreiendes Potential entfalten, bis sie sich selbst zum Feind wurde. Die umfassende Heilshoffnung, die sich an die mündige Vernunft geknüpft hatte, wich der Enttäuschung. Und wie so oft, kippte diese Enttäuschung in die Regression: Lag das Heil nicht in der Zeit der Aufklärung, dann mußte es davor zu finden sein, lag es nicht in der Ratio, dann im Irrationalen, z. B. im Mythos. Eine der möglichen Reaktionen auf die Erfahrung, daß das goldene Zeitalter über den bescheidenen Ansatz einer Dämmerung nicht hinausgedeiht, ist dann nicht die kritische Reflexion dessen, was Vollkommenheit heißt und in welcher Beziehung sie zum Wirklichen stehen könne, sondern, genau genommen, die Weigerung, sich enttäuschen zu lassen: Was es nicht gibt, muß es wenigstens gegeben haben in einer – geschichtlich gedachten – jungfräulich-unberührten Urzeit.

Die Wiederbelebung dieses Ursprungs verbindet sich stets mit der pauschalen Verunglimpfung des Geistes und mit ihm des Subjekts, mit dem Aufbegehren gegen die „Knechtung des Lebens unter das Joch der Begriffe“[23]: „Passiv, erleidend, anheimfallend ist unser Ich, und es fällt anheim der siegenden Gewalt des Lebens.“[24] Alles Ich, Denken, Wollen und Tun wird, endlich, ausgelöscht. Der trunkene Dionysos, Gott der Ekstase, kommt zu seinem für den Menschen heilsamen Recht, aber auch Bachofens Göttinnen und Mutterkulte feiern ihre Renaissance im Kreis um den Philosophen Ludwig Klages zu Beginn unseres Jahrhunderts. Der dementsprechende Kult bekam den klangvollen Namen „Blutleuchte“ und wurde als dionysischer Aufstand gegen die heuchlerische Bürgerlichkeit gefeiert. Und kein Geringerer als C. G. Jung spendete dieser Fleischwerdung der Archetypen seinen Beifall. Er sah in solchem Treiben „Wodanhaftes“ und riet später dem Führer allen Ernstes, überall im Lande Wodanseichen zu pflanzen, weil dadurch die deutsche Seele erhoben würde. Nach der nationalsozialistischen Götterdämmerung war es derselbe C. G. Jung, der das römisch-katholische Mariendogma von 1950 über die leibliche Aufnahme Mariens in den Himmel ausdrücklich begrüßte, weil er darin eine Inkarnation und Wiederbelebung der Anima zu erkennen meinte[25]. Eine Forderung nach Aufstellung von Mariensäulen zwecks Emanzipation der Frau wäre angesichts dieses Denkschemas von der „Wiederbelebung der Urzeit“ (hier der Urzeit in uns) nur konsequent gewesen. Wie sehr in diesem Denkschema die Inhalte austauschbar sind, springt in die Augen. Lassen wir den Führer und das deutsche Volk weg. Wir brauchen sie nicht für unsere Argumentation. Die Grundstruktur dieses Denkens, sich hinsichtlich der hybriden Vollkommenheitsursurpation um keinen Preis enttäuschen lassen zu wollen, lieber sich, ganz im Sinne der diffamierten Aufklärung, über das dem Menschen Mögliche zu täuschen, macht äußerst skeptisch auch gegenüber einer feministischen Wiederbelebung der Göttinnen, die demselben Muster folgt.

Ein anderer Versuch, mit der nun schon lange anhaltenden Krise der Aufklärung zurecht zu kommen, ließe sich mit dem Begriff der Synthese oder des Versöhnungswillens bezeichnen. Sind, so lautet die rhetorische Ausgangsfrage, Mythos und Wissenschaft wirklich das Ergebnis völlig unterschiedener Tätigkeiten des menschlichen Geistes? Gehen nicht Mythos und Wissenschaft in formaler Hinsicht von Erfahrung begründenden, selbst nicht mehr empirisch überprüfbaren Voraussetzungen aus? Und können solche Voraussetzungen auf eine andere Weise Geltung erlangen als durch geschichtlich gewordene intersubjektive Anerkennung[26]? Gewiß, auch in der Physik muß man erst die Idee der Fallgesetze haben, um sie empirisch verifizieren zu können; gewiß gilt für alle induktiven Schlüsse und damit für empirische Theorien, daß sie nicht mehr als hypothetischen Charakter beanspruchen können, somit das, was auf den ersten Blick exakt scheint, auf den zweiten bestensfalls wahrscheinlich ist. Aber dämmert deshalb an dieser Grenze des Möglichen schon der Mythos herauf? Genügt nicht die Selbstbescheidung des Verstandes?

Bevor der Mythos kommt, wären erst noch eine Reihe von Problemen zu lösen, die der menschlichen Vernunft durchaus zugänglich sind. Immerhin kommt hier Immanuel Kant das Verdienst zu, die Überwindung der aufklärerischen Spaltung von Subjekt und Objekt gedacht zu haben: Ohne Begriffe, die nicht aus der Erfahrung gewonnen werden können, bleibt jede Beobachtung blind, aber ohne Anschauung bleiben alle Begriffe leer. Ohne die Rezeption dieser Dialektik, und d. h. auf der Basis einer Logik der Aufklärung, führt die Einsicht in deren Grenzen erneut zum Regress auf das bloß Subjektive oder das bloß Objektive. Dann werden Subjektives und Objektives austauschbar.

Anders läßt sich nicht begreifen, weshalb z. B. Göttner-Abendroth hartnäckig an einer subjektiven Ausgangsposition (Selbsterfahrung, Biographie, Parteilichkeit) festhält, um zugleich von einem unverrückbaren Faktum eines durch den Mythos empirisch bewiesenen Matriarchats zu sprechen[27]. Hier wird der Mythos objektivistisch rationalisiert und die Ratio subjektivistisch mythisiert. Das ist keine Versöhnung, sondern die Abenddämmerung vor der Nacht, in der alle Kühe schwarz erscheinen müssen.

Daß uns heute kein einheitliches Weltbild zur Verfügung steht, uns somit der Pluralismus willkürlicher Allmöglichkeiten plagt, steht außer Frage. Mit unseren Gesprächspartnern wechseln wir oft ganze Welten[28]. Der Rückzug in die subjektive Gewißheit oder auf die einer kleinen, überschaubaren Gruppe, ist menschlich verständlich, aber löst nicht das Problem. Wenn der Mythos auch einstmals imstande gewesen schien, „den Bestand und die Verfassung einer Gesellschaft aus einem obersten Wert zu beglaubigen“[29], imstande, Lebenszusammenhänge und soziale Einrichtungen zu rechtfertigen, dann eröffnet diese geschichtliche Erkenntnis, wenn sie richtig ist, mehr Fragen als Lösungen: Was für eine Art von Gesellschaftsordnung hat denn der Mythos da gerechtfertigt; war sie es wert, gerechtfertigt zu werden? Was für einen Mythos bräuchten wir, um unsere heutige Gesellschaft (welche?) zu beglaubigen? Wenn Mythos legitimiert, kann er dann nicht alles legitimieren und hat er das nicht auch früher getan? Haben wir nicht längst andere, quasimythische Legitimationen, und wäre die Wiedergewinnung eines Mythos der Einheit so einfach machbar?

Mythos ist nicht gleich Mythos. Ohne Zweifel hat es auch in der griechischen Geschichte und Vorgeschichte vielfältige Wandlungen der sozialen Formen wie der Mythen gegeben. Die chthonischen Mythen mit ihren Erd- und Muttergöttinnen, mit den Symbolen von Nacht und Mond, unterscheiden sich von den Mythen der olympischen Götter; Mythen finden sich vielerorts: in der Überlieferung des Volkes, in der griechischen Tragödie und Epik, in der Philosophie. Ihre Vermittlungsleistung ist nicht immer und überall dieselbe. Es ist die Frage, ob sich alle Wandlungen auf das einfache Modell des Antagonismus von Matriarchat und Patriarchat bringen lassen. Dem Wandel der Mythen käme man nur dann näher, wenn es gelänge, die Beziehung von Geschichte und Denkformen genauer zu besichtigen, die Verquickung differenzierter zu lösen und d. h. zunächst einmal jene einfache Eingängigkeit, wie sie Abbild oder Legitimation bieten, zu verabschieden.

Das kann in diesem Rahmen nicht geschehen, aber Fragen zu stellen, muß erlaubt sein: Auf welches Material bezieht sich die Untersuchung? Die griechischen Mythen, die z. B. Ranke-Graves zur Grundlage seiner Hypothese von der Beziehung zwischen Göttinnenkult und Matriarchat nimmt, greifen zwar auf älteres Material zurück, treten jedoch selbst so stark in literarisch-dichterischer Form auf (Homer, Hesiod, Tragödien), daß es schwer ist, die Interpretation vom interpretierten Inhalt zu trennen. Wenn man davon ausgeht, daß den Mythenerzählungen eine rituelle Praxis entsprochen hat, was auch nicht immer sicher erscheint, dann wäre jedenfalls zu beachten, daß die griechischen Mythen, wie auch die altorientalischen, in keinerlei rituellem Zusammenhang überliefert werden.

Die Mythenforschung hat sich daher im Rahmen der ethnologischen Recherchen auf die Suche nach der lebendigen Beziehung von Mythos und Ritus begeben. Die Ergebnisse sind so erstaunlich wie vielgestaltig: Einmal ist es eine weibliche Gottheit, aus der alles entspringt, einmal eine männliche; Götter können Göttinnen „gebären“, aber auch umgekehrt; die Welt entsteht entweder aus der Vereinigung eines Götterpaares oder aus deren Kampf gegeneinander. Die für alle Mythen konstitutive Polarität zwischen Himmel und Erde, also zwischen den „oberen“ und „unteren“ Mächten, kann zu unterschiedlicher Bewertung dieser Mächte führen. Wenn auch in der Regel der Himmel mit dem Männlichen und der Lichtseite identifiziert wird, und die Erde mit dem Weiblichen und dem Dunkel, ordnen manche Stämme die Weisheit dem Weiblichen zu, andere dem Männlichen.

Mythen, die in einem bestimmten kulturellen Kontext als für die Religion eines Volkes charakteristisch gelten, sind von solchen zu unterscheiden, die demgegenüber nebensächlich erscheinen. Nähme man beide als gleichgewichtig an, ergäbe sich ein falsches Bild. Volksgruppe, geographischer Ort und Zeit können bestimmte Grundmotive der Mythen erheblich variieren. Auch Mythen haben Geschichte; in der Generationenfolge werden Motive vergessen, neue eingefügt. Die Geschlechterdifferenz, ein wesentliches Motiv des Mythos, erfährt ebenso eine pluriforme Gestaltung. Hinsichtlich der Unterscheidung von Mythos und Praxis stellt sich die Frage, ob mit Praxis die soziale Wirklichkeit, also z.B. die Arbeitsform gemeint ist, oder die kultische Praxis, das, was wir die Poiesis genannt haben. Die Geschlechterpolarisierung kann, aber muß nicht mit dualen Gesellschaftsordnungen zusammengehen, z.B. mit der Trennung des Clans in zwei Bereiche, oder der Trennung der Arbeitswelten von Männern und Frauen, denen dann je eigene Mythen zugehören. Dasselbe gilt für duale religiöse Ordnungen: Oft, aber nicht immer, entsprechen der Geschlechterpolarisierung im Mythos spezifisch weibliche und männliche Initiationsriten und geheimbündlerische Praktiken[30].

Bei sozialen Ordnungen, die imstande sind, ein Gleichgewicht zwischen den Geschlechtern zu halten (solche gibt es und hat es gegeben), wäre dann zu fragen, wie solche Ordnungen genau aussehen, unter welchen Bedingungen und zu welchem Preis dieses Gleichgewicht verwirklicht wird. Und schließlich stellt sich die Frage, wieweit man von sog. primitiven Kulturen auf Hochkulturen, von gegenwärtig existierenden ethnischen Gruppen auf Völker der Geschichte rückschließen kann. Bleibt noch das Problem der immensen Fülle des Materials für die Ethnologie und des Mangels an Quellenmaterial für die Zeit von vor dreitausend Jahren und früher[31].

Theologie des Mythos

Die Tätigkeit des menschlichen Geistes wird durch Probleme angestoßen, die aus der gelebten Welt des Wirklichen aufsteigen. Gehen wir von dieser Grunderkenntnis der Wissenssoziologie aus, dann ist damit noch lange nicht festgeschrieben, auf welche Weise Menschen ihren Problemen zu Leibe rücken, und ebensowenig, was sie jeweils für ihr wesentliches Problem halten. Offen bleibt schließlich, ob Lösungsideen erfolgreich sind, und ob sie nicht wieder andere, nicht vorhergesehene Probleme schaffen. Es wäre auch zu fragen, ob es nicht menschliche Grundprobleme gibt, die sich in immer neuen geschichtlichen Varianten zeigen. Daß Sinnwelten der Stützung und Legitimierung dienen und damit ihre Kraft gegen den allem Geschichtlichen eigenen bedrohlichen Relativismus einsetzen, ist ebenfalls eine Grundthese der Wissenssoziologie. Auch Mythen können als Sinnwelten eine solche Funktion erfüllen, ätiologischen Charakter annehmen[32], also alles Mögliche rechtfertigen. Man könnte fragen, ob nicht jene feministische Mythenrezeption selbst zum ätiologischen Mythos geworden ist, indem nur ein solcher Mythos als „echt" gilt, der das Interesse am Matriarchat zu bestätigen scheint; alles andere wird zur patriarchalischen Verfälschung erklärt.

Aber nicht alle Mythen sind Ätiologien, im eingeschränkten Sinne[33]. Vordergründig bezeichnet das Wort Mythos eine Göttergeschichte. Wer aber sind die Menschen, die sich Göttergeschichten erzählen? Welche „Geisteshaltung"[34] steckt in einem Bewußtsein, das sich über Mythen zu vermitteln sucht? Und könnte es nicht etwas geben, das uns mit den alten Mythenerzählern verbindet, so etwas wie gemeinsame Probleme?

„Geborenwerden und sterben, erschüttert werden, in widerstreitende Teile zerrissen sein, keine Begrenzung haben, auf Ziele gerichtet sein, deren Erfüllung oder Nichterfüllung gleichermaßen ein Aufhören wäre, das sind die Kennzeichen der Bedrohung"[35], formuliert der Berliner Religionswissenschaftler Klaus Heinrich, was Menschen zu allen Zeiten und in unterschiedlichstem geschichtlich-konkretem Gewande betrifft. Der evangelische systematische Theologe Paul Tillich spricht von den „Bedingungen der Endlichkeit", der Wiener Philosoph Erich Heintel von den verschiedenen Formen des Unverfügbaren. Welcher Mensch sieht die Folgen seiner Entscheidungen ab, bekäme je den Gang seiner persönlichen Geschichte in den Griff, geschweige denn den der Geschichte seiner Zeit? Wer könnte die Begegnungen mit anderen Menschen abschätzen oder beeinflussen bzw. deren Verweigerung einklagen? Der nicht berechenbare, aber dennoch gewisse Tod, der im Bewußtsein des Sterbenmüssens seine Schatten vorauswirft, belehrt uns über die Vergänglichkeit allen Tuns und Strebens.

Das sind die Grundprobleme, die alle Religionen beschäftigen. Dadurch wird der Mensch als homo religiosus konstituiert. Auf diesen Begriff könnte man sich einigen. Wir können dieses „schwankende"[36] Leben nur bestehen, wenn wir aus Gewißheiten leben: daß Ordnung ist und nicht Chaos, daß unser Tun auch sinnvolle Gestalten hervorbringt, daß es Kontinuität und Erfüllung gibt, daß das monströse und im letzten unerklärliche Böse, das im Tod gipfelt, nicht das letzte Wort hat[37]. An der vorfindlichen Wirklichkeit und am Gang der Geschichte gemessen, muß jede solche Gewißheit als irrational erscheinen. Und dennoch hält uns die Hoffnung auf die Überwindung der bedrohlichen Spaltungen aufrecht.

Wer sich die Geschichte des zerstörerischen Krieges zwischen den Geschlechtern vor Augen führt, findet reichlich Anlaß zur Skepsis, ob es jemals anders gehen könnte. Jede Liebe, jede Ehe, jedes Kind läßt der Skepsis zum Trotz neue Hoffnung aufkeimen, mitten in der Vielfalt der Enttäuschungen. Dabei scheint gerade das, was uns unverfügbar bleibt, die Hoffnung anzustacheln. Die Religionen in ihrer konkreten Gestalt geben jenem Unverfügbaren einen Namen.

Der Rückgriff auf den homo religiosus bliebe aber für die Beantwortung der Frage, was eine mythische Geisteshaltung sei, zu allgemein. In dieser Sicht wären die Mythen der Griechen und das christliche Glaubensbekenntnis austauschbar, zwei mögliche Antworten auf die Grundverfassung des Menschen, zu denen sich noch weitere gesellen müßten. Ich gehe davon aus, daß sich die Antwort des Mythos auf die Grundprobleme des Menschen von der des Christus unterscheidet, und weiter, daß diese Unterscheidung für die Bewältigung der Probleme nicht unerheblich ist.

Es hieße die mythische Geisteshaltung verkennen, bezeichnete man die Göttergeschichten als naiv oder gar primitiv. Sie bezeugt das Bewußtsein für eine Wahrheit, nämlich die des Getrenntseins des Menschen von seinem Ursprung, des Verlustes bergender Einheit. Da Einheit jedoch nichts ist, das sich empirisch wahrnehmen oder aufweisen ließe, transzendiert der Mythos bereits das vorfindliche Wirkliche auf etwas hin, das diesem Grund und damit Sinn geben will: die vorausgesetzte Einheit von Natur und Geschichte, von Ordnung und Freiheit, von Gut und Böse, von Anfang und Ende (Geburt und Tod) und – von Männlich und Weiblich. So zeigt der Mythos beides zugleich auf, die Wahrheit des Wirklichen in der Einheit, im Ganzsein, und das Wirkliche in der Vielfalt als Getrenntsein von der Wahrheit. Einheit, Ganzsein gehören demnach dem Ursprung zu, und die Götter des Mythos sind Ursprungsmächte[38]. Für den Menschen stellt sich daher die Frage: „Wie hat das von den Ursprüngen räumlich, zeitlich und wesensmäßig Entfernte dennoch an den Ursprüngen teil? Wie das dem Ursprung Entspringende dennoch an der unbedingten Macht des Ursprungs?“[39]

Existentiell steht dahinter die „Bedrohung, mit nichts identisch zu sein“[40], eine Bedrohung, die jedem Menschen mit in die Wiege gelegt ist und Angst macht. Der Umgang des Mythos mit dieser Angst will beschwichtigen, indem er Mensch und Welt „von göttlichen Urgestalten, Urformen, Urgeschehnissen herleitet“[41] und so die Verbindung mit dem ursprünglich Ganzen zu schaffen sucht. Alle Abbildmodelle der Beziehung von Mythos und Wirklichkeit, um noch einmal darauf zurückzukommen, übersehen, daß jene ursprüngliche Ganzheit Wirklichkeit immer schon transzendiert, während sich die Immanenz durch den Mangel an Ganzsein auszeichnet. Deshalb erzählen die Mythen von Göttern und läßt sich von einer Theologie des Mythos sprechen.

Der mythisch denkende und erlebende Mensch weiß sich also einerseits vom ganzheitlichen Ursprung getrennt und „erwirbt gegenüber dem Ursprung die Selbständigkeit – bis hin zu Angst und Ohnmacht des Alleingelassenseins von dem ihn tragenden Ursprung. Und Verlust der Selbständigkeit ist umgekehrt der Preis, der für jedes Beharren im Ursprung zu entrichten ist – bis hin zur Opferung des Selbst an den es verschlingenden Ursprung“[42]. Diese Polarität kommt auch in den Mythen selbst bzw. den ihnen zugehörigen Riten zum Ausdruck; sie können von der Getrenntheit ebenso erzählen wie diese als aufgehoben darstellen, indem sie beides von einem gemeinsamen Ursprung herleiten.

Insofern gewinnt der Mythos seinen „Stoff“, genauer: seinen Konfliktstoff, sehr wohl aus der menschlichen Wirklichkeit, transzendiert diese aber auf eine vorausgesetzte Einheit hin. Der Ritus sucht diese Einheit z. T. durch orgiastische Kulte nachzuvollziehen, während der Mythos die Einheit über die Fülle herstellt, das Ganze durch die Summe aller denkbar möglichen

Variationen. Der Mythos führt die Konflikte, „deren Denk- und Handlungsalternativen und deren Lösungsversuche quasi experimentell“[43] vor, Versuchsanordnungen vergleichbar, die auf Erkenntniszuwachs zielen, Probierhandeln des Denkens als „Ausloten von Möglichkeiten“[44]. Konflikte als Unvereinbarkeit von Gegensätzen verstanden, werden Lösungen zugeführt, die wieder neue Konflikte aus sich heraussetzen. Dadurch entsteht eine Kette dauernder Uminterpretationen, die nie ans Ende kommt: Weder Konflikt noch Lösung sind jeweils ein Letztes. Darin zeigt sich die Überlegenheit der Götter, aber auch das Ausgeliefertsein der Menschen an deren Allmöglichkeit[45], die zugleich wiederum die einzige, neue Konflikte gebärende Hoffnung ist. Die Konflikte bleiben ein unauflösbares Rätsel. „Die innere Gebrochenheit ist es, die seinen Rätselcharakter ausmacht. Mythos ist in der Tat nicht nur Spiel (oder Poesie), aber nicht allein deshalb, weil er auch Zwang (oder Terror) ist.“[46] Die Wahrheit des Mythos ließe sich auf den Satz bringen, daß die Lösung des Rätsels nicht des Rätsels Lösung sein kann.

Androgyne Variationen

„Hätte die Mythologie keinerlei Beziehung zu einer in Zeit- und Raum-Bezügen nicht aufgehenden Realität, wäre sie tatsächlich nichts Lebendiges, kein weiterlebender, weiterhin an- und umgebildeter Stoff, so würde sie nicht reizen, würde weder Skandalisierung noch Faszination provozieren.“[47] Mythologie wäre als bloß historische Quelle nur für den Historiker und die Beantwortung der Frage, wie es damals gewesen ist, interessant. Der Reiz, der vom Mythos ausgeht, liegt aber in zwei anderen Momenten, daß nämlich die Konflikte, von denen er seinen Ausgang nimmt, jederzeit nachvollziehbare Grundkonflikte des Menschen darstellen, und daß das Durchdenken der Allmöglichkeiten (oder auch das Praktizieren dessen im Ritus), das eigentlich Obszöne am Mythos, Grenzüberschreitungen zuläßt. Das wurde schon im zweiten Kapitel am Beispiel des Eros gezeigt.

Konflikt heißt also für den Mythos Antagonismus, die Unvereinbarkeit von Gegensätzen, die gleichwohl als Pole eines zusammengehörigen Ganzen begriffen werden. Die Geschlechterdifferenz entspricht dieser Bestimmung von Konflikt und spielt daher im Mythos eine entsprechend dominante Rolle. Im Sinne der Logik des Mythos wird daher sowohl die Polarität als auch die Aufhebung des Antagonismus in verschiedensten Variationen dargestellt. Hinter dem Kampf zwischen Göttinnen und Göttern steht daher nicht die Aufeinanderfolge zweier unterschiedlicher kulturgeschichtlicher Epochen (Matriarchat und Patriarchat), die sich zudem, wie gezeigt, nicht historisch belegen lassen, sondern die Polarität der Geschlechter als Gegensatz. Daß der Mythos mit Chronologie schwer vereinbar ist, gibt übrigens sogar Ranke-Graves zu[48]; die zweifelhaften Wege, den Mythos dennoch und wider die bessere Einsicht auf Chronologie hinzubiegen, wird allerdings von ihm dann als die besondere „wissenschaftliche" Leistung verbucht.

Gehen wir vom Geschlechterantagonismus aus, dann ist klar, daß sich in den Göttinnen und Göttern die „Prinzipien" des Weiblichen und des Männlichen bekämpfen, Erde und Luft, Nacht (Mond) und Licht (Sonne), gestaltgebende Materie und formgebende Kraft – Metaphern für Gebären und Zeugen. Zum Antagonismus gehört auch, daß die Frage, was zuerst sei, das Zeugen oder das Gebären, kontrovers beantwortet wird, wie man auch die Frage, ob die Henne vor dem Ei käme oder umgekehrt, kontrovers beantworten mag. In dem, daß diese Kontroverse aber niemals zugunsten des einen oder des anderen Standpunkts ausgehen kann, liegt die Einheit als Aufeinander-Angewiesensein begründet.

Götter und Göttinnen werden wechselweise der bloßen Lüsternheit bezichtigt, aber auch als Kulturträger hervorgehoben. Der Antagonismus geht bis in die Formen der rohen Gewalt gegeneinander: Kastration, Vergewaltigung, Mord und Totschlag, die allerdings durch Formen der Verwandlung im Sinne der Allmöglichkeit nie ein Ende bedeuten. Schmähung, Herabsetzung, List und Betrug sind die milderen Formen des Geschlechterkrieges im Pantheon der Unsterblichen.

Die Fülle der Variationen eröffent auch die Möglichkeit, sich der anziehenden Spannung zwischen den Geschlechtern und damit dem Kampf zu entziehen, um dadurch beide via negationis zu bestätigen. Dieser geschlechtliche Solipsismus (jeder glaubt sich als Frau oder Mann in seinem Geschlecht selbst genug) wird entweder durch die Rache des jeweils Zurückgewiesenen als unmöglich dargestellt oder durch die Vereinigung der Gegensätze in einer Person aufgehoben. So entstehen die Vorstellungen des Androgynen als „Relation zweier komplementärer Elemente . . ., die eins waren, eins sind oder eins sein möchten“[49]. Auch die Formen des Androgynen sind vielgestaltig und beschränken sich nicht nur auf die Figur des Hermaphroditen, der die Merkmale beiderlei Geschlechts trägt. Geschlechtliche Vereinigung, Zwillinge, Geschwisterehe, Jungfrauengeburt, Geburt aus dem Mann können alle die androgyne Einheit repräsentieren[50].

Zur Vielgestalt des Mythos gehört schließlich, daß jeweils eine Person, sei sie männlich oder weiblich, alle Aspekte, sowohl die des Antagonismus wie die des Androgynen, auf sich zu vereinigen vermag. So kann die Göttin zugleich mütterlich-fürsorgend, lebensspendend, Frieden schaffend und zerstörerisch-verschlingend, tödlich, kriegerisch erscheinen; sie kann Mutter und Jungfrau, Tochter, oder Inbegriff von Lüsternheit sein. Keiner Gottheit läßt sich daher ein eindeutiger Charakter zuordnen. Der Mythos variiert auch oft dadurch, daß er nur einen Aspekt herausnimmt und anderswo einsetzt. In manchen Zusammenhängen zeigt sich eine Göttin dann entweder nur mütterlich oder nur tödlich.

Dieser Summierung der Aspekte werden auch die Heroen teilhaftig, wie man etwa an Herakles zeigen kann: Als „Über-Mann“ leistet er im Bett soviel wie im Kampf und schwängert fünfzig Jungfrauen in einer Nacht; als Sklave der Omphale unterwirft er sich den Frauen und wird von ihnen unterworfen, trägt er Frauenkleider und verrichtet auch weibliche Hausarbeit[51]. Wie anders ließe sich das alles verstehen denn als mythologisch, als der Versuch, den Geschlechterantagonismus in der Fülle seiner Aspekte in Gegensatz und Einheit darzustellen, ohne daß Gegensatz oder Einheit je das letzte Wort hätten. Der Antagonismus, den feministische Mythenrezeption in der Nachfolge Bachofens auf die Ebene historischer Chronologie verlagert, ist Stoff des Mythos selbst[52].

Es wäre reizvoll, dieses dargelegte Verständnis von Mythos, das aus der Ausdrucksform des Mythos selbst gewonnen ist und dessen eigenständiger Logik folgt, am Material zu konkretisieren; allerdings würde das Rahmen und Ziel der hier anvisierten systematischen Kritik sprengen. Es sei den Lesern daher empfohlen, z. B. die reiche Materialsammlung von Ranke-Graves zu nehmen und mit Hilfe dieser systematischen Kritik zu prüfen. Man beachte dabei, wie oft der Autor dem Schweigen der gegenüber dem mutmaßlichen chthonischen Zeitalter sehr jungen literarischen Quellen Bachofens Beredsamkeit unterschiebt. Es ist klar, daß jeder Mythos aufgrund seiner antagonistischen Struktur auch jene chthonischen Aspekte enthalten muß, aber nicht einzusehen, warum alles, was nicht chthonischen Charakter hat, nicht mehr „echter Mythos" genannt werden dürfte[53]. Dieses, entgegen der Absicht des Mythos selektive Vorgehen zerstört die Mythenkreise und verdächtigt alles Nicht-Chthonische, Ergebnis vorsätzlicher „Mache" zu sein.

Vom Begriff des Menschen

Als Fülle der Variationen von Allmöglichkeit kann dem Mythos grundsätzlich keine volle Wirklichkeit entsprechen und umgekehrt. Jede Wirklichkeit ist nur ein Ausschnitt aus den möglichen Varianten. Zugleich muß sich aber alles Wirkliche als Variante im Mythos finden. So wird verständlich, warum sich Mythen so vielfältig in Anspruch nehmen lassen: sie können Bestehendes legitimieren, aber auch gegenwärtig Ausständiges als utopische Hoffnung vor Augen stellen. Dabei haben Zukunftsutopien nicht immer nur eine hoffnungsfrohe Seite, sondern bringen auch Ängste zum Ausdruck.

Damit bestätigt der Mythos alles: die „sexuelle Revolution" durch das Obszöne, die Frauenmacht, die Männermacht, das Muttertum oder das Dämonische im Weibe[54]; er bestätigt sowohl Antagonismus und Kampf, als auch deren Aufhebung in Ganzheitsformen; gesellschaftlich Privilegierte können sich mit dem heroischen Widerstand identifizieren, nicht Privilegierte mit den Opfern des Schicksals. Alles Wirkliche hat so seinen Ursprung im Mythos, und welche sozialen Formen sich wo immer im Zuge geschichtlichen Wandels herausbilden, liegt für sie der ihnen entsprechende Ursprung im Mythos bereit. Soziale Formen mit relativem Gleichgewicht zwischen den Geschlechtern oder mit Dominanz der Männer, Regionen, Orte, Jungfrauen, Mütter, Krieger, Dichterinnen, Bildhauer, Bauern, Händler oder Marktfrauen, Städter oder Seefahrer, Rechtschaffene oder Diebe – alle besitzen sie ihre eigenen Götter und Göttergeschichten. Deren Botschaft ist ambivalent; sie sagen: Es könnte auch anders sein,– das ist das utopische Element im Mythos; und sie sagen: Es muß sein, wie es ist, – das ist die Schicksalsergebung, die der Mythos lehrt. Die Tatsache, daß es zwei Geschlechter gibt, deren Gegensätzlichkeit ihre gegenseitige Anziehung begründet, bleibt „ärgerlich“[55]. Welchen der vielfältigen Aspekte der Geschlechterbeziehung man auch herausnimmt, nie kann man sicher sein, welcher andere sich ungefragt zu Wort meldet. So wenig der Mythos dieses Problem löst, so klar formuliert er es: Mann und Frau existieren nicht je für sich als „der“ Mensch, nicht als in sich ruhendes Ganzes, aber auch nicht als Wesen mit bestimmten unverrückbaren Zuschreibungen, sondern nur in polarer Zuordnung aufeinander.

Dennoch haben wir im Verlaufe aller bisherigen Kapitel immer wieder vom Menschen gesprochen, von Grundproblemen des Menschen oder von seiner Fähigkeit zum ethisch begründeten Handeln. Nun könnte man dagegen einwenden, daß es ein Abstraktum Mensch nicht gibt. Ginge man von einzelnen Menschen aus und sähe man von deren Unterschieden, wie z. B. Größe, Haarfarbe, Alter, Bildung, Geschlecht ab, dann bliebe ein eigenschaftsloses Monstrum übrig, das sich jeder Vorstellungskraft entzieht: Es gibt keinen Menschen, der weder klein noch groß, weder jung noch alt, weder Mann noch Frau wäre. Eine solche Argumentation fußt auf dem empirisch Wahrnehmbaren. Die Aussage, man könne zwar von Mann und Frau, aber nicht vom Menschen sprechen, beweist die Verhaftung an dieses empirische Denkmodell. Empirisch denken heißt beobachten, das Beobachtete nach bestimmten, immer wiederkehrenden Merkmalen sortieren und in „Klassen“ ordnen: die Wirklichkeit als bunte Schmetterlingssammlung.

Daß es zwei verschiedene Geschlechter gibt, läßt sich beobachten, aber nicht nur bei Menschen, sondern auch bei den Tieren. Was ist also damit für die Unterscheidung von Mann und Frau gewonnen? Gar nichts. Daher ist es notwendig, weiter zu beobachten. Frauen gebären Kinder, stillen sie, ziehen sie auf, sind ans Haus gebunden, Männer nicht. Auch das läßt sich empirisch fassen, wenngleich es sich jetzt nicht mehr allein um etwas natürlich Gegebenes, sondern um Verhaltensweisen handelt. Gebären ist die natürliche und notwendige Folge der Schwangerschaft; Schwangerschaft oder Bindung ans Haus können nicht in gleicher Weise als notwendig gedacht werden, denn jede Frau kann sich grundsätzlich gegen beides entscheiden. Wenn nun ein empirisches Merkmal, z. B. die Gebärfähigkeit, zum Maßstab der Bestimmung der Frau gegenüber dem Mann genommen wird, dann verwandelt sich ein biologisches Merkmal in eine Festschreibung des Handelns. Handeln wäre aber dann nicht mehr eine begründete Entscheidung, sondern eine zwanghafte Folge.

Trotzdem erfahren wir tagtäglich, wie die Ergebnisse der immer gerade neuesten empirischen Erhebungen zum Maßstab des Handelns ausgerufen werden, indem das, was ist, auch schon kritiklos als das Nützliche, Richtige und Gute angesehen wird. Um wieviel tiefer sitzt dieses Mißverständnis bei „alten", in der jahrhundertelangen Erfahrung unserer Gesellschaft eingewurzelten Merkmalen, umso mehr, als es immer Nutznießer der Festschreibung bestehender Verhältnisse gibt. Daß Frauen Kinder aufziehen und das Haus hüten, kann für Männer, die höhere Ziele außer Haus verfolgen, nützlich sein. Daher werden sie das feministische Argument, Gebären sei eine einzigartige Fähigkeit, und Fürsorge für menschliches Leben eine besondere weibliche Tugend, nur bestätigen. In dieses Denkraster gehört auch die beliebte Form, Mann und Frau seien zwar gleichwertig, aber nicht gleichartig. Letzteres kann empirisch bestätigt werden. Die Gretchenfrage bleibt gleichwohl die Bewertung. Betrachtet man nun diese empirisch, dann stellt sich schnell heraus, daß eine Hausfrau und Mutter nicht annähernd das Sozialprestige genießt wie ein Wissenschaftler. Das Wort von der Gleichwertigkeit verfällt damit zur Sprachhülse, wenn nicht sogar zur Lüge.

Sehen wir von den divergierenden Zuschreibungen an die Geschlechter ab und gehen wir z. B. mit Ivan Illich[56] davon aus, daß die vielfältigen Kulturwelten in Gegenwart und Vergangenheit eine große Variabilität der Verhaltensweisen und sozialen Funktionen von Männern und Frauen beweisen, dann bleibt immer noch eine Möglichkeit, an der Empirie festzuhalten. Das tut Illich, indem er anstatt von geschlechtsspezifischer Bestimmung von der unleugbaren Tatsache der Spannung zwischen den Geschlechtern ausgeht. Dieses empirische Merkmal wird nun zur Grundlage seiner Sozialutopie: Um des Friedens willen muß man die Geschlechter separieren. Männer und Frauen brauchen einen je eigenen Lebensraum. Während die Unterscheidung biologischer Merkmale zu hierarchischen „Lösungen" der Geschlechterdifferenz führt, ergibt sich aus dem Modell von Illich das Reservat.

Hierarchie oder Reservat: das ist das Ergebnis der Weigerung, von „dem Menschen" zu sprechen, weil es diesen in der empirischen Wirklichkeit nicht gibt – ein Ergebnis von gleichwohl höchst wirksamer, gravierender Bedeutung. Was sich verändert, sind nur die Inhalte. Offen würde heute niemand mehr von der Überlegenheit der Blauäugigen und Blondhaarigen sprechen; das Privileg der weißen Hautfarbe ist kein anständiges, aber immer noch effektives Argument. Dafür spielt heute, etwa nach Hoimar von Dithfurt, das Alter eine wesentliche Rolle: die Jugend wird die Welt erlösen. Das Schlagwort von der notwendigen Feminisierung der Gesellschaft reiht sich wenig ruhmreich in die – in der Tat gefährlichen – Folgen eines solchen empirischen Denkmodells ein[57].

Aus derlei Sackgassen kommen wir nur heraus, wenn wir vom Menschen im Sinne eines Begriffes sprechen, dem weder eine beobachtbare Wirklichkeit, noch eine davon abgeleitete Vorstellung korrelieren. Vorstellung und Begriff sind zweierlei. Begriffsbildung zeichnet sich gerade dadurch aus, alles Empirische zu transzendieren. Was damit gemeint ist, hat u. a. Hegel in der Unterscheidung von Mensch und Tier aufgezeigt: „Der Mensch ist ein Tier, doch selbst in seinen tierischen Funktionen bleibt er nicht als in einem Ansich stehen, wie das Tier, sondern wird ihrer bewußt, erkennt sie und erhebt sie, wie z. B. den Prozeß der Verdauung, zu selbstbewußter Wissenschaft. Dadurch löst der Mensch die Schranke seiner ansichseienden Unmittelbarkeit auf, so daß er deshalb gerade, weil er weiß, daß er Tier ist, aufhört, Tier zu sein und sich das Wissen seiner als Geist gibt."[58] Daraus geht auch hervor, daß der Mensch mit seiner Natur niemals unmittelbar und ganzheitlich verbunden sein kann, sondern dieser und damit sich selbst gegenübersteht.

Während Tiere sich verhalten, entzieht sich menschliches Handeln der Beobachtbarkeit im Hinblick auf die Motive, die es bewegen. Von außen betrachtet, bleibt das, was wir tun, zweideutig; wir wissen nicht, ob es jemand gut oder böse meint, ob er sich verstellt oder ob er bloß ungeschickt ist. Menschliche Motivation ist auch nicht in demselben Maße zu beeinflussen wie die faktische Handlung selbst. Das lehrt die Erfahrung: Eltern, Vorgesetzte, Staatsgewalt können uns zwingen, etwas Bestimmtes zu tun, aber indem dieses nicht freiwillig geschieht, bleibt die Motivation des Gezwungenen unberührt: ohne die Nötigung würden wir anders handeln. Es kann aber auch zum Konflikt kommen, wenn äußerer Zwang und eigene Motivation einander so widerstreiten, daß wir uns nicht zwingen lassen, auch wenn wir dafür persönliche Nachteile in Kauf nehmen müssen. In diesem Sinne formuliert z. B. Aristoteles als auf die Spitze getriebene Möglichkeit, daß es „auch solche Handlungen geben mag, zu denen man sich nicht zwingen lassen darf, und denen man den Tod unter den größten Qualen vorziehen muß“[59]. Alle Formen des Widerstandes sind nur durch diese mit dem Begriff des Menschen verbundene Freiheit möglich. Das gilt für alle Menschen, daher auch für Männer wie Frauen.

Wenn wir von motiviertem Handeln gesprochen haben, dann geht es um bewußte Motive, so daß ein Mensch sagen kann, warum er dieses und nicht jenes für gut und richtig hält. Eine entscheidende Möglichkeit, solche Urteile zu begründen, liegt in der Erkenntnis. Vom Begriff des Menschen her ist es daher falsch, Männern die Möglichkeit der freiheitlichen Selbstbestimmung ausschließlich oder in einem höheren Maße zuzuschreiben als den Frauen. Wer also Frauen die Freiheit abspricht, spricht sie, der Logik folgend, auch den Männern ab. Wer Menschen ihrer Freiheit beraubt, indem er sie auf ihre empirischen Merkmale, Alter, Haarfarbe, Hautfarbe, Geschlecht usw. festlegt, indem er willkürliche Bewertungen dieser Merkmale vornimmt und daraus sozialpolitische Maßnahmen ableitet, vergeht sich an der Humanität. Das wäre dann Rassismus oder Sexismus zu nennen.

Nun könnte man erneut Einwände erheben und mit Ivan Illich sagen: Eine Politik, die von „dem“ Menschen ausgeht und allen in gleicher Weise gleiche Chancen bietet, muß notwendig bestimmte soziale Gruppen benachteiligen. Man kann nicht von etwas ausgehen, nämlich der Gleichheit aller, was nicht wirklich, empirisch gegeben ist. Ein solcher Ansatz führt nämlich zu inhumaner Konkurrenz, auch zur Konkurrenz zwischen den Geschlechtern, die Illich mit dem Begriff Sexismus kennzeichnet. Illich hat recht: viele können in einer solchen Konkurrenz nicht bestehen, weil sie sozialen Bedingungen unterworfen sind, die den Bewegungsspielraum einengen. Kinder, die in einem Elternhaus mit Büchern aufwachsen, können früher ein Verhältnis zur Welt des Geistes entwickeln als solche, deren Jugend von den täglichen Handgriffen der Versorgung bestimmt ist (Bedingungen legen nicht fest, aber geben Chancen). Frauen, die sich für Familie und Kinder entscheiden, müssen notwendig einen Großteil ihrer physischen und psychischen Energie dafür aufwenden und fallen im beruflichen Konkurrenzfeld zurück, wenn sie nicht gleich freiwillig zurückstecken. Dasselbe gilt übrigens auch für Männer, die sich der Familie widmen, anstatt sich ihrer als Entlastung zu bedienen. Aber auch bei gleichen Ausgangsbedingungen ist die Chancengleichheit fragwürdig. Nicht alle können alles erreichen, denn es gibt wenig Plätze am oberen Ende der Sozialpyramide, und der Weg nach oben wird daher mit vielen Hürden versehen.

Unter diesem Aspekt bleibt die biologische Bestimmung des Menschen Schicksal des Individuums und hat weitreichende soziale Folgen. Wenn das, was den Menschen zum Menschen macht, nicht aus der empirischen Wirklichkeit herausdestillierbar ist, dann läßt es sich auch im Sinne seines Begriffs nicht so einfach in diese hineintragen. Die grundsätzlich mögliche Freiheit ist nie wirklich vollkommene Freiheit, aber die Wirklichkeit bedeutet auch nie vollkommene Bindung. Alle sozialen Formen sind auch unser Werk, das wir den Ansprüchen des Humanen gemäß gestalten und rechtfertigen müssen. Begriff und Wirklichkeit des Menschen stehen in einer dialektischen Beziehung, unser Handeln steht in der Spannung von Theorie und Praxis.

Deshalb ist immer von der Wirklichkeit auszugehen, von dem, wie es ist, ohne irgendetwas zu beschönigen, ohne vor dem Leiden die Augen zu verschließen. Viel Leid resultiert aus der geschlechtlichen Bestimmung und, empirisch bzw. statistisch gesehen, gibt es mehr Frauen- als Männerleiden. Blieben wir bei der Statistik und dem, was die empirischen Wissenschaften dazu zu sagen haben, dann wären wir in jenem circulus vitiosus gefangen, den Elisabeth Moltmann in feierlicher Selbsttäuschung vorträgt: Frauen, so weiß sie zu berichten, leiden unter ihren hohen, verinnerlichten Moralvorstellungen, immer „selbstlos, nächstenliebend, geduldig, aufopferungsvoll" sein zu wollen. Die Ergebnisse der Human- und Naturwissenschaften sollen diesen Frauen nun endlich Stimme und Recht verschaffen, so fordert sie, damit ein neues Wertsystem zutage treten kann: eine „Ethik der Fürsorge", „nichthierarchisches Beziehungsdenken", eine „Methode der Empathie", „Einfühlsamkeit, Wechselseitigkeit"[60]. Ist dieses Neue nicht genau das immer schon Alte? Hatte die Ethik der Fürsorge nicht immer schon ihr weibliches Vorrecht? Oder geht den Frauen heute lediglich die offizielle Bestätigung der Wissenschaft ab, weil wir ohne deren Sanktus meinen, nicht mehr leben zu können? Nun, wie man sieht, die Lieferung empirischer Festschreibungen kommt frei Haus.

Auf die Diagnose darf um der Menschlichkeit des Menschen willen nicht die Bestätigung, sondern muß die Kritik folgen. Nur von der dem Menschen möglichen Freiheit her können wir überhaupt dazu kommen zu sagen: Es darf nicht so sein, wie es ist. Hier lebt die Utopie und treibt ihre hoffnungsfrohen Blüten zunächst in theoria, denn Utopie heißt ja, daß das Gedachte, das Mögliche, das Leid Überwindende noch keinen Ort hat. Wer von der Utopie überzeugt ist, den bestimmt der Wille zur Verwirklichung, in der Praxis das zu schaffen, was es noch nicht gibt, und das, was es gibt, zu verändern. Welche sozialen Folgen aus der geschlechtsspezifischen Bestimmung des Menschen resultieren, läßt sich daher weder ein für allemal festlegen noch in der Allmöglichkeit offenhalten, sondern sucht seine menschenwürdige Gestalt im je vorausgesetzten Kontext. Gerade weil die Ethik der Fürsorge seit Jahrhunderten zur Frauentradition gehört, und die Welt des Geistes zur Männertradition, wäre es an der Zeit, die Gewichte zu verlagern, damit Männer und Frauen freier werden, ihre Wege zu wählen.

Werfen wir unter diesem Gesichtspunkt einen Blick in die Geschichte der Griechen, dann fallen zwei Frauen des Geistes auf, die, je auf ihre Weise, sogar den überlegenen Philosophen Sokrates noch belehren können: Diotima und Aspasia[61]. Der

Gegensatz der Geschlechter wandelt sich zum Erkenntnis schaffenden Dialog zwischen Menschen. Diese Tradition verdiente Beachtung!

Die Ernüchterung des Bundes

Mit leichter Hand tauscht der Göttinnenfeminismus den Gott des Alten Testaments gegen wiederbelebte Mythen ein und glaubt, damit wäre etwas für das Interesse der Frauen gewonnen. Das Alte Testament, obwohl es mythologische Elemente enthält, lehnt tatsächlich das Denken im Mythos ab. In der theologischen Aussage der Sündenfallerzählung von Genesis 3 kommt der *Begriff* des Menschen in Sicht: die Frucht der Erkenntnis ist das Bewußtsein der Differenz von Gut und Böse. Hier ist kein patriarchalisches Entmündigungsprinzip am Werk, im Gegenteil: hier liegt die Freiheit des Menschen begründet und damit die Notwendigkeit und Möglichkeit, selbstverantwortlich, also mündig zu handeln. Nur unter dieser Voraussetzung kann der Mensch, können Frauen und Männer, zum Bündnispartner Gottes werden. Dieser Gott verfügt nicht allmächtig-willkürlich über den Menschen, sondern schließt einen Bund im Zeichen der ethischen Weisung. Im „Du sollst" ist die Utopie einer humanen Wirklichkeit formuliert. Hier liegt die Chance, auch für Frauen, und sie sollte nicht leichtfertig gegen ein Linsengericht (Gen 25, 29–33) eingetauscht werden.

Der Bundesgedanke des Alten Testaments ist gegen die Mythen gerichtet, deren Struktur der Allmöglichkeit letztlich auch die inhärenten utopischen Ansätze einer Verwirklichung unzugänglich macht. Baal oder Astarte oder wem immer zu dienen, heißt den Bund brechen, die dem Menschen heilsame Weisung an die wilden Figuren des Allmöglichen verraten. Damit wäre aber auch die Freiheit des Menschen dahin, seine Selbstbestimmung, seine Verantwortlichkeit, und er verfiele wieder den vielfältigen Formen des Geschlechterantagonismus als den Folgen des sinnenfälligen „kleinen Unterschieds"[62]. Der Gott des Alten Testaments ist nicht haßerfüllt gegen die Menschen, sondern zornig[63] über ihre Uneinsichtigkeit und Weigerung, freie Menschen zu werden. Solange sie im Dienste der Götter auf ihre

Geschlechtlichkeit starren, werden sie nie erkennen, worin Mann und Frau einander verbunden sind. Die prophetische Tradition steht im Dienste dieses guten Gotteszorns.

Nun, mit dem bisher Gesagten ist das Problem der Freiheit und Humanität noch nicht in seiner Komplexität erfaßt. Schon in Genesis 3 wird deutlich, daß die Erkenntnis der Differenz von Gut und Böse den Menschen selbst nicht gut macht; er steht unter dem Anspruch, zu unterscheiden und das je zu seinem Zeitpunkt Richtige zu wählen, für sich selbst und die ihm anvertraute Welt. Hier öffnen sich nun alle die möglichen Abgründe, von denen die Mythen ihre Lieder singen (wie gesagt: der Mythos zeigt das Problem, bringt aber keine Lösung in Sicht). Es gibt keinen linearen Weg von der Freiheit zum unmittelbaren Handeln in der Geschichte. Nicht nur, daß sich mir die Tatsachen der Wirklichkeit und die Motivation anderer, die der meinen widerspricht, in den Weg stellen können; nicht nur, daß man die besten Absichten nicht oder nur verzerrt wahrnehmen könnte; zunächst muß ich meine Motive finden, klären und ins Bewußtsein heben, und auf diesem Weg liegt schon eine Fülle von Stolpersteinen. Angst vor Isolation, die verwirrende Vielfalt der denkbaren Möglichkeiten oder die Unabsehbarkeit meiner Entscheidungsfolgen z. B. können mich lahmlegen oder einfach auf traditionelle Sollensforderungen zurückgreifen lassen. Damit haben andere für mich entschieden. Oder ich folge dem innersten subjektiven Gefühl des für mich hier und jetzt Angenehmen. Dann folge ich meiner Natur und nicht bewußten Wollen, das darüber nachdenken muß, ob das, was mir gut tut, auch dem anderen gerecht wird. Ich kann mich auch auf die träumerische Unschuld der großen, aller Bindungen ledigen Freiheit zurückziehen, die außerhalb vollmundiger Parolen nicht wirklich wird. Freiheit ist aber immer nur in, mit und unter den geschichtlichen Formen des Lebens gültig: Was in der jeweiligen Gegenwart zur Erfüllung des Bundes aussteht, steht zur Einlösung an. Ohne dieses tätige Element der Utopie verwandelt sich die träumerische Unschuld in die Unterlassungssünde.

Aber auch der Kampf um die Utopie schließt Irrtum in den Entscheidungen, Fehleinschätzungen der Lage, Schuld gegen andere Menschen nicht aus und taktische Überlegungen samt mancherlei Kompromissen ein. Dazu läßt sich von der Befreiungstheologie vieles lernen, sowohl an Hoffnung und Wollen, wie an Strategie und Umgang mit Rückschlägen und Versagen, mehr als eine europäische Idealisierung nach dem bereits verhandelten Muster innergeschichtlicher Heilswelten oft wahrhaben will[64]. So steht auch der Verwirklichung einer Geschlechterbeziehung im Zeichen der Bundesethik, in welchem sozialen Kontext immer, kein anderer als dieser mühevolle Weg bereit, der nie zu einem endgültigen Ziel führt, zu einer Welt, von der man sagen könnte: Es ist nichts mehr zu tun, weil alles getan ist. Keine Utopie, sei es in Vergangenheit oder Zukunft, kann je den Status der Vollkommenheit erreichen; aber die nüchterne Klarheit des Bundes läßt den Menschen, befreit von der Allgegenwart mythischer Verstrickungen, dorthin aufbrechen.

In einer mythischen Geisteshaltung sind Gut und Böse Ursprungsmächte als ein antagonistisches Paar unter anderen, wie z.B. auch das von Männlich und Weiblich. Hier kämpfen Gut und Böse, in Gestalten personifiziert, gegeneinander und Seite an Seite, gegen den Menschen und für den Menschen, indem sie Erklärungen dafür liefern, warum es so ist und nicht anders. Die Mächte können beschworen werden *oder* zwingen zur Erhebung ins Schicksal – tertium non datur. Im Geiste des Bundesgottes dagegen wird der Mensch seiner Verfügungsgewalt über Gut und Böse inne, erkennt er seine Befreiung aus dem Bann der Götter und Dämonen, muß er nichts mehr beschwören, sondern darf verantwortlich entscheiden. Im Deuteronomium ist festgehalten, daß niemand Feuerproben abhalten, Wahrsager und Zeichendeuter befragen, oder Geisterbeschwörer und Zauberer konsultieren soll (Dtn 18,9ff.). Daß die Geschichte der jüdisch-christlichen Tradition immer auch den Rückfall in jene dämonistischen Vorstellungen belegt, spricht nicht gegen den Gott des Alten und Neuen Testaments, sondern gegen die Menschen, die nicht verantwortlich sein wollen.

Der nahe Gott

Es stimmt schon, was Elisabeth Moltmann unter Berufung auf die amerikanische Psychologin Nancy Friday schreibt: Frauen stellen oft (auch nicht immer) riesige Ansprüche an ihr Gutsein und scheitern an ihren hohen Zielen, fühlen sich minderwertig und kochen in der Suppe der Selbstvorwürfe. Ist das Schlagwort „Ich bin gut, ganz und schön" eine Bestätigung der hohen Ansprüche, was das Absacken in die Gefühle der Minderwertigkeit noch einmal beschleunigte? Jedenfalls legt es dieses Mißverständnis nahe[65]. Oder drückt das Schlagwort Gottes Zuspruch an den der Sünde verfallenen Menschen aus? So will es Moltmann verstanden wissen. Dann wären wir beim entscheidenden Thema.

Mit der Verantwortlichkeit ist das Böse nicht aus der Welt geschafft, und dennoch erfolgt keine Rückkehr zu den Ursprüngen. Dem Menschen, der nicht vollkommen gut sein kann, eröffnet sich, indem er sich dessen bewußt wird, eine neue Dimension: er erkennt sich als angewiesen auf ein Anderes, auf etwas, das nicht er ist und das ihm zuspricht, was er selbst nicht leisten kann. Jener Zuspruch stiftet die Gemeinschaft mit dem anderen Menschen, dem anderen Geschlecht, mit dem ganz Anderen – Gott.

Gegen kaum etwas anderes wehren wir uns so sehr, wie gegen persönliche Schuldzuschreibungen, und die Rede von der Unerreichbarkeit des Erhofften scheint zur Resignation zwingen zu wollen: Sisyphos kommt in Sicht. Ohne Zweifel gibt es eine christliche Rede von der Sünde, die als Menschenverachtung Gestalt gewinnt: An dir ist nichts Gutes, du kannst es nur falsch machen, und alle deine Bemühungen enden im Nichts. Und wer sich gegen seine Bestimmung zum Wegwerfartikel wehrt, sich mit guten Gründen auf seine menschlichen Fähigkeiten beruft, empfängt in diesem „Seelsorgemodell" seine letzte Verdammung: Je mehr du auf deine menschliche Leistung pochst, desto weiter entfernst du dich von Gott und dem Heil; je mehr du dich selbst demütigst, desto näher rückst du der Erlösung. Diese Art, von der Sünde zu sprechen, beweist einen folgenschweren Kurzschluß. Sünde wird so auf eine empirische Ebene gebracht und hat ein Grundmißtrauen zur Folge, das jeder wahrnehmbaren Handlung notwendig böse Absicht unterstellt oder unbewußt Böses, das sich mit guten Absichten tarnt. Wie schon bei der Frage, ob es „den" Menschen gibt, die sinnvolle Antwort im Begriff des Menschen lag, muß die sinnvolle Antwort auf die Frage, ob es „die" Sünde gibt, mit dem Begriff der Sünde beantwortet werden, die zum Begriff des Menschen gehört. Ich erinnere noch einmal an die Unterscheidung von Tier und Mensch. Aus dieser ergibt sich: „Man kann die mit der eigentümlichen Weltstellung des Menschen gegebenen Aspekte mit folgenden Begriffen markieren: Vernunft, Sprachlichkeit, Freiheitlichkeit, Sündigkeit, Geschichtlichkeit. Sie alle bezeichnen den ‚Sprung' des Menschen aus der Natur, seinen Ur-Sprung. Darum bezeichnen alle diese Begriffe nichts Konkret-Geschichtliches. Sie liegen aller Wirklichkeit des Menschen zugrunde. Man hat ihnen den Namen ‚Existenzialien' gegeben."[66]

Sündigkeit oder Schuldverfallenheit heißt demnach nicht, daß Menschen sich dem humanen Anspruch nicht stellen bzw. diesen überhaupt nicht verwirklichen könnten, sondern heißt, daß sich mögliche Verfehlungen nicht grundsätzlich ausschließen lassen. Sündigkeit ist der Gegenbegriff zur Vollkommenheit, die Gott allein zukommt (Mk 10,18). Unser menschliches Bemühen bleibt daher nicht vollkommen umsonst, Vollkommenes gleichwohl durch alle Bemühung nicht erreichbar. Die Schlußfolgerung fürs Handeln hat – wieder einmal – Martin Luther sinngemäß so formuliert: sich mit aller Kraft bemühen, wie wenn wir das Vollkommene erreichen könnten; mit aller Kraft auf Gott vertrauen, wie wenn all unser Tun umsonst wäre[67]. Außerhalb dieser Dialektik müßte uns das nicht ausschließliche, aber eben auch unausweichliche Scheitern unserer Bemühungen zur Verzweiflung treiben. Heilsdrang und Resignation bzw. auch Destruktion wachsen auf einem Holz. Ein Zusammenleben zwischen Menschen, daher auch zwischen Frauen und Männern, steht nur dann im Zeichen des Humanen, wenn wir unsere Sündigkeit nicht verleugnen.

Wo immer in der Theologie die Rede davon ist, daß wir nicht zu Gott kommen können, da wir der Sünde verfallen sind, dann ist eben dies zu verstehen: Wir können nicht vollkommen sein oder werden, und das heißt in der Sprache des Glaubens: Gott bleibt uns fremd und fern. Die Antwort auf diese Erkenntnis, die freilich auch in alles Erfahrbare eingeht, kann daher nur Gott selbst geben, und er tut es auch, indem er sein Fernsein überwindet und Mensch unter Menschen wird. Nirgends steht geschrieben, daß er Mann wird; da er in die Geschichte kommt, muß er allerdings entweder Mann oder Frau werden. Wenn eine Theologie aber die Menschwerdung Gottes zu einer Mannwerdung uminterpretiert und von daher die größere Nähe alles Männlichen zum Himmel ableitet, erweist sie sich als dem Kurzschluß empiristischen Denkens verhaftet, das weder etwas von Gott noch vom Menschen verstanden hat.

Die Menschwerdung Gottes ist ein Akt der Liebe, die sich ausdrücklich dadurch bestimmt, daß sie allem Unvollkommenen Vollkommenheit zuspricht. Wo der Glaube Menschen im Lichte dieses Zuspruchs anschaut, verziehen sich die düsteren Wolken des Hasses. Alles läßt sich mißbrauchen, auch die Menschwerdung Gottes. Dann wird aus der Liebe zum sündhaften Menschen die Liebe zur tätigen Sünde. Wenn z.B. Paulus dagegen sagt, daß der Glaube an die Menschwerdung Gottes uns eine neue Kreatur werden läßt (2Kor 5,17), daß an die Stelle der Sündigkeit die Gewißheit der Vergebung tritt, die uns alles Unvollkommene an uns selbst und den anderen, ja an der ganzen Welt ertragen lassen kann, dann setzt er die Erkenntnis der Sündhaftigkeit voraus. In der Menschwerdung schafft Gott *seine* Utopie für uns, die durch Schuld und Tod hindurch Bestand hat.

Mit solchen Aussagen bewegen wir uns nicht auf der Ebene des Empirischen, Beobachtbaren oder Beweisbaren, die nie Grundlage des Glaubens sein können. Die Frage lautet anders: Läßt sich aus der christlichen Überlieferung ein Sinn für meine existenzialen Probleme gewinnen, so daß ich aus der Gewißheit leben kann? Glaube ist nichts Empirisches, auch die Wirklichkeit läßt sich nicht aufs Empirische reduzieren. Glaube wird wirklich durch die Bewährung in der Praxis. Nur so bleiben Liebe und Versöhnung keine großen und leeren Worte. In, mit und unter ihrer profan-institutionellen Gestalt und ihren Irrungen, eben ihrer Sündigkeit, ist die Kirche die Gemeinschaft der an die Menschwerdung Glaubenden, ein Anspruch, der sich gegen sie kehrt, wenn sie ihn nicht wahrnimmt. Die Gemeinschaft der so Glaubenden kann es daher auch geben, ohne daß sie sich mit der äußeren Gestalt der Kirche deckt. Die Unterscheidung der Geister ist allezeit aktuell.

Ich gehe davon aus, daß die Botschaft von der Menschwerdung Gottes als die vollkommene „Utopie“ des Menschen, im wörtlichen Sinne denkbar glaubwürdig ist. Wie sehr wir der Sündigkeit verhaftet sind, zeigen auch die Mühsale, den sprachlichen Ausdruck zu finden. Andererseits gehört es, wie gezeigt, zu unseren Existenzialien, daß wir nicht anders können, als uns sprachlich zu vermitteln. Mit dem Wechsel des Gegenstandes muß die Sprachebene gewechselt werden. Dem Empirischen entspricht ein anderer sprachlicher Ausdruck als den Existenzialien oder dem Glauben. Daher wähle ich für die Entfaltung der Menschwerdung Gottes in Bezug auf deren Bedeutung für die Geschlechterbeziehung im folgenden Kapitel die literarische Form der Predigt.

FÜNFTES KAPITEL

Jesa Christa, oder die Kritik des Ideals

Eine Predigt

1

Jesus Christus: schon wieder ein Mann.

Gottes Sohn: ein Mann mit göttlicher Autorität.

Wieder eine Hierarchie der Männer, in der Frauen nicht vorkommen, oder erst am untersten Ende einer langen Leiter, kaum erwähnt. Der Schweizer Pfarrer Kurt Marti erhofft einen weiblichen Messias: „Ach wäre ein Gott, ach wäre ein Gott, der Fleisch wird im Fleisch eines überaus dicken Mädchens."[1] Jesa Christa, sagt Ernst Eggimann, Jean D'Arc, Angela Davis? „Vater, sende uns eine Tochter!"[2]

Sohn Gottes – Tochter Gottes?

Die leibliche Zeugung durch Gott ist eine dem Judentum wie Christentum gleichermaßen fremde Vorstellung. Söhne Gottes werden schon im Alten Testament die genannt, die sich vom Geist Gottes haben erfassen lassen, die Gerechten, die den Willen Gottes tun. Wenn einmal, so hoffen es die Propheten, das ganze Volk Israel sich seinem Gott zuwendet, dann werden die Söhne und Töchter weissagen (Joel 2,28), also prophetisch, und das heißt: dem Willen Gottes entsprechend reden. So können menschliche Verwandtschaftsverhältnisse Analogie sein für die Beziehung zwischen Gott und Mensch: die den Willen Gottes tun, sind auch Bruder, Schwester und Mutter (Mk 3,35). Biologie und Theologie, Natürliches und Geistliches sollten nicht miteinander verwechselt werden, jedes hat seinen Platz. Nicht die Natur verbindet Gott und Mensch, sondern der Geist Gottes. Jesus ist aus dem Geist gezeugt. Im Glauben geht es nicht um natürliche, sichtbare Dinge, sondern um die nicht sichtbaren (Hebr 11,1), um Gerechtigkeit, Frieden, Liebe, die nicht auf der Hand liegen, die aber dennoch verwirklicht werden wollen von denen, die daran glauben. Gott und Glaube gehören zu Hauf, sagt Luther[3].

2

Menschwerdung heißt: Gott kommt in die Welt, ins Fleisch, Inkarnation, Einfleischung Gottes. Niemand hat Gott je gesehen (Joh 1,18); wenn wir ihn erkennen sollen, muß er sich zeigen, und zwar so, daß wir ihn wahrnehmen können. Also muß Gott, der Unbegrenzte, sich begrenzen, befleischigen, eingehen in unsere verworrene, endliche, von Verirrung, Verletzung, Lieblosigkeit gezeichnete Welt, in die Schlachtbank der Geschichte. Gott tut es ohne Vorbehalte, ohne Reserven, ohne Privilegien – er läßt sich auf die Schlachtbank legen und wird abgeschlachtet. Das Lamm Gottes ist kein süßes Osterlamm.

Jetzt dreht sich alles um. Was oben war, findet sich unten, was unten lag, wird aufgehoben. „Er hat Macht geübt mit seinem Arm; er hat zerstreut, die hochmütig in ihres Herzens Sinn; er hat Gewaltige von den Thronen gestoßen und Niedrige erhöht. Hungrige hat er mit Gütern erfüllt und Reiche leer hinweggeschickt“ (Lk 1,51 f.), singt Maria im Magnifikat. Menschwerdung heißt Umwertung aller Werte: Was Ansehen hat vor Menschen, wird unansehnlich, was groß ist, wird klein; Ehre, Ruhm und Macht zerplatzen wie Seifenblasen. Und was bekommen die Jünger zu hören, die sich die ersten Plätze sichern wollen? „Ihr wißt, daß die, welche als Fürsten der Völker gelten, sie knechten und ihre Großen über sie Gewalt üben. Unter euch ist es aber nicht so!“ (Mk 10,42f.). Gott wird nicht Mensch in einem Fürsten, einem König, einem Priester, einem General.

Menschwerdung ist der Weg in die Niedrigkeit, ins Unscheinbare, in die Ohnmacht der Vielen. Das ist kein masochistischer Weg, der sich wollüstig windet im Reiz des Schmerzes. Es ist ein Weg der Umkehr – das unterste kehrt sich zuoberst.

3

Menschwerdung – Inkarnation – der Weg in die Niedrigkeit ist der Weg in die Stellvertretung: Jesus als Sündenbock.

Als Aufrührer wird er hingerichtet von denen, die den Aufruhr provozieren. Schuld wird verschoben auf den, der sich nicht wehren kann, ein Mechanismus, der tagaus, tagein seine Opfer fordert:

Das rebellierende Volk ist schuld, es bricht die Gesetze – aber sind nicht die Gesetze selbst oft eine Rebellion gegen die Menschlichkeit, damals wie heute?

Die Juden sind schuld, weil sie sich absondern – aber wer bemüht sich schon, das Fremde an ihnen zu erschließen zu seiner eigenen Bereicherung?

Die Frauen sind schuld, weil sie die Männer zur Vergewaltigung reizen – aber warum beantworten diese den Reiz des Eros mit menschenverachtender Gewalt?

Noch niemandem ist es gelungen, dieses böse Spiel ein für allemal zu beenden. Das Spiel der bösen Stellvertretung wiederholt sich ohne Unterlaß und ruft eine andere Stellvertretung auf den Plan: den Weggefährten. Ein anderer, zweiter tritt an die Stelle dessen, der sich nicht wehren kann. Einer, der nicht betroffen ist, begibt sich freiwillig in die Betroffenheit um des anderen willen. Das ist Menschwerdung. Zuwendung steht gegen Verzweiflung, Gemeinsam-Sein gegen Einsamkeit, Mitleiden gegen den Schmerz. Sympathie, Solidarität, Hoffnung gegen das böse, tödliche Spiel.

Unter den Leidenden und Opfern aller Zeiten sind Männer wie Frauen, aber doch mehr Frauen als Männer. Es liegt nicht lange zurück, daß Frauen an ihren Kindern gestorben sind, viel zu früh. Bis heute sind sie, schon als Kinder, der gewalttätigen Liebesunfähigkeit der Männer ausgesetzt. Persönliche Gaben zu entfalten, ist das Privileg weniger geblieben, trotz vielerlei Fortschritts. Und alles das, was Menschen einander antun, um einander zu unterwerfen und sich selbst die ersten Plätze zu sichern, geben sie womöglich als unverrückbare, natürliche und gottgewollte Bestimmung aus.

Jesus geht den Weg der Niedrigkeit zu den Opfern, zu den Verlorenen, und das heißt auch: zu den Frauen.

Jesus, ein Mann, geht den Weg der Niedrigkeit zu den Opfern, zu den Verlorenen, zu den Frauen.

Jesus, Gott, geht den Weg der Niedrigkeit zu den Opfern, zu den Verlorenen und zu den Frauen. Sie dürfen sich auf ihn berufen, die Mächte dieser Welt dagegen nicht. Die sich auf ihn berufen, weil sie die ersten Plätze haben, lästern Gott. Alle Mächte, angefangen von der Natur, der wir in unserer geschlechtlichen Bestimmung ausgesetzt sind, bis hin zu den vielfältigen Formen der Macht von Menschen über Menschen, stehen unter der Kritik des Weges der Niedrigkeit: Gott ist Mensch geworden, nicht bloß Natur, nicht König oder Priester.

Deshalb Jesus Christus und nicht Jesa Christa.

Es ist nicht ohne Bedeutung, daß ein Mann sich den Verführungen der Macht widersetzt hat. Die Macht und der Versucher sind identisch (Mt 4): Verwandle Steine in Brot! – Nein, ich will nicht leben um jeden Preis.

Stürze dich hinab von der Zinne des Tempels in den Schoß der Macht Gottes! – Nein, Gottes Macht läßt sich nicht pachten, wie Könige und Priester glauben mögen.

Herrsche über die ganze Welt! – Nein, herrschen ist nicht Sache Gottes, sondern dienen.

Das antwortet ein Mann, und daß ein Mann das sagt, und Jesus ein Mann war, gehört mit zur Umwertung aller Werte. Spielen wir doch den Gedanken durch.

Jesa Christa sagt:

Nein, ich will nicht leben um jeden Preis. – Recht hast du, du sollst auch nicht leben um jeden Preis, sondern in der Erfüllung deiner Mutterschaft zugrunde gehen.

Jesa Christa sagt:

Nein, Gottes Macht läßt sich nicht pachten, wie Könige und Priester glauben mögen. – Recht hast du, du sollst weder König noch Priester werden, das ist Männern vorbehalten.

Jesa Christa sagt:

Nein, herrschen ist nicht Gottes Sache, sondern dienen. – Recht hast du, dir steht das Dienen an und nicht das Herrschen. Der Teufel wäre mit diesen Antworten aus dem Munde einer Frau schnell einverstanden. Die Zurückweisung solcher Versuchungen wäre für eine Frau gar nicht möglich, weil das, was sie entgegen dem teuflischen Angebot wählen könnte, immer schon das ist, was ihr zugeschrieben wird: dienen, verzichten, zugrunde gehen.

Deshalb Jesus Christus und nicht Jesa Christa. Eine Frau könnte an den Erniedrigten keine Stellvertretung üben, weil sie selbst immer schon da ist, wo diese stehen. Zur Stellvertretung gehört der freiwillige Verzicht auf Macht und Privilegien. Es ist ein Unterschied, ob wir mit den anderen immer schon in einem Boot sitzen oder ob wir freiwillig in das Boot steigen – aus Liebe. Deshalb kommt Gott, der nicht mit uns im Boot sitzt, zu uns ins Boot. Er, der sich heraushalten könnte, macht die Fahrt mit uns, wird zum Weggefährten. So hat Gott die Welt geliebt, heißt es bei Johannes (Joh 3,16).

Der Mann Jesus tritt auch an die Stelle der Frauen, wie sie sind: Kranke, Wohlhabende, Hochgestellte, Huren, Hausfrauen, Mädchen, Kinder. Seine Stellvertretung fragt nicht nach Bedingungen, sondern – wie Luther sagt – nach den zerbrochenen Herzen[4]. Die eine will gesund werden, das ist Maria von Magdala; die andere fühlt sich durch Geld und Prestige ihres Mannes nicht erfüllt, das ist Johanna; die eine will lieben können ohne Verachtung, das ist die große Sünderin; die andere beginnt zu verstehen, daß die Arbeit im Hause nicht alles sein kann, das ist Martha.

Jesus, der Mann, kehrt das unterste zuoberst.

Jesa, die Frau, wäre immer schon unten.

4

Eine andere Frau spielt die Frauenrolle bei der Menschwerdung: Maria. Was ist aus ihr gemacht worden? Wer denkt nicht auch bei Menschwerdung an Mutterschaft, Gottesmutterschaft, an Reinheit, Sündelosigkeit, Jungfräulichkeit?

Maria, die Reine, das Ideal der Weiblichkeit.

Wenn Jesus nicht in einem verkürzten biologischen Sinn Sohn Gottes ist, sondern aus dem Geist geboren, dann darf auch die Jungfräulichkeit Marias nicht verkürzt biologisch verstanden werden. So wettert Luther in „De servo arbitrio": „Was kann fleischlicher, ja sogar gotteslästerlicher und religionswidriger genannt werden als jenes bei Hieronymus vorkommende Wort: Die Jungfräulichkeit erfüllt den Himmel, der Ehestand die Erde." Das hieße doch, daß die Verheirateten den Himmel verspielten, während die heidnischen Vestalinnen bloß durch ihre Jungfräulichkeit die besten Christinnen wären"[5]. So wird aus der Jungfräulichkeit als dem geistlichen Symbolon ein menschliches Ideal, aus dem unverfügbaren Geschenk der Gottesgeburt ein Vorbild zur Nachahmung.

Das hat man aus Maria gemacht: Maria, die Reine, das Ideal der Weiblichkeit. Enthalte dich der sexuellen Unreinheit oder mache die Befleckung durch Mutterschaft wett. Mutterschaft wird so zum Ersatz für mangelnde Enthaltsamkeit entwertet, und die Beziehung zwischen Menschen, zwischen Frau und Mann, zwischen Mutter und Kind, schön und schwer zugleich, zur Sühneleistung entfremdet.

Wie immer das Ideal aussieht, sei es Jungfräulichkeit oder Mutterschaft, die Idealisierung selbst widerspricht dem Glauben. Ideal, *„eidos"*, die „gedachte Gestalt", entwirft Vollkommenes: So sollst du sein, darauf sollst du hinstreben, vom Schlechten zum Guten, vom Guten zum Besseren, zum Vollkommenen. Ideale übersteigen die Wirklichkeit, lassen sich von einer Idee leiten, die sie nicht aus der Anschauung gewinnen. „Eine Idee ist nichts anderes als der Begriff von einer Vollkommenheit, die sich in der Erfahrung noch nicht findet"[6], sagt Kant. Noch nicht! Das unterstellt, diese Vollkommenheit sei möglich, erfüllbar, erreichbar. Wer immer strebend sich bemüht!

Maria, das Ideal der Weiblichkeit: Frauen sollen sein wie sie – keusch und dienend, Jungfrau oder Mutter, Mutter in jungfräulicher Haltung, lust-lose Mutterschaft.

Daß Maria als Jungfrau Gottesmutter geworden ist, verdankt sie nicht ihrem strebenden Bemühen, sondern einer göttlichen Geistesgabe. Hinter dieser theologischen Aussage steht die Absage an das Ideal. Der Himmel führt seinen Schlag gegen den babylonischen Turm und zertrümmert die „gedachten Gestalten“ des Menschen. Es wäre wahrhaft gotteslästerlich zu sagen, Maria habe sich zur Gottesmutter durch strebendes Bemühen hinaufgearbeitet. Also kann Maria kein Ideal sein, sondern sie ist eine Frau, vom Geist ergriffen wegen der Liebe Gottes zur Welt.

Ideale sind allesamt gotteslästerlich und gefährlich, weil sie nach dem Himmel greifen. Der Himmel könnte das wohl ertragen, aber uns bekommt es nicht. Wer nach Idealen strebt, wird blind für die Grenzen, die nun einmal zu unserer Wirklichkeit gehören. Unter dem Aspekt des Ideals erscheint alles in der Welt verwerflich, nicht nur das Unmenschliche, das Böse, sondern auch das Menschliche und Hinfällige. Ideal und Weltverachtung gehen Hand in Hand, die Wirklichkeit wird abgespalten und für halb, lästig und unnütz erklärt.

Wer Maria zum Ideal macht, übersieht die Menschlichkeit der Frauen; ihr Liebenwollen, das unvollkommen bleibt wie das der Männer; ihre Sehnsüchte und Verzweiflungen, die Männer ebenso haben wie Frauen. Statt einander zu umfangen, Sehnsucht und Verzweiflung zu teilen, Wollen und Versagen gemeinsam der Gnade Gottes zu empfehlen, machen Männer und Frauen einander kaputt, indem sie sich selbst und den anderen am Ideal messen. Die Ideale wechseln, sind auswechselbar, sie geben sich fromm und weniger fromm, aber sie sind alle gleich menschenfeindlich:

> Schön und gut sollen sie sein, die Frauen.
> Überlegen und doch liebevoll die Männer.
> Tüchtige Hausfrauen und Mütter, bereit sich abzurackern, die Frauen.
> Zugleich erotisch und stets attraktiv für die Männer.
> Diese stark, ein Halt für die Frauen.
> Oder schwach und nicht aggressiv, die Männer.
> Stark und unerotisch die Frauen.
> Die Ideale wechseln. Das Ideal ist tödlich.

Ist es ein Zufall, daß die Weltverbesserer oft so verbittert dreinschauen? Wer nach dem Himmel strebt, zerstört die Erde, wer Illusionen verfolgt, dem muß die Wirklichkeit dämonisch, schwarz erscheinen; sie ist jedoch weder schwarz noch weiß, bestenfalls grau, jeder Grauton aber ein Schlag ins Gesicht des weißen Ideals. Der feministische Satz über Gott: „she is black" will ein solcher Schlag sein. Gott ist kein Ideal, denn die Paargenossen des Ideals sind Verbitterung, Enttäuschung, Haß.

5

Wer Frauen vergöttert und zum Ideal stilisiert, macht sich an ihnen ebenso schuldig wie einer, der sie zum Dämon stempelt. Wer Maria als Ideal verehrt, muß die wirklichen Frauen der Geschichte verachten, denn wie könnten sie je erreichen, was von Gottes Gnaden kommt?

Jakob Sprenger, Prior des Dominikanerklosters zu Köln, und Heinrich Institoris, Begründer einer dominikanischen Reformbewegung mit stark asketischen Tendenzen, waren beide glühende Marienverehrer. Sprenger hatte eine Madonnenerscheinung und gründete 1475 die Rosenkranzbruderschaft. Dieselben Männer, die dem Ideal Maria anhingen, waren die Verfasser des „Malleus Malleficarum", des Hexenhammers. Im Schatten des Ideals Maria kann die wirkliche Frau nur Hure und Hexe sein. „Gepriesen sei der Höchste, der das männliche Geschlecht vor solcher Schändlichkeit (der Hexerei) bis heute so wohl bewahrte: da er in demselben für uns geboren werden und leiden wollte, hat er es deshalb auch so bevorzugt", schreiben die beiden Mariologen.

Das ist die furchtbare Folge einer Theologie, die Göttliches und Menschliches nicht zu unterscheiden weiß, das Göttliche durch das Ideal des Weiblichen lästert und die weibliche Seite des Menschlichen aus der Menschwerdung Gottes herausnimmt. Wenn es auch für Frauen nicht unerheblich ist, daß Jesus ein Mann war, so heißt es doch nirgends, daß Gott Mann geworden sei. Er ist Mensch geworden, Mensch für Frauen und Männer, die zerbrochenen Herzens sind.

So folgt der Idealisierung die Dämonisierung auf dem Fuß, sie sind ein gotteslästerliches Paar. „Der Anspruch des Endlichen, unendlich und von göttlicher Größe zu sein, ist das Charakteristikum des Dämonischen"[8], formuliert der Theologe Paul Tillich. Wer die Endlichkeit und die Grenzen unserer Wirklichkeit leugnet, ist schon in den Fängen der selbstgeschaffenen Hexenmeister.

Dieses scharfe Wort trifft auch einen Feminismus, der der Dämonisierung des Weiblichen eine neue Idealisierung entgegensetzt. Da seien nun die Frauen ohne Aggression, sie liebten den Frieden und die Welt hätte ein anderes Gesicht, wenn Frauen an der Macht wären. Kann die Macht jemals ein anderes Gesicht haben als das der Herrschaft des Menschen über den Menschen? Auch Macht gehört zu den Bedingungen der Endlichkeit, sie ist nicht „wegzukriegen". Es gibt keinen plausiblen Grund, Frauen von der Macht auszuschließen, im Gegenteil; aber Macht hat ihre eigene Verführung, der beide, Frauen wie Männer, widerstehen können müssen. Verlangt wird von beiden Geschlechtern der Umgang mit der Macht auf des Messers Schneide zwischen Verantwortlichkeit und Schuldigwerden, das unausbleiblich ist. Auch hier gibt die Illusionslosigkeit einer unidealistischen Haltung den Ausschlag. Wenn Frauen ihr eigenes Ideal entwerfen, produzieren sie selbst das Dämonische und tun sich einen Bärendienst.

Ist es wirklich so schwer zu erkennen, daß beide, Frauen wie Männer, in unserer endlichen Wirklichkeit unentwegt an die Grenze kommen, an die Grenze des Verfügbaren, des eigenen Vermögens? Ist nicht der Tod, dem sie beide unterworfen bleiben, ein unleugbares Signal dafür? Frauen und Männer sind zusammengeführt durch ihre Grenzen, durch ihr Angewiesensein auf Gnade und Vergebung. Wer immer, Frau oder Mann, aufhört, Ideale zu bilden und ihnen nachzulaufen, so daß Haß und Dämonen wachgerufen werden; wer immer, Frau oder Mann, aufhört, Schuld zuzuweisen und zu verschieben, erweist sich als befreit zu einer Liebe, die mancherlei erträgt, bei sich und dem anderen.

Nur: Auch diese Liebe läßt sich nicht fordern und erzwingen, dann hätten wir wieder ein Ideal gemacht, das Ideal der Liebe, deren Nichterfüllung uns verbittert.

Hüten wir uns vor dem Ideal, dem der Frauen wie dem der Männer.

Hüten wir uns, Gott selbst zum Ideal des Guten herabzuwürdigen. Dann wird Menschwerdung sein.

6

Menschwerdung, die Einfleischung Gottes: Er wird uns zum eingefleischten Freund. Menschwerdung Gottes im Menschen Jesus von Nazareth. Und das heißt seitdem: Wer Gott sucht, findet ihn im Du der Begegnung. In den Augen einer Frau, in den Augen eines Mannes, in den Augen des Vaters, der Mutter, der Kinder, der Freunde und der Fremden können wir Gott schauen, wie in einem Spiegel. Sie alle sind nicht Gott selbst, sie widerspiegeln Gottes Zuwendung im Augenblick der heilvollen Begegnung, im Kairos. Dann und wann, nicht auf Dauer und ohne daß wir damit rechnen dürften, öffnen sich für uns durch das Du die Tore des Paradieses.

Dieses Du ist nicht geschlechtslos, es ist immer das Du als Mann oder Frau. Wenn Gott sich in die Welt der Menschen begibt, begibt er sich in die Wirklichkeit der geschlechtlichen Differenz, denn er ist uns in allem gleich geworden (Hebr 2,17). Und wir können sicher sein, daß er das so gewollt hat.

Das vergöttlichte Ideal des Weiblichen war den Frauen zum Schaden. Was wäre Jesa Christa? Den Frauen keine Erlösung und den Männern die Versuchung, Gott zu unterwerfen. Menschwerdung, das heißt weder Entrückung des Menschlichen, noch die Nähe dessen, was uns immer schon nahe ist.

Menschwerdung: Das Fremde wird zur Nähe. Gott kommt im männlichen Du dem weiblichen nahe.

Daher noch einmal: Jesus Christus und nicht Jesa Christa.

Jesus Christus, der Mann, auch für Männer ein Fremder, der Mann, der nahe kommt; der Mann, der dient.

Schlusswort

Weibliche Wissenschaft?

1. Nehmen wir zum Schluß noch einmal die Wissenssoziologie ernst und fragen wir nach den Gründen jener Formen von Feminismus und feministischer Theologie, die wir in diesem Band einer systematischen Kritik unterzogen haben. Diese Kritik ließe sich als moralischer Vorwurf und persönliche Schuldzuweisung deuten, wäre so aber mißverstanden. Ich gehe davon aus, daß gerade die populär gewordenen feministischen Positionen keinem Zufall zuzuschreiben sind; sie artikulieren für unsere Tage charakteristische Probleme, allerdings ohne Wege zur Überwindung aufzeigen zu können, schlimmer: sie stärken den Zeitgeist der „Dialektik der Aufklärung“, wie ihn Horkheimer und Adorno benannt haben, treiben noch einmal einen Keil in die vorhandene Spaltung rationalistischer und empiristischer Wirklichkeitserfassung, ohne sich dessen bewußt zu sein. Das aufzudekken und argumentativ zu vermitteln war und ist mein Interesse.

In seinem Roman „Der Mann ohne Eigenschaften“ formuliert Robert Musil, was uns bis heute zu schaffen macht: „Es gibt also in Wirklichkeit zwei Geistesverfassungen, die einander nicht nur bekämpfen, sondern die gewöhnlich, was schlimmer ist, nebeneinander bestehen, ohne ein Wort zu wechseln, außer daß sie sich gegenseitig versichern, sie seien beide wünschenswert, jede auf ihrem Platz. Die eine begnügt sich damit, genau zu sein, und hält sich an die Tatsachen; die andere begnügt sich nicht damit, sondern schaut immer auf das Ganze und leitet ihre Erkenntnisse von sogenannten großen und ewigen Wahrheiten her. Die eine gewinnt dabei an Erfolg, und die andere an Umfang und Würde. Es ist klar, daß ein Pessimist auch sagen könnte, die Ergebnisse der einen seien nichts wert, und die der anderen nicht wahr. Denn was fängt man am Jüngsten Tag, wenn die menschlichen Werke gewogen werden, mit drei Abhandlungen über die Ameisensäure an, und wenn es ihrer dreißig wären?! Andererseits, was weiß man vom Jüngsten Tag, wenn man nicht einmal weiß, was alles bis dahin aus der Ameisensäure werden kann!“[1]

Nun braucht man nicht lange nachzudenken, welcher der

beiden Geistesverfassungen die traktierten feministischen Positionen sich zuordnen ließen: sie schauen aufs Ganze und prophezeihen der Welt der Tatsachen den Untergang. Ewige Wahrheiten wie das Jüngste Gericht oder anderes Christliche schienen dem Göttinnenfeminismus gleichwohl auch nicht weiterführend, weshalb die Inhalte ausgetauscht werden: An die Stelle des Christengottes treten die Mythengöttinnen als ewige Wahrheit. Aber die Skepsis des Pessimisten ist damit nicht zerstreut, denn warum sollten die Göttinnen wahr sein und das Jüngste Gericht nicht? Die Welt der Tatsachen kennt keine Welt jenseits ihres Kalküls, und der Welt der Göttinnen liegt jedes Räsonnieren fern. Für den Mythengläubigen waren die Mythen so Wirklichkeit wie für uns die Wetterverhältnisse, und eben das trennt uns voneinander.

Der Göttinnenfeminismus hat freilich ein Gespür für diese Differenz und bedient sich deshalb der Beglaubigung durch die Tatsachen, ohne diesen Kniff zu durchschauen. Auch Feministinnen sind Kinder unserer Zeit und tun sich mit allem Ewigen schwer, auch sie leiden zugleich an der erschreckenden Vorstellung, dem eigenständigen Lauf der Fakten nicht Einhalt bieten zu können, der, beschleunigt durch immer neue Tatsachen, die unmittelbar bedrohliche Form des Destruktiven angenommen hat. Und doch bleibt ihnen, um die Wahrheit der Göttinnen zu bestätigen, nur die Tatsache eines urgeschichtlich beweisbaren Matriarchats. Dann fällt aber auch mit dem Erweis des Gegenteils oder auch bloß mit dem Zweifel, ob die dürftigen Quellen solche eindeutigen Schlüsse zulassen, die Wahrheit der Göttinnen dahin. Indem sie an der Tatsache des Matriarchats um jeden Preis festhalten, beweisen sie etwas anderes, nämlich unsere Schwierigkeit, etwas zu glauben, das gültig und gewiß sein kann, obwohl es sich nicht beweisen läßt. An die Stelle der geschichtlichen Tatsache des Matriarchats kann auch die „Tatsache" der psychischen Archetypen treten, dann tragen z. B. die Träume die Beweislast, oder die „Tatsache" des hingebend-gläubigen Wesens der Frau, was empirische Untersuchungen munter belegen. Immer geht es um Beweise, weil wir wie Ulrich, der Mann ohne Eigenschaften, nichts glauben können. Die zwei Geistesverfassungen, von denen Musil spricht, stehen nach wie vor neben- oder gegeneinander. Auch Feminismus vermag diese Spaltung nicht zu heilen. Im Gegensatz zu Musil jedoch, der sich des Problems bewußt ist und es als solches ausspricht, dient der Göttinnenfeminismus der Verschleierung der Dialektik der Aufklärung, als deren Ausdruck er zu werten ist.

2. Wer sich, dem Empirismus folgend, der Welt der Tatsachen öffnet, dem zeigt sich die Wirklichkeit als Kaleidoskop einer Fülle von bunten Formen, die, unendlich variabel, immer neue Zusammensetzungen bieten: Was es alles gibt und schon gegeben hat! Was Menschen nicht schon alles geglaubt, gedacht und getan haben! Zwischen den natürlichen Erscheinungen und den Artefakten menschlicher Produktivität öffnet sich das Feld der Allmöglichkeit, die nicht erlaubt, fürs Zukünftige irgend etwas auszuschließen: Was nicht alles noch werden kann! In diesem Sinne ist für Ulrich, Musils „Mann ohne Eigenschaften", eine wirkliche Sache nicht mehr als eine gedachte, dementsprechend hat Gott die Welt gemacht und gedacht, „es könnte ebensogut anders sein"[2].

Ulrich ist also ein Möglichkeitsmensch. Immer, wenn er sich etwas vorstellt, fällt ihm das Gegenteil dazu ein. Als er vor der Aufgabe steht, sein Schloßhäuschen von Grund auf herzurichten, ziehen vor seinem geistigen Auge die Stile aller Jahrhunderte, einschließlich der zeitgenössischen Kunsttheorien vorbei, und sobald er sich entschließt, an die Sache heranzugehen, gerät er ins Träumen. Schließlich überläßt er die Tat dem „Genie seiner Lieferanten"[3]. Hier zeigt sich die Verwandtschaft von empiristischer und mythischer Geisteshaltung: Dem Wirklichen gegenüber, das seine Gestalt aus den Figuren des Allmöglichen als einer nicht endenden Kette von Gegensätzen und vorübergehenden Vereinigungen gewinnt, wird der Mensch dazu verdammt, sich dem Schicksal der Götter oder der Lieferanten zu ergeben. Die Beruhigung wird nur scheinbar mitgeliefert: Empirie und Mythos erklären gleichermaßen, daß es so ist, aber auch anders sein könnte. So schwankt Ulrich mit seinen mythisch denkenden Vorfahren zwischen Träumen und einer nicht abweisbaren kräftigen Unruhe.

Im Rekurs des Göttinnenfeminismus auf den Mythos wird nicht deutlich genug zwischen mythologischen Gestalten und eben jener mythischen Geisteshaltung unterschieden, die dem Glauben an die Tatsachen so nahe steht. In diesem Sinne entspricht der Göttinnenfeminismus sogar dem aufgeklärten Bewußtsein. Die Wiederbeleberinnen glauben ja auch nicht an ihre Göttinnen. Wenn es aber nicht um die Inhalte, hier Tatsachen, dort Götter, geht, sondern um die Art und Weise, wie Menschen sich zu ihrer Wirklichkeit in Beziehung setzen und sie damit zugleich konstituieren, dann unterscheiden sich, wie Musil zeigen kann, mythische und empiristische Geisteshaltung nicht voneinander. Dann zerplatzen die großen kritischen Frauenworte gegen die neuzeitliche Welt männlichen Faktenglaubens wie Seifenblasen. Der Göttinnenfeminismus vertauscht das Dilemma durch einseitige Schuldzuweisungen, und es wäre besser, sich miteinander zu verständigen. Dann ließe sich entdecken, daß wir, wes Geschlechts immer, in einem Boot sitzen. Ob die Wellen, die das Boot hin und her werfen, von Meeresgöttern, und -göttinnen bewegt werden oder darin den Gesetzen der Natur folgen, ist für die Frage, wie wir in den Gefahren miteinander leben können, unerheblich.

3. Die andere Seite der Medaille „Dialektik der Aufklärung" repräsentiert in Musils Roman Walter. In den Jugendtagen war er mit Ulrich befreundet gewesen, was sich aber zu einer gegenseitigen Abneigung gewandelt hat. Walter verachtet den Möglichkeitsmenschen Ulrich, der sich an nichts binden kann, weil er keine Verbindlichkeiten kennt. Es könnte aus dem Mund einer Göttinnenfeministin stammen, wenn Walter sagt, „daß früher statt Tod und logischer Mechanisierung Blut und Weisheit geherrscht haben"[4]. Jeder Mensch, so erklärt er seiner Frau Clarisse, „braucht heute nichts so nötig wie Einfachheit, Erdnähe, Gesundheit"[5]. Wirkliche Menschen „spüren die Erdwärme und zerlegen das so wenig wie man seine Mutter zerlegt"[6]. Dem gegenüber ist heute „alles Zerfall"[7]. Walter ist so unfähig zur Tat wie Ulrich: „Aber während sein Zustand im Lauf des letzten Jahres immer schlimmer geworden war, hatte er zugleich eine wunderbare Hilfe an einem Gedanken gefunden, den er früher nie genug geschätzt hatte. Dieser Gedanke war kein anderer als der, daß das Europa, in dem er zu leben gezwungen war, rettungslos entartet sei. . . . das Gewirr von klug, dumm, gemein, schön ist . . . so dicht und verwickelt, daß es offenbar vielen Menschen einfacher erscheint, an ein Geheimnis zu glauben, weshalb sie einen unaufhaltsamen Niedergang von irgendetwas

verkünden, das sich dem genauen Urteil entzieht und von feierlicher Unschärfe ist. Es ist dabei im Grunde ganz gleich, ob das die Rasse, die Pflanzenrohkost oder die Seele sein soll; denn wie bei jedem gesunden Pessimismus kommt es nur darauf an, daß man etwas Unentrinnbares hat, woran man sich halten kann. . . . War bis dahin er arbeitsunfähig gewesen und hatte sich schlecht gefühlt, so war jetzt die Zeit unfähig und er gesund. Sein Leben, das zu nichts geführt hatte, fand mit einemmal eine ungeheuere Erklärung. . ."[8]

Während sich Ulrich der schillernden Welt der Tatsachen öffnet, verschanzt sich Walter in der festen Burg eines subjektiven Wohlbehagens, nur scheinbar autark („gut, schön und ganz") und so lange, als der „Schwarze Peter" woanders als bei ihm selber dingfest gemacht werden kann. Daß früher, bevor Europa entartete, einmal alles anders, ja eben im Gegensatz zu heute heil war, verleiht dem Rückzug sogar eine gewisse Notwendigkeit und dem Zurückgezogenen den Heiligenschein eines Missionars jener früheren Welten, der nicht scheitern kann, da ihn die hoffnungslos entartete Gegenwart am Handeln hindert. Der Walter Robert Musils pflegt die „matriarchale Spiritualität". Einen Vergleich en detail können wir uns ersparen, es genügt, an die Stelle des entarteten Europa die entartete Männerwelt zu setzen.

Nur oberflächlich betrachtet, bilden die Haltungen, die Ulrich und Walter repräsentieren, einen Gegensatz. Sie können als die beiden Gesichter der Aufklärung genommen werden, die wir mit den Begriffen Empirismus und Rationalismus benannt haben. Die Verantwortung wurde einerseits vom Menschen auf die Sachzusammenhänge verlagert, „eine Welt von Eigenschaften ohne Mann", es ließe sich ergänzen „ohne Frau"[9]; so erscheint es andererseits nur folgerichtig, daß sich der Mensch, seiner Verantwortung wie seiner Eigenschaften gleichermaßen beraubt, auf den Augenblick des spontanen Gefühls zurückgeworfen findet, und nun darum bemüht ist, sei es allein oder mit einigen Gleichgesinnten verbündet, dem schönen Gefühl durch Beschwörung heiler Welten Bestand zu verleihen nach dem Motto: Der bei sich selbst ist, ist bei Gott (Anne Wilson-Schaef).

Solcher Feminismus ist daher authentischer Ausdruck jener anhaltenden Krise der Aufklärung, nachdem weder die Logik der vom Subjekt befreiten Tatsachen, noch das aller Tatsachen ledige göttergleiche Subjekt Mensch halten konnten, was man sich von ihnen versprochen hat. Die gebotenen feministischen Lösungen freilich zeigen die Krise der Aufklärung noch einmal auf. Deshalb wäre die zutreffende Lesart die, als Symptom zu erkennen und ernst zu nehmen, was als Lösung auftritt.

4. Von weiblicher Wissenschaft ist die Rede, von feministischer Methode, von unkonventionellem Denken, und schließlich davon, daß die Welt am weiblichen Wesen genesen soll. Daß „die aus dem Männlichen und für das Männliche erwachsenden Ideen und idealen Forderungen zu übergeschlechtlich-absoluten werden – das hat für die Beurteilung der Frauen verhängnisvolle Folgen", nämlich einmal die „mystisierende Überschätzung" der Frau, zum anderen den Verlust der Eigenständigkeit des Weiblichen, indem es lediglich als Ergänzung des Männlichen genommen wird. Während der Mann das gespaltene Wesen ist, entweder dem bloßen Trieb hingegeben, oder, wenn dieser befriedigt ist, den sachlichen Dingen und der Welt der Ideen sich widmend, ist die Frau, da von der Natur aus nicht dualistisch angelegt, „eigentlich Mensch". Die Frau „ruht im Sein" „durch eine unmittelbare, instinktivere, gewissermaßen naivere Berührung, ja Identität". Daher wird sie, jenseits der Moral stehend, „von dem ethischen Problem überhaupt nicht berührt", sie ist gut in sich. Die Gespaltenheit der männlichen Welt kann daher nur sie heilen[10].

Diese Charakteristika einer heilen matriarchalen Welt, wie wir sie aus der feministischen Literatur kennengelernt haben, und die das Ergebnis der weiblichen Wissenschaft und der feministischen Methode darstellen, stammen nicht von einer Frau, sondern von einem Philosophen des 19. Jahrhunderts (1918 gestorben): Georg Simmel. Was uns heute als Ergebnis weiblicher Wissenschaft geboten wird, hatten hundert Jahre davor schon Männer erfunden. Vordergründig mag es schmeichelhaft klingen und den persönlichen Narzißmus stärken, Erlösungsqualität zugesprochen zu bekommen; genauer besehen, wird schlicht der „Schwarze Peter" weitergereicht. Feuerbachs Gott-Mensch hat versagt, nun soll Göttin-Mensch sehen, was sie ausrichtet. Da die Welt noch an keinem Wesen genesen ist, weder am deutschen noch am männlichen, wird sie auch am weiblichen nicht genesen können, und es kommt, nach solcher Einsicht, leicht zur klaren Schuldzuweisung: Irgendwann wird es wieder heißen, die Frauen hätten versagt, und diese Aussage wäre unter den angegebenen Voraussetzungen nicht einmal widerlegbar.

Hauptsächlicher Zielpunkt meiner Kritik an einem solchen Feminismus ist dessen Methodenblindheit, die Willkür, Denkebenen zu wechseln und auszutauschen, wie es einem gerade opportun erscheint. Methode ist nicht das Selbstopfer an den „Gott Wissenschaft", sondern, im wörtlichen Sinne, der Weg, das Tatsächliche vom Denkbaren, das Empirische vom Begrifflichen zu unterscheiden und zugleich in ihrem Angewiesensein aufeinander zu erkennen. Was Feministinnen als „weibliche Wissenschaft" ausgeben, ist falsches, kurzschlüssiges Denken, und beurteilte man nun diese Frauen am Maßstab ihres Denkens, dann bliebe nur ein Schluß: Wieder einmal zeigt sich, daß Frauen der Logik entbehren, was übrigens auch Georg Simmel bestätigt.

Man kann freilich aus der weiblichen Unlogik eine Tugend machen, indem man die Logik selbst zur Untugend erklärt und alle, die sich darum bemühen, Männer wie Frauen, abqualifiziert.

Diese Art Feminismus ist daher zweifach männerabhängig und unterstützt somit alle konservativen und reaktionären Tendenzen:

a) Eine blinde und pauschale Opposition, die z. B. zwischen Tugend und Untugend des Gegners nicht zu unterscheiden vermag, stärkt die Macht des Gegners, verleiht ihr einen sakrosankten Charakter und bestätigt gerade durch die Verweigerung der Anbetung noch einmal die (vielleicht gar nicht so sichere) Überzeugung dieses Gegners, anbetungswürdig zu sein.

b) Die Verlagerung der vollkommenen Tugend ins Lager der Opponenten fordert den Gegner entweder heftiger heraus, oder dieser läßt solches gerne geschehen, sei es, weil er sich dadurch von einer Verantwortung frei halten kann, sei es, weil er damit etwas los wird, was ihm ohnehin minderwertig und seiner nicht würdig erscheint. „Weibliche Wissenschaft", die auf angeblich spezifisch Weibliches rekurriert, bestätigt alle „patriarchalen" Argumente.

5. Woher gewinnt Georg Simmel die Erkenntnis, daß das

Wesen der Frau in einem Identitätsverhältnis zum Sein stehe, den Urgrund der Natur bilde und daher als das „übernatürlich Magische", das „Metaphysische im reinen Sinne" zu bezeichnen sei? Aus den „Erscheinungen", aus dem, was Simmel beobachtet, kommt ihm die Erkenntnis zu; und wieder einmal wird das Empirische, dem Wandel der Geschichte Unterworfene, wie wir schon bei Bachofen gesehen haben, zur Ontologie, zur seinsmäßigen Grundlage der Welt erhoben[11].

Was aber im ontologischen Sinne nicht wahr ist, hat gleichwohl im empirischen Sinne einigen entscheidenden Wahrheitsgehalt. Wenn Simmel meint, daß die Frau „ganz Geschlecht" sei, der Mann dagegen Geschlecht nur in der Relation zur Frau, und außerhalb dieser Relation Mensch in der Welt des vom Geschlechtlichen freien Geistes, dann beschreibt er treffend einen sozialen Zustand. So ist es meistens: Während Frauen ihre Energien zwischen Ehebett, Küche und Kinderzimmer verschwenden, kann der Mann sich dieser Welt des Hauses regelmäßig entziehen, ja muß es sogar, weil sonst die Welt der Geschäfte, der Politik und der Wissenschaft brach läge. Diese Geschäfte lassen sich auch nur dann kräftig betreiben, wenn sie von weiblichen Elementen frei sind und den so leicht spaltbaren Mann davor bewahren, zum Trieb, zum Weibe hingerissen zu werden.

Wieder einmal ist es Barbara Sichtermann, die eine scharfsichtige Analyse dieses Problems bringt[12]. Nicht eine Verweiblichung der Wissenschaft steht zur Verwirklichung an, sondern die Lösung eines sozialen Problems, das den Frauen einen Zugang zu einer von allem Geschlechtlichen unbelasteten ‚Zone" unmöglich macht, weil sie allein damit beschäftigt werden, mit den Folgen des Geschlechtlichen aufzuräumen. Sichtermann schreibt über „weibliche Ästhetik". Ersetzen wir den Begriff Ästhetik durch Wissenschaft, dann stimmt's in der Sache: „All die Mißverständnisse, die die Debatten um die ‚weibliche Ästhetik' (Wissenschaft) belastet haben, rühren daher, daß man auf die nützliche Unterstellung einer ‚freien Zone' verzichtete und sich statt dessen in der Polarität Mann/Weib abmühte, wobei dann solche unernsten Konstruktionen wie die einer Männer- oder Frauenkunst (=wissenschaft) herauskamen oder aber eine Neuauflage des Vorurteils, Frauen taugten nicht für die Künste (Wissenschaft)"[13].

Weder Kunst noch Wissenschaft haben ein Geschlecht. Sie sind menschliche Äußerungsformen des Geistes, der Freiheit vom Geschlechtlichen ermöglicht. Die Geschlechterbeziehung hat eben gerade nicht den Charakter einer universalen Ontologie, deren „Wesen" alles durchsäuert, sondern einen sozialen Ort. Die Wissenschaft hat einen anderen Ort. Das Problem der Frauen ist ihre Zuordnung zu einem bestimmten Ort, der dann eben als der weibliche Ort definiert wird. Wenn Frauen via „weiblicher Wissenschaft" den einzig ihnen zugewiesenen Ort in die Bibliotheken und Hörsäle verpflanzen, dann werden sie niemals von dem frei, worunter sie leiden, was sie in der Entfaltung ihrer individuellen Fähigkeiten einschränkt.

Ich kann mich sehr wohl in das Erschrecken versetzen, das Männer zu ergreifen vermag, wenn Weiblichkeit, der sie üblicherweise im Ehebett und am Eßtisch begegnen, ausgerechnet in die Sphären eindringt, die bisher eine von der Geschlechterspannung „freie Zone" waren. Nun müssen neue Einstellungen und Verhaltensweisen gelernt werden, denn es ist nicht ausgemacht, daß die Kollegin am Konferenztisch Zärtlichkeiten heischt, einen abgerissenen Knopf entdeckt oder Aspirin in Bereitschaft hält. Die Erfahrung, daß es in der Zusammenarbeit mit einer Kollegin gerade nicht „so ist" wie mit der Ehefrau oder Geliebten, könnte auch befreiende und bereichernde Aspekte haben. Es muß und kann doch wohl auch ein realistischer Weg zwischen Angstschweiß und Zudringlichkeiten gefunden werden.

Wer sich keine Orte zuschreiben lassen will, muß selbst unterscheiden können, wann und wo etwas Bestimmtes am Platze ist. Die Sache wäre zu einfach, müßten nur Männer neue Verhaltensweisen lernen. So ließe sich das erste Gebot aus Friedrich Schleiermachers „Katechismus der Vernunft für edle Frauen" (1798) abwandeln: „. . . du sollst Freundin (Kollegin!) sein können, ohne in das Kolorit der Liebe zu spielen und zu kokettieren oder anzubeten"[14]. Auch das wäre zu bedenken und wird bedacht. Als man in den sechziger Jahren die Frage der Frauenordination debattierte, wurde ein reziprokes Verhältnis zwischen dem Weib auf der Kanzel und dem lüsternen Männerblick beschworen. Inzwischen hat sich herausgestellt, daß Frau Pfarrerin ebenso segensreich wirken kann wie der Herr Pastor. Eine solche „geschlechtsfreie Zone" ist nicht spannungsfrei, ebensowenig übrigens wie die des heimatlichen Herdes. Die Spannungen sind je eigener Art und verlangen einen je eigenen Umgang. Aber Leistungsanforderungen und Wettbewerb auf dem öffentlichen Parcour lassen sich nicht einfach dadurch vermeiden, daß sich die Frau auf ihre Schutzbedürftigkeit zurückzieht. Sie muß sich ja, wird sie dann hören, dem Kampf nicht aussetzen; sie allein hat schließlich das Privileg, sich am Herdfeuer zu wärmen, Strickzeug und schnurrende Katze inbegriffen. Damit wären wir wieder, auch ohne Ontologie, bei Simmel angelangt

Die Welt des Hauses als Ort des Rückzugs und der Idylle ist jedoch nur eine und nicht einmal die entscheidende Sicht- und Lebensweise. Diese klassische weibliche Lebenswirklichkeit pflegt den Umgang mit dem Lebendigen und dessen täglichen Schmerzen und Freuden. Frauen können sich in der Regel den täglichen Handgriffen der liebenden Fürsorge viel weniger entziehen als Männer, sie wollen sich auch nicht entziehen. Mehr als Männer werden Frauen mit den Irrungen und Wirrungen der Kinder und der alten Leute konfrontiert und müssen mit dem umgehen, was ihnen entgegentritt, ihnen immer neue Überraschungen bereitet, weil es sich wissenschaftlicher Systematik entzieht. Daß damit die Frauen stellvertretend für ihre Männer Aufgaben übernehmen, um diese für andere, angeblich „spezifisch männliche" Aufgaben freizuspielen, fördert die Menschlichkeit der Männer nicht und hindert sie zugleich an einem sozial verorteten Denken, das hinsichtlich seiner gesellschaftlichen Relevanz Rechenschaft ablegen kann.

Hier wäre noch einmal die Wissenssoziologie ernst zu nehmen, nach der alle Fragen und Probleme, die das Nachdenken in Bewegung setzen, aus der Lebenswirklichkeit kommen bzw. kommen müssen, da theoriebildende Reflexion sonst zum nichtsnutzigen Spiel oder zum Wissen als Macht wird. Die Theoriefeindlichkeit vieler Studenten z. B. ist kein Zufall, denn die Wissenspakete, die man ihnen in die Hand drückt, bleiben verschnürt; es wird ihnen nicht eröffnet, warum, unter welchen Bedingungen, auf Grund welcher existentieller Fragen usw. Menschen bestimmte Denkwege beschreiten und andere verlassen. Wenn, dann ließe sich in einem positiven Sinn von „weiblicher Wissenschaft" als Kritik gängiger, vom jeweiligen biographischen und gesamtgesellschaftlichen Ort abgehobener Wissenschaft sprechen. Die Chance der Frauen in der Wissenschaft ist also eine Chance für die Wissenschaft nicht dadurch, daß diese Frauen ihre häusliche Tätigkeit in die Universität verlagern, sondern dadurch, daß sie auch an ihrem neuen Ort nicht vergessen, mit allem, was gedacht und theoretisiert wird, dem Leben zu dienen. Gewiß, diese wissenschaftskritische Sicht ist nicht neu, und die Wissenssoziologen um die vergangene Jahrhundertwende, die jene Wissenschaftskritik formulierten, waren Männer. Aber Frauen könnten aus ihrer Tradition der engeren Verbundenheit mit dem unmittelbar Lebendigen ein verortetes Denken fördern und damit zugleich der Verbannung der Männer aus der Welt des Hauses entgegenwirken, auch das zum Wohle des menschlichen Geistes, in diesem Fall des männlichen. Wer mit seinem Denken, Mann oder Frau, nicht nur ein Spiel betreibt oder sich damit über den Rest der Menschheit zu erheben sucht, muß, wenn er wirklich Problemlösungen erarbeiten will, auch Beziehungen zur menschlichen Lebenswirklichkeit unterhalten. In diesem Sinn spricht schon die klassische Philosophie mit Recht vom Primat der Praxis.

Eine so verstandene „weibliche Wissenschaft“ kann sich also auf die besten Traditionen von Wissenschaft überhaupt berufen. So wie feministische Theologie überflüssig werden sollte, wo eine verantwortete Theologie sie – im doppelten Wortsinn – aufhebt, so wird auch Wissenschaft nur dann ihren Aufgaben gerecht werden, wenn sie jene Lebenswirklichkeit nicht weiter ausblendet, die unsere Zivilisation vor allem den Frauen zugeschoben hat. Wer genau zusieht, entdeckt daher, daß die Fronten zwischen „weiblicher“ und „männlicher“ Wissenschaft nicht zwischen Frauen und Männern verlaufen, sondern zwischen einer Wissenschaft mit Vermittlungsinteresse und einer solchen, die aus ihrer Abgehobenheit soziales Prestige gewinnt. Frauen könnten das Zeug dazu mitbringen, der ersten Art von Wissenschaft Impulse zu geben, und sie werden sich dabei in der Gesellschaft von Männern wiederfinden, die wie sie angefeindet werden, weil sie das Wissen an das Leben zurückbinden und weitergeben und daher Verrat üben an den ungeschriebenen Standesregeln der Bildungsgesellschaft.

6. Systematische Kritik einer feministischen Theologie: so lautet der Untertitel dieses Bandes, „einer“ feministischen Theolo-

gie, nicht „der“ feministischen Theologie. Diese Unterscheidung ist leicht zu übersehen, zumal ich auch im laufenden Text nicht immer wieder betonen konnte, daß es mir um eine bestimmte Spielart des Feminismus geht und nicht um eine pauschale Verdammung alles dessen, was Frauen in eigener Sache denken und schreiben; sonst hätte ich wohl auch mir selbst die Schreibmaschine verbieten müssen. So steht der Begriff Feminismus sowohl im Kontext der Kritik, als auch in dem der Zustimmung. Der Argumentation ist die Begründung für das eine wie für das andere zu entnehmen.

Die von mir kritisierten Positionen haben eines gemeinsam: Sie zeichnen sich durch besondere Popularität aus und beschäftigen laufend vor allem die Bildungsinstitutionen der „mittleren“ Ebene: Volkshochschulen, Erwachsenenbildungshäuser und Schulen. Sekundär entsteht nun daraus wieder eine eigene Gattung von Literatur, die ich mit dem Begriff „Kompendium“ gekennzeichnet habe. Das beste Beispiel dafür ist das Buch von Elga Sorge: Religion und Frau[15], das auch ausdrücklich in einer Reihe für „Unterricht-Studium-Erwachsenenbildung“ in Zusammenarbeit mit dem Religionspädagogen Siegfried Vierzig erschienen ist. Zur Literatur mit der größten Breitenwirkung zählt also jene, die von der mittleren Bildungsebene rezipiert oder für diese produziert wird; vielleicht kann aus dieser Beobachtung noch einiges für das Verständnis gewonnen werden.

Vom sozialen Ort her läßt sich also diese Art des Feminismus bzw. der feministischen Theologie (und im folgenden meine ich, wenn ich von Feminismus spreche, immer nur diese Art) als „Midcult“ (= Kultur des sozialen Mittelbereichs) in der Unterscheidung von „Masscult“ (Massenkultur) und von Avantgarde bestimmen[16]. Die kulturellen Äußerungsformen (wozu ja auch die Literatur gehört) von Masscult und Midcult haben gemeinsam, „vorfabrizierte Effekte zu verkaufen, zusammen mit dem Produkt die Gebrauchsbedingungen bereitzustellen und mit der Botschaft auch die Reaktion vorzuschreiben, die sie auslösen soll“[17], während die Avantgarde nach der Ursache eines möglichen Effekts sucht und das Verfahren dieser Suche darstellt, um Denkprozesse auszulösen[18].

Der Midcult fühlt sich jedoch auch erhaben über den Masscult, indem er sich bei der Avantgarde jene Motive leiht, die den

Wunsch seines besonderen Publikums erfüllen, sich nicht als der Masse zugehörig fühlen zu müssen: Er setzt die Konsumenten seiner Produkte „scheinbar einer privilegierten und schwierigen Erfahrung aus“[19]; „er stellt den Konsumenten zufrieden, indem er ihn davon überzeugt, das Herz der Kultur (in unserem Zusammenhang wäre zu ergänzen: und der Wissenschaft) schlagen gehört zu haben“[20]. Beide Elemente, die vorfabrizierten Effekte, sowie die privilegierte Erfahrung, bestimmen diese feministische Literatur in hohem Maße. Die Leser können gar nicht anders, als sich über die nun schon Jahrtausende währenden Verbrechen des Patriarchats empören. Solche feministische Literatur befähigt scheinbar dazu, das eigene Leben endlich zu durchschauen: alle möglichen persönlichen Fehlschläge gewinnen im Lichte des Patriarchats ihre umfassende Erklärung.

Um wieviel ehrlicher wären dagegen persönliche Erfahrungsberichte in dem Sinne, daß die Autorin ihr schweres Leben erzählte, ihre bösen Erlebnisse mit Männern und wie sie sich davon befreien konnte, oder nicht (auch diese Literatur gibt es). Ehrlich wäre ebenso, ausdrücklich Literatur zu schreiben, wie z. B. Gerhard Hauptmann mit seiner „Insel der großen Mutter“ oder Christa Wolff mit ihrer „Kassandra“. Anders dagegen die literarischen Produkte des Midcult-Feminismus, denn hier wird den Lesern das Privilegium zuteil, an der hohen Wissenschaft zu partizipieren! Alle Aussagen sind Ist-Aussagen; alles wird mit allem quer durch den „Gemüsegarten“ aller möglichen Textgattungen und Inhalte belegt; Zitate, Bilder, das Leiden der Frauen in Form von Beweismaterial schaffen eine Collage, die den Zweifel erst gar nicht aufkommen läßt: schuld ist in jedem Fall das Patriarchat.

7. Nicht Massenproduktion und -konsum, auch nicht, daß man auf Bedürfnisse der Leser eingeht, mit dem Produkt einen Effekt erzielen will, oder Wissenschaft popularisiert, ist das Bedenkliche. Es gibt sehr gute Midcult-Literatur, die von vielen verschlungen wird, zu diesem Zweck auch geschrieben wurde, und sich dadurch nicht disqualifiziert. Aber es gibt eine bedenkliche Variante des Midcults, gekennzeichnet von bestimmten Merkmalen, die mit denen der Täuschung verwandt sind. Auch wenn dahinter keine bewußte Absicht steht, so drückt sich in ihr doch unverkennbar ein bestimmtes Verhältnis zur Wirklichkeit

aus. Jenseits aller argumentativen Auseinandersetzung und der unbedingten Solidarität mit dem Interesse, muß einmal der Mut aufgebracht werden, diese Art von Literatur einer Analyse zu unterziehen, die ihre Wirkung erklärt. Zweierlei zeichnet sie aus: Sie geht „der Wirklichkeit aus dem Wege“[21], denn diese scheint zur Gänze schlicht entsetzlich, und ihre Spannungen und Vielgestaltigkeit werden nicht ertragen. Auf diesem Boden gedeiht ein Zweites – die Sucht nach Synthese um jeden Preis. Wer so schreibt, „synthetisiert über die Voraussetzungen seiner Intelligenz hinweg, indem er Grenzen ignoriert, die zur Kritik anhalten. Wo Analyse gefordert wäre, leistet er Synthese“[22].

Die falschen, täuschenden Synthesen sind imstande, grundsätzlich alle zur Verfügung stehenden Elemente über alles mögliche Trennende hinweg zu verklumpen. Vereinzelte Motive aus Geschichte, Kunst, Mythen, aber auch Methoden, werden herausgepickt, ohne darauf zu achten, aus welchem Zusammenhang sie stammen; immer wird ein Ganzes in seinem Spannungsreichtum aufgelöst. Die Synthese kommt aber nicht mehr zu einem Ganzen, sondern bildet eine Summe, ein Konglomerat, wobei die Fülle der Einzelelemente das Ganze vortäuscht. Solche Synthesen werden durch eine einzige eingängige „Theorie“ hergestellt, die sich nicht aus dem Material ergibt, sondern das Material bindet. Die hier verhandelte feministische Literatur kittet ihr Material aus den Jahrtausenden mit der Theorie vom Matriarchat bzw. vom Sieg des Patriarchats über das Matriarchat.

Das entscheidende Täuschungsmanöver liegt aber nun in folgendem: Die Einzelelemente, die sich dem neuen konglomeratartigen Kontext nicht wirklich einfügen, stammen aus einem anderen, anerkannten Kontext: der Wissenschaft. Jedes einzelne Motiv, sei es die tanzende Göttin, die heilige Hochzeit, eine bestimmte Sozialstruktur wie Matrifokalität, der Jesus, dem Jüngerinnen folgen, die marxistische Überbautheorie usw., findet sich in der wissenschaftlichen Literatur, die auf diese Weise dem Konglomerat die entsprechende Autorität zu verleihen vermag. Die Synthesen werden damit als wissenschaftlich bewiesen ausgegeben, mehr noch: als die bessere, wahre Wissenschaft, weil sie keine offenen Fragen, keine ungelösten Widersprüche, kurz: keine Spannungen mehr enthält. Kein Wunder, daß die Leser das Heil (oder auch Unheil) kommen sehen. Die hier und jetzt notwendige Lösung der hier und jetzt konkret gegebenen Probleme bleibt wieder einmal dem „Genie der Lieferanten" überlassen.

Warum solche Literatur entsteht und warum sie mit der großen Geste der Erlöserin auftreten kann, ist nicht ganz unerklärlich. Indem sich Frauen heute in immer größerer Zahl den Bereich der „geschlechtsfreien Zone" erobern, der bisher den Männern vorbehalten war, ergeben sich für sie auch neue Erfahrungen, Spannungen und Probleme. Wie schwer es ist, einen gewohnten sozialen Ort zu verlassen, auch wenn man sich gegen dessen feste Zuschreibung wehrt, beweist nicht zuletzt der Versuch, ihn sozusagen überallhin mitzunehmen: „weibliche Wissenschaft", „weibliche Kunst" sind das Ergebnis, das freilich nicht trägt. Aus dem Gewohnten herauszutreten, ängstigt; der Traum, diesfalls jener vom Matriarchat und seiner Spiritualität, beruhigt.

Beruhigung ist gefragt; aber ihre Popularität beweist noch keinen politischen Erfolg. Ich halte gerade die populäre Variante der feministischen Theologie, wozu ich nicht nur die christlichen Positionen zähle, für politisch gefährlich. Die falschen Synthesen erwecken falsche Hoffnungen, indem sie die Wirklichkeit verfälschen. Täuschungen, Illusionen und Schematisierungen sind allemal eine beliebtere Konsumware, als der hartnäckige Kampf auf dem Boden der verwirrenden Realität. Wo immer die Rollen des ganz Bösen und des ganz Guten verteilt werden, wo dogmatische Schematisierungen um sich greifen, tarnt sich der Rückschritt als Fortschritt. „Demokrat ist, wer die Schemata verwirft und Nuancen anerkennt, Unterscheidungen macht, wer Widersprüche rechtfertigt."[23] In der Logik des Reaktionären liegt auch der Schritt von der Vernunft zur Magie[24]. Und die Erfahrung bestätigt, daß das Argument, die Gegenprobe, die selbstkritische Rückfrage in dieser Art feministischer Kreise praktisch nicht möglich ist. Man stärke, so heißt es dort, mit der Kritik die Reaktion. Das Gegenteil trifft zu: Die Reaktion hat sich immer dadurch ausgezeichnet, Kritik als „Zersetzung" zu brandmarken. Haben sich Frauen allzulange selbst aufgegeben, so stehen sie nun in Gefahr, sich irgendwo außerhalb der wirklichen Welt zu suchen und damit an ihr solipsistisches Selbst zu verlieren. Wenn aber etwas verändert werden soll, wenn es um das menschliche Maß und die realistischen Schritte geht, dann sind vorschnelle Synthesen eine Versuchung auf dem Weg. Was sich „dem genauen Urteil entzieht und von feierlicher Unschärfe ist“[25], schafft lediglich eine Illusion des Aufbruchs und unterstützt zuletzt immer diejenigen, die das Hergebrachte für das Wünschenswerte halten. Die Träumerinnen des Matriarchats und der weiblichen Spiritualität erzeugen das Opium für die Frauen.

8. So können systematische und politische Überlegungen, „literaturpolitische“ eingeschlossen, zeigen, wie sehr auch jene feministische Literatur von der „Krankheit“ unseres naturwissenschaftlichen Zeitalters befallen ist: Sie sucht nach Beweisen, weil sie meint, nur das faktisch Beweisbare könne Gültigkeit beanspruchen. Aber wer könnte jemals schlüssig und ein für allemal „beweisen“, daß Diskriminierung von Frauen falsch ist, und daher notwendig davon Abstand zu nehmen sei? Die Wahrheit des Humanen bzw. des Glaubens klebt nicht an den Fakten, im Gegenteil: die Gestalten des gelebten Lebens sind Ausdruck dessen, was Menschen für wahr und richtig halten, und das kann sehr Verschiedenes sein. Das Faktum selbst ist stumm, erst die Bedeutung, die wir ihm beimessen, bringt es zum Sprechen, und zwar wiederum im Sinne dessen, was wir für wahr halten. Der Kampf ist also auf der Ebene der Wahrheitsansprüche zu führen, und das, was sich Faktum nennt, uns dabei keine Hilfe.

Man kann den Kirchen den Vorwurf nicht ersparen, daß es ihren Predigern zu selten gelingt, die Wahrheitsansprüche des Glaubens aus den starren Formeln von Lehre und Moral zu lösen und verstehbar zu machen, weil sie von der Sünde sprechen wie von den Blattläusen und von der Menschwerdung Gottes wie von den „geheimnisvollen“ Kräften der micro-chips. Auch diese Fakten-und-Daten-Rede vom Glauben ist ein Faktum in der christlichen Tradition. Ebenso belegen Lehraussagen und Lebenspraxis bis heute, daß die Gewichte auf Seiten der Diskriminierung der Frau den Ausschlag geben. Insofern ist jene feministische Theologie, die das Christentum insgesamt auf den Müllhaufen der Geschichte wirft, wenigstens konsequent: Nähme man das dominante Faktum christlicher Frauenfeindlichkeit zum Maßstab, so müßte uns der Weg aus dem Christentum hinausführen. Nicht so konsequent sind jene Spielarten des Feminismus, die sich im

Rahmen halten, das Christentum auf einen idealisierten Anfang reduzieren und von daher den Frauen hier und heute die Heilszeit verheißen. Aber diese Anfänge liegen weit zurück, und die Jahrhunderte dazwischen wiegen quantitativ mehr und liefern die Fakten der Frauenverachtung am laufenden Band. Über historische Fakten wird also weder das Christentum gerettet, noch den Frauen geholfen. Ebensowenig hilft es, sich Täuschungen und Illusionen hinzugeben, sei es in Bezug auf die christliche Tradition, oder auf andere religiöse Traditionen wie die der Göttinnenmythen. Was weiterhilft, ist die Ent-Täuschung.

Enttäuschung in einem bestimmten Sinne ist hier gemeint: daß nämlich die Tatsachen den Halt, den sie versprechen, nicht bieten, daß sich gerade was sicher und unumstößlich festgeschrieben scheint, als Täuschung herausstellt. Die letzte ihrer fünf Frankfurter Vorlesungen nennt Ingeborg Bachmann „Literatur als Utopie“; darin formuliert die Dichterin mit großer Hellsichtigkeit jenen Kampf, der zwischen den immer neuen Entwürfen nach vorne und ihrer Festbindung an die Fakten der Vergangenheit ausgetragen wird. Sie formuliert ihn am Beispiel der Kontroverse von Literatur und Literaturwissenschaft. Bedenkt man, wie sehr Literatur immer „Glaubensbekenntnis“ auf Zukunft hin gewesen ist, wie sehr ihre kritische Kraft, mag sie auch die Gegenwart oder die Vergangenheit zum Schauplatz wählen, darin besteht, nicht hinzunehmen, was ist, und das heißt Utopie zu entwerfen, dann überrascht es nicht, daß Bachmanns Analyse auch unsere Frage trifft. „Alle wollen wir die Literatur beweisen oder etwas mit ihr beweisen“, schreibt Bachmann, und sie meint jene Literatur, der die Glaubenskraft der Utopie innewohnt; „. . . alle möglichen Disziplinen stürzen sich zudem auf sie und sie wird zu Gesetzlichkeiten und Bedingungen oder Offenbarungen gezwungen, denen sie – allen und niemand zuliebe – heute Genüge tut und morgen doch widerspricht“[26]. Das Unverwechselbare des Glaubens erweist sich gerade darin, daß er sich allen Gesetzlichkeiten und Bedingungen entwindet und die Geschichte seiner (jedenfalls mangelhaften, oft auch mißglückten) Realisierungen immer schon hinter sich gelassen hat, sofern er lebt. Daraus ergibt sich nichts anderes und zugleich nichts Anspruchsvolleres, als daß jede Generation, jeder Mensch sich auch der theologischen Wahrheitsfrage neu stellen muß, um den Glauben als Utopie und Eschatologie in sein Recht zu setzen.

Daß dem Menschen eine eigenständige Würde zukommt, daß er, Mann oder Frau, in seiner Freiheit zu schöpferischem Handeln Ebenbild Gottes ist, jedoch in der Unmöglichkeit, jemals vollkommen werden zu können, Geschöpf bleibt; daß Gott Mensch, nicht Mann geworden ist, um Mann und Frau gleicherweise von ihrer Unvollkommenheit zu erlösen, daß vor Gott kein Ansehen der Person und somit auch kein Ansehen des Geschlechtes gilt, und daß dieser Glaubensanspruch hier und jetzt in dieser Welt verwirklicht werden will – dafür gibt es keine Beweise, sondern nur das glaubwürdige Zeugnis derer, sei es in Gegenwart oder Vergangenheit, die diesen Anspruch für wahr halten. Und es hat diejenigen gegeben und wird sie immer geben, die sich diesem Anspruch entziehen und im Dienste solcher Verweigerung auch noch imstande sind, ihre ganze Denkkraft zu mobilisieren. Daher kann die Geschichte als Praxis dessen, wovon Menschen überzeugt sind, Bestätigung für alle möglichen Überzeugungen liefern, und wird jeder mit leeren Händen auf die Glaubwürdigkeit seines Denkens und Handelns zurückgeworfen. Da und dort ist es Menschen zu allen Zeiten gelungen, durch glaubwürdige Praxis dieser verworrenen Geschichte der Täuschungen und Illusionen ein Glanzlicht aufzusetzen, als Wirklichkeit gewordene Utopie, oder, wie es in der Theologie heißt: als präsentische Eschatologie. Deshalb können Christen immer nur utopische Existenzen sein und müssen sie mit dem Widerspruch, mit dem Kampf rechnen.

Glaube als Utopie gibt wieder sein eigenes Licht, „wenn wir die Suchlampen auslöschen“[27]. Was wir als das Vollendete, das Ganze und Heile in ihm wissen, bringt „von neuem das Unvollendete in Gang“[28]. Sind die Frauen also um ihrer Zukunft willen wirklich auf Bestätigung aus der Vergangenheit, sind sie auf Legitimierung überhaupt angewiesen? „Denn dies bleibt doch:“ sagt Ingeborg Bachmann, „sich anstrengen müssen mit der schlechten Sprache, die wir vorfinden, auf diese eine Sprache hin, die noch nie regiert hat“[29]. Das hier ausgesprochene Schicksal der Utopie, in dieser Welt heimatlos bzw. nur vorübergehend Gast zu sein, trifft auf alles zu, das sich nicht über's Faktische, sondern nur über Hoffnung und Gewißheit vermitteln läßt, also auch für den christlichen Glauben. „Es gilt weiterzuschreiben", sagt Ingeborg Bachmann[30], und ich modifiziere diesen Satz auf unser Problem: Es gilt weiterzuglauben, weil es auf die Zukunft des Glaubens und nicht auf die Vergangenheit des Irrtums ankommt. Utopie heißt, der ungeschriebenen Geschichte Sprache und wirkliche Gestalt zu verleihen, als einer Geschichte, die es noch nie gegeben hat.

In diesem Sinne habe ich meine beiden Bücher geschrieben, bemüht, Täuschungen aus dem Weg zu räumen, um der Utopie Platz zu machen. Aber, so könnte man einwenden, leben nicht viele Frauen von dem, was ich Täuschungen nenne? Ist es erlaubt, Menschen etwas nehmen zu wollen, das ihnen Kraft und Selbstbewußtsein gibt? Ich stelle die Gegenfrage: Wäre die Energie, mit der so viele Feministinnen eine scheinbare, ihnen genehme Wirklichkeit erfinden, nicht einer besseren Sache wert? Macht nicht die ständige Suche nach dem festen Halt in der Faktizität der Geschichte oder in der Ontologie des Weiblichen gerade fortwährend enttäuschbar? Ich verstehe sehr wohl den Wunsch, „etwas Musterhaftes an einen Ursprung zurückzuverlegen" und dadurch „etwas nach vorn aufzurichten", aber es ist das „ein Unangemessenes mehr als ein Maß, das bei aller Annäherung nicht zu erreichen sein wird"[31]. Dieses „nicht zu erreichen sein wird" will nicht Ausdruck der Resignation sein, will nicht mutlos machen, sondern vor Vollkommenheitsidealen bewahren, die schon so oft unheilvolle Konsequenzen nach sich gezogen haben. Denn alles Vollkommene zerrinnt in der Hand des Menschen zur Illusion oder gerinnt zum Fanatismus des Totalitären. Maß, menschliches Maß bedeutet, daß es eben jenen festen, dauerhaften Halt in der Geschichte oder im Wesen des Menschen nicht geben kann. Deshalb verweist das, was die Theologie futurische Eschatologie nennt, auf eine Hoffnung, nach der das Ganze, Heile, Vollkommene erst mit dem Ende der irdischen Tage in Erscheinung treten wird.

Es zählt zu den klassischen Fehlinterpretationen der christlichen Hoffnung auf die „letzten Dinge", daraus die Flucht vor der irdischen Verwirklichung solcher Hoffnung abzuleiten. Wer wirklich hofft, ist notwendig schon zu seinen Lebzeiten davon bestimmt, und wer nicht hoffen kann, schon zu seinen Lebzeiten tot. Und jene „Patriarchen", die sich so viel Überlegenheit zusprechen, ihre Sündigkeit verleugnen, von Gott und der Männlichkeit Jesu theokratische Ansprüche für sich ableiten, die sich dem Widerspruch und der Korrektur nach dem menschlichen Maß entziehen, die Herrschaft über Frauen an die Stelle der Beziehung zu ihnen setzen, machen sich damit in Wahrheit kaputt und tun es, gut biblisch, sich selbst zum Gericht.

Und bleibt auch das Umfassende die Sache Gottes, so doch uns, im Vertrauen darauf, genug zu tun. „Auf den Zusammenbruch aller Beweise antwortet der Glaubende mit einer Salve Zukunft.“[32]

Anmerkungen

Einleitung

1 Die spektakuläre kirchliche Trauung der bekannten Feministin Edit Schlaffer ist kein Einzel- oder Ausnahmefall, sondern repräsentiert eine typische Variante der „Modifikation" feministischen Interesses; vgl. meinen ersten Band, „Die Frauen der frühen Christenheit", 1986, S. 57 und S. 178/79, Anm. 170/172. Was die weiter oben erwähnten Hoffnungen der Obrigkeit angeht so wurden derartige Argumente zur Zeit der ersten Frauen-Ordinationen in Österreich verhandelt.

2 Im September 1986 fand in Wien ein Kongreß der Kunsthistorikerinnen statt, auf dem Sigrid Schade von der Technischen Universität Westberlin einen beachtenswerten Vortrag zur Problematik der Darstellung des zerstückelten (weiblichen) Körpers hielt. Sie stellte Beziehungen zwischen dem „Mythos vom ganzen Körper" und dem faschistischen Ganzheits„ideal" des „Dritten Reiches" her und kritisierte damit auch den ideologischen Ansatz im Konzept der Gestalttherapie.

3 Barbara Sichtermann, Weiblichkeit. Zur Politik des Privaten, 1983, S. 10.

4 Dieses Zitat stammt aus einem Vortrag, den Alexandra Petzold auf dem Kunsthistorikerinnenkongreß (s. Anm. 2) gehalten hat.

5 Dieses Urteil habe ich vor allem aus meiner Erfahrung mit Diskussionen im Kreis feministischer Theologinnen gewonnen.

6 H. Lübbe, Religion nach der Aufklärung, 1986, S. 324, Anm. 68.

7 Sichtermann, s. Anm. 3.

8 S. Anm. 2.

9 Zu diesem Begriff von Erich Heintel vgl. meinen ersten Band, s. Anm. 1, S. 45.

10 Vgl. Peter Heintel, Modellbildung in der Fachdidaktik, 1978, S. 77ff.

11 Das Konzept der Unterscheidung von Sinnebenen stammt von Erich Heintel. Vgl. die übersichtlich gefaßte Darstellung bei H. Gehrke, Theologie im Gesamtraum des Wirklichen. Zur Systematik Erich Heintels, 1981, S. 49ff.

12 Zur Information einige Technika. Für biblische wie außerbiblische Quellentexte habe ich mich um Übersetzungen bemüht, die nicht nur dem eingeweihten Wissenschaftler zugänglich sind. Wo ich selbst der Sprache des Urtextes mächtig bin, biete ich z. T. eigene Übersetzungen, die ich in den Anmerkungen (auch des ersten Bandes) als solche kennzeichne, bzw. habe ich die Übersetzungen geprüft. Wo mir der Urtext nicht zugänglich ist, wie z. B. bei den Keilschriftendokumenten, mußte ich mich darauf beschränken, angesichts der oft stark voneinander abweichenden Übersetzungsvarianten davor zu warnen, auf einer der Varianten einen strengen Argumentationsgang aufzubauen.

Die Anmerkungen bieten keineswegs vollständige Literaturangaben, auch nicht alles von dem, was ich dazu gelesen habe. Ich gebe vor allem solche Literatur an, die die meiste Popularität gewonnen hat, um dem Leser/der Leserin meinen kritischen Argumentationsweg nachvollziehbar zu machen. Zum anderen war mir wichtig, meine Urteile durch Quellen zu belegen und damit offenzulegen, „woher ich das habe". Damit biete ich jedem die Möglichkeit, meine Aussagen zu überprüfen.

Erstes Kapitel

1 Das Zitat ist ein Ausschnitt aus dem „Achtzehngebet", dem Hauptgebet der jüdischen Synagoge neben dem „Höre, Israel!". Seinen Namen hat es von den achtzehn Benediktionen. Der Hauptbestand des Textes geht auf die Zeit der Wende vom 1. zum 2. Jahrhundert n. Chr. zurück. Aus: J. J. Petuchowski, Gottesdienst des Herzens. Eine Auswahl aus dem Gebetsschatz des Judentums, 1981, S. 25ff.

2 Die deutsche Übersetzung der alttestamentlichen Texte ist aus der „Zürcher Bibel" (1907–1931) entnommen. Sie bietet in der Regel eine ziemlich genaue Übersetzung. Alle auch im folgenden angeführten Beispiele bilden nur einen Ausschnitt aus einer weitaus größeren Zahl von Belegstellen.

3 Die Übersetzung der Psalmentexte stammt aus: Alisa Stadler, Die Berge tanzten. Die Psalmen, aus dem Urtext übertragen, 1986. Auf diese schöne und einfühlsame Nachdichtung soll ausdrücklich und mit Empfehlung hingewiesen werden.

4 G. Schrenk, Art. „Vater", in: Theologisches Wörterbuch zum Neuen Testament, Bd. V, 1954, S. 975; hier sind noch andere Belegstellen angegeben.

5 Flavius Josephus, Jüdische Altertümer, übers. v. H. Clementz, Bd. I, o.J., S. 51 (I,13/4).

6 Der treffende Begriff „theokratischer Kurzschluß" stammt von dem Wiener Philosophen Erich Heintel; vgl. z. B. in: Gott ohne Eigenschaften (Gott ohne Eigenschaften? hgg. S. Heine/E. Heintel), 1983, S. 9ff. (S. 40).

7 K. Knohl-Hoberg, Sexismus in den Gesangbuchliedern, in: Nennt uns nicht Brüder, hg. v. N. Sommer, 1985, S. 310ff., S. 311.

8 Vgl. die „Thesen zur Kritik am männlichen Bild von Gott" von Elga Sorge, Religion und Frau, 1985, S. 44–46. Vgl. auch die in Anm. 31 angeführte Literatur. Diese Kritik ist ein durchgängiges Motiv feministischer Theologie.

9 B. Kavemann/I. Lohstöter, Väter als Täter, 1984; Florence Rush, Das bestgehütete Geheimnis: Sexueller Kindesmißbrauch, 2. A. 1984; Valeska von Roques, Das geheimste Verbrechen, Art. in der Zeitschrift „Der Spiegel", Nr. 29, 1984, S. 30ff. Vgl. weiter: Susan Brownmiller, Gegen unseren Willen. Vergewaltigung und Männerherrschaft, 1980; S. Plogstedt/K. Bode, Übergriffe. Sexuelle Belästigungen in Büros und Betrieben, 1984; Ch. Benard/E. Schlaffer, Die ganz gewöhnliche Gewalt in der Ehe 1978. In allen angeführten Büchern findet sich eine Fülle weiterer Literatur zu diesem Thema.

10 „Der Spiegel", s. Anm. 9, S. 33; vgl. Kavemann/Lohstöter, s. Anm. 9, S. 28.
11 Kavemann/Lohstöter, s. Anm. 9, S. 100.
12 AaO. S. 25.
13 „Der Spiegel", s. Anm. 9, S. 34; vgl. M. C. Baurmann, Sexualität, Gewalt und psychische Folgen, 1983. Zur „literarischen Fassung" des Problems: B. Frischmuth, Haschen nach Wind. Erzählungen, 2. A. 1974, S. 74ff.
14 Kavemann/Lohstöter, s. Anm. 9, S. 36f.
15 „Der Spiegel", s. Anm. 9, S. 40.
16 Vgl. Ch. Benard/E. Schlaffer, s. Anm. 9.
17 Plogstedt/Bode, s. Anm. 9. Auch geistliche Männer sind nicht über jeden Verdacht erhaben: vgl. z.B. H. Mynarek, Eros und Klerus, 1980; vgl. die Literatur Anm. 38. Daß „Täter" wie „Opfer" sexuellen Mißbrauchs auch in Kreisen psychisch Kranker zu suchen und zu finden sind, wo man den Opfern eine gewisse „Mittäterschaft" zuspricht, rechtfertigt nicht, alle Delikte auf dieses Modell zu bringen, wie auch umgekehrt. Genauigkeit der Unterscheidung ist angebracht. Dasselbe gilt für die ethische Beurteilung.
18 „Sexismus heißt, – parallel zu denken mit Rassismus – die Unterdrückung, Ausbeutung und Benachteiligung nicht aufgrund der Zugehörigkeit zu einer Rasse, sondern zu einem Geschlecht, in unserer geschichtlichen Tradition und Gegenwart des weiblichen": R. R. Ruether, Die neue Frau und die neue Erde: Frauen, Ökologie und soziale Revolution, in: epd-Dokumentation Nr. 44, Frankfurt 1976, S. 24.
19 Vgl. die Ausführungen dazu in meinem ersten Band: Frauen der frühen Christenheit, 1986, S. 45ff.
20 Die Beziehung zwischen Vatergott und dem König als dessen Sohn kann unterschiedliche Vorstellungen implizieren: Die Göttlichkeit des Königs, die Adoption des Königs als Sohn Gottes, die Erhebung des Königs zum Sohn Gottes durch das Installationszeremoniell, oder einfach die enge Beziehung zwischen Gott und König, wie sie auch der einzelne Fromme zum Ausdruck bringen kann. Daß der König als Sohn Gottes etwas mit dem „von Gottes Gnaden" zu tun hat, dürfte sicher sein; warum sollte sich das Königtum in Israel nicht auch in diesem Punkt an anderen orientalischen Vorbildern orientiert haben?
21 S. Anm. 35.
22 Hier sehe ich für unseren Zusammenhang von der Neugründung des Staates Israel 1948 ab.
23 W. H. Schmidt, Einführung in das Alte Testament, 2. A., 1982, S. 128.
24 Gerda Weiler, Ich verwerfe im Lande die Kriege. Das verborgene Matriarchat im Alten Testament, 1983, S. 143; 340 u.ö.
25 Es ist auffallend, daß viele Feministinnen psychologische und psychoanalytische Termini verwenden, um Verfasser, die nicht mehr unter den Lebenden weilen, zu beurteilen. Einerseits stellt sich hier die Frage, ob und wie Psychologie/Psychoanalyse außerhalb des lebendigen (therapeutischen) Dialogs anwendbar sind; andererseits werden aber diese Termini nicht analytisch gebraucht, sondern in Gestalt von moralischen Urteilen, was der Intention von Psychologie und Psychoanalyse, deren Spezifikum gerade in der Abstinenz vom Werturteil besteht, grundsätzlich widerspricht. Ein psychologisches Urteil darf nicht zum Vorwurf werden! Vgl. auch das Urteil von

M. Janssen-Jurreit (Sexismus, 1976) über J. J. Bachofen (S. 97), oder das von K. Deschner (Das Kreuz mit der Kirche, 1974) über Paulus, er sei „randvoll mit sexuellen Komplexen" gewesen (S. 67). Zur Kritik dieser „Methode" vgl. J. Scharfenberg, Martin Luther in psychohistorischer Sicht, in: Europa in der Krise der Neuzeit, hg. v. S. Heine, 1986, S. 113 ff.

26 Ohne Absicht unterstellen zu wollen, leistet feministische Literatur, die pauschal „die Juden" und ihren angeblich martialischen Gott für das ganze Frauenleiden durch die Jahrhunderte hindurch verantwortlich macht, dem Antisemitismus gewaltig Vorschub. Da auch Christentum und Islam aus dem jüdischen Religionskreis stammen, müssen womöglich „die Juden" noch für alle Übel in der Geschichte dieser beiden anderen Religionen herhalten.
Dem kann man entgegenstellen, daß sich auch z. B. weder Buddhismus noch Hinduismus durch besondere Frauenfreundlichkeit auszeichnen. Facit: Unmenschlichkeit aller Spielarten hat sich zu allen Zeiten und in allen Kulturkreisen durch die bestimmende Religion im Sinne des theokratischen Kurzschlusses zu legitimieren gewußt. Daher ist die legitimierende Vorgangsweise zu kritisieren, aber nicht die Instanz, derer man sich bedient. Die Rede von „den Juden", „den Moslems", „den Männern" bewirkt die leidige Strategie des Sündenbockmachens, worauf von der anderen Seite mit „den Frauen" geantwortet wird. Das eine ist nicht besser als das andere. Noch etwas verdient, hervorgehoben zu werden: Ein dominanter Zug jüdischer Reflexion über die eigene Geschichte ist die Selbstkritik; nicht bei anderen, sondern bei sich suchen Juden (nicht alle, aber sehr viele) von alttestamentlichen Zeiten bis heute die Schuld für ihre Niederlagen.

27 Vgl. W. Eichrodt, Theologie des Alten Testaments, Teil 1, 7. A., 1962, S. 264 ff.

28 Das hat der österreichische Altbundeskanzler Kreisky sehr richtig gesehen, wenn er immer wieder betonte, zu gewissen Problemen wie Todesstrafe und Frauenemanzipation solle man das Volk lieber nicht befragen. Laut Meinungsumfrage im September 1986 sprachen sich z. B. (unter dem Eindruck einer Welle des Terrorismus) 77% der Franzosen für die 1982 abgeschaffte Todesstrafe aus (Salzburger Nachrichten, 20. 9. 1986, S. 2).

29 S. Anm. 19, S. 64 ff.

30 Diesen Gedanken habe ich in einem Vortrag weiter ausgeführt: Zeitgeist und Gottesgeist – Glaubensvermittlung im Zeitalter der Religionskritik, in: Amt und Gemeinde (hg. v. Bischof der Ev. Kirche A. B. in Österreich), Folge 5, Mai 1986, S. 45 ff. Hier ist die Argumentation des Paulus in Röm 11 gegenüber den Juden auf die Kirche übertragen.

31 Literaturauswahl zu diesem Thema: J. E. Bruns, God as woman, woman as God, New York (Paulist Press), 1973; P. D. Hanson, Männliche Metaphern für Gott und die unterschiedliche Behandlung der Geschlechter im Alten Testament, in: Frauenbefreiung (hg. v. E. Moltmann-Wendel), 3. A. 1978, S. 81 ff.; A. Greeley, Maria. Über die weibliche Dimension Gottes, 1979; A. Vergote/A. Tamayo, The parental figures and the representation of God, Paris/New York, 1981; V. R. Mollenkott, Gott eine Frau? Vergessene Gottesbilder in der Bibel, 1985; R. Laut, Weibliche Züge im Gottesbild israelitisch-jüdischer Religiosität, 1983; Ch. Mulack, Die Weiblichkeit Gottes, 2. A.

1983; E. Moltmann-Wendel, Das Land wo Milch und Honig fließt, 1985 (S. 97ff.); R. R. Ruether, Sexismus und die Rede von Gott, 1985. Wenn ich im folgenden von „Feminismus" oder „Feministinnen" spreche, beziehe ich mich im wesentlichen auf die angegebene Literatur.

32 Vgl. z. B. E. Moltmann-Wendel, Das Land. . ., s. Anm. 31, S. 103ff.

33 Rachel Wahlberg, The woman's creed, in: Zusammen in der Einheit wachsen. Dokumente zur Diskussion an der Sitzung der Kommission für Glauben und Kirchenverfassung, Bangalore/Indien, 16.–30. 8. 1978.

34 Das zeigt sich deutlich bei V. R. Mollenkott, s. Anm. 31; die von ihr hervorgehobenen weiblichen Aspekte sind: Geburtshelferin, Bärenmutter, weiblicher Pelikan (der für seine Kinder sich opfert), die Anwesenheit, Haushälterin, Geliebte, Hilfe, Bäckerin, Adlermutter, Henne.

35 Es ist im vorgegebenen Rahmen nicht möglich, die Geschichte Israels ausführlich darzustellen. Dennoch ist der folgende Abschnitt nur im Zusammenhang mit dieser Geschichte verständlich. Es sei daher zur Orientierung eine kurze Chronologie gegeben: Die Zeit der sog. Erzväter (Abraham etc.) wird im allgemeinen mit dem 19. Jahrhundert v. Chr. datiert, die Mosetradition mit dem 13. Jahrhundert; die Könige Saul und David regierten um 1000 v. Chr., das erste fixe Datum ist der Tod des Davidnachfolgers Salomon 926 v. Chr., auf den die Staatentrennung in ein Nord- und ein Südreich mit einem je eigenen König folgte. 722 wird das Nordreich durch die Assyrer endgültig zerstört, 587 das Südreich durch die Babylonier (1. Tempelzerstörung). Das 6. Jahrhundert v. Chr. gilt als die Zeit des Exils (Deportation der judäischen Oberschicht nach Babylon. Leben in eigenständigen Gemeinden); unter dem Perserkönig Kyros kehrte ein Teil der Exulanten 537 nach Palästina zurück und baute den Tempel mit persischer Unterstützung wieder auf. Seit dieser Zeit sind die Juden immer unter der Herrschaft der jeweiligen Großmächte gestanden.

36 E. Schilling, Manchmal hasse ich meine Mutter. Gespräche mit Frauen, 1984, S. 193. Zum Konflikt zwischen Schwestern vgl. z. B. L. Siebenschön, Schwestern, in: Psychologie heute, H. 2, 1983, S. 38ff.

37 Schilling aaO. S. 12; 173 u. ö.

38 Die psychoanalytische Literatur liefert für die Probleme der Eltern-Kind-Beziehung reichhaltige Belege in allen Variationen; z. B. S. B. Kopp, Triffst du Buddha unterwegs. . . Psychotherapie und Selbsterfahrung, 4. A. 1980, S. 43ff.; S. R. Dunde (Hg.), Vater im Himmel – seine Söhne auf Erden, 1986 (beschäftigt sich mit „Männer und Religion"). Dazu ist H. Hemminger, Kindheit als Schicksal?, 1982, hilfreich; er geht davon aus, daß alle Kindheitserfahrungen Mängel und Verletzungen bedeuten, die im Laufe des Erwachsenwerdens zur Bewältigung herausfordern.

39 A. Miller, Das Drama des begabten Kindes und die Suche nach dem wahren Selbst, 1980, S. 123f.

40 Die einzige Stelle im AT, die direkt von Zeugung durch Gott spricht, ist Ps 2,7.

41 Z. B. Mt 1,20; Gal 4,29; und besonders in der johanneischen Literatur: 1 Joh 2,29; 4,7; 5,4 u. ö.

42 G. Weiler, s. Anm. 24, S. 112

43 AaO. S. 112f.

44 Um der Verständlichkeit willen beziehe ich mich zu den folgenden philosophischen Problemen auf Literatur, die um Vermittlung nicht nur für Fachleute bemüht ist: A. Anzenbacher, Einführung in die Philosophie, 1981; H. Gehrke, Theologie im Gesamtraum des Wirklichen, 1981
Zu den aristotelischen Tätigkeitsformen vgl. A. Anzenbacher S. 215f. Aristoteles selbst führt dieses Problem vor allem in der Nikomachischen Ethik aus (Unterscheidung von Handeln und Hervorbringen): Opera, II, ex rec. I. Bekkeri, ed. Acad. Reg. Borussia, 2. A., 1960, unv. Nachdruck d. 1. A., 1831, VI, 4–5.

45 H. Gehrke, s. Anm. 44, S. 272.

46 Zur Bedeutung von Gestalt als Sinn-Bildern vgl. Y. Spiegel, Glaube wie er leibt und lebt, 3 Bde., 1984.

47 Der Begriff „deus ex machina" stammt aus dem griechischen Theater. Wenn sich die Konflikte zu einem unauflösbaren Knoten verschlungen hatten, wurde mit Hilfe der Theatertechnik ein Gott „heruntergelassen", der alles in Wohlgefallen auflöste. Vgl. dieses Motiv bei Bert Brecht im Stück „Der gute Mensch von Sezuan".

48 Unter Projektion im allgemeinsten Sinne versteht man, daß eine, als solche nicht bewußte innere Wahrnehmung als etwas faktisch außerhalb Liegendes ausgegeben wird. So kann jemand z. B. seinen verdrängten (S. Freud) Haß anderen Menschen oder auch Gott „in die Schuhe schieben" (kein moralisches Urteil!).

49 Vgl. E. Heintel, Die beiden Labyrinthe der Philosophie, Bd. 1, 1968, S. 91 u. ö.; mit „schlechter Metaphysik" bzw. „Gespenstermetaphysik" bezeichnet Heintel den ontologischen Reduktionismus.

50 Wenn ich im folgenden den Begriff der analogen Rede bzw. der Analogie verwende, verzichte ich aufgrund des vorgegebenen Zusammenhangs darauf, eine Geschichte dieses Begriffs oder eine Darlegung des vielschichtigen Bedeutungszusammenhangs zu geben. Ich beschränke mich auf den Aspekt, der für unser Thema relevant ist und damit auf die Ausführungen Kants.

51 H. Gehrke, s. Anm. 44, S. 237.

52 I. Kant, Prolegomena zu einer jeden künftigen Metaphysik, die als Wissenschaft wird auftreten können, in: Werke in zehn Bänden, hg. v. W. Weischedel, Bd. 5, 1968, S. 109ff. (S. 233).

53 AaO. S. 232.

54 I. Kant, Kritik der Urteilskraft, in: s. Anm. 52, S. 233ff. (S. 449).

55 AaO. S. 448.

56 I. Kant, s. Anm. 52, S. 233.

57 I. Kant, s. Anm. 54, S. 460.

58 Man könnte das gegenständliche Verständnis des Wortes „ist" auch noch weiter ad absurdum führen: Gott ist dann nicht nur Vater und/oder Mutter, sondern auch Tier (Henne, Adler, Bär). Eine solche Analogie würde wohl niemand ernstlich wörtlich nehmen, warum also geschieht das mit der Vater- und Mutteranalogie?

59 I. Kant, s. Anm. 52, S. 233.

60 H. Gehrke, s. Anm. 44, S. 239.

61 Das Buch von H. Halbfas „Das dritte Auge", 1982, ist ein Beispiel, wie schnell Vermittlung in jene Polarität geraten kann, wobei dann die Theorie

entweder als bloßes Sachwissen oder als formale Struktur abgewertet erscheint.

62 Vgl. z.B. K. Rahner, Bemerkungen zur Gotteslehre in der katholischen Dogmatik, in: Schriften zur Theologie, Bd. VIII, 1967, S. 165ff.; Überlegungen zur Methode der Theologie, in: s.o., Bd. IX, 1970, S. 79ff.

Zweites Kapitel

1 Die „Geweihten" sind Angehörige des Kultpersonals am jeweiligen Tempel, deren Rang und Funktion nicht mehr auszumachen ist, wahrscheinlich aber auch variiert. Die Texte des Alten Testaments legen nahe, in den „Geweihten" Hierodulen, also Kultprostituierte zu sehen. Ob diese Sicht zutrifft, oder das Ergebnis alttestamentlicher „Ketzerpolemik" ist, läßt sich auch nicht mehr mit Sicherheit sagen. Es finden sich Argumente für beide Positionen. Vgl. dazu z.B. die kontroversen Standpunkte von Hans-Walter Wolff (Dodekapropheton 1, Hosea, BKAT, 2.A., 1965) und Hans M. Barstad (The religious polemics of Amos, Leiden, 1984). Wir kommen auf diese Frage weiter unten zurück.

2 Daß die Königinmutter eine einflußreiche, ja offizielle Stellung im Israel der Königszeit hatte, geht mit Sicherheit nicht nur aus der zitierten Stelle hervor. Mehr wird allerdings in den durch spätere Polemik gefärbten Texten nicht gesagt. Ob man so weitreichende Schlüsse ziehen kann wie Gerda Weiler, bleibt fraglich. G. Weiler, Ich verwerfe im Lande die Kriege, 1984, S. 310ff.

3 Eine stärker sozialgeschichtlich orientierte Rekonstruktion der frühen Geschichte Israels bestreitet die klassische These vom nomadischen Ursprung: Es seien unterdrückte Gruppen am Rande der kanaanäischen Gesellschaft gewesen, die sich losgelöst hätten, um oppositionelle soziale Formen zu entwickeln. Diese These datiert die Polemik nicht von der Zeit um das Exil her, sondern sieht darin ein Charakteristikum der Geschichte Israels überhaupt. „Mono-Jahwismus" und Bemühung um soziale Gleichberechtigung hätten die kanaanäische Feudalherrschaft bekämpft. Wie immer man jedoch die Polemik datiert oder erklärt, wird damit nicht die Frage nach ihrem theologischen Sinn beantwortet. Gerade darum muß es aber im Zusammenhang mit einer „systematischen Kritik" auch gehen. Zu den sozialgeschichtlichen Thesen vgl. z.B. N. K. Gottwald, The tribes of Jahwe. A sociology of the religion of Israel, New York 1979, und die kritische Auseinandersetzung damit von W. R. Wilfall, The Tribes of Jahwe: A Syncronic Study with a Diacronic Title, in: ZAW 95, 1983, S. 197ff.

4 Elga Sorge, Religion und Frau, 1985, S. 84.

5 A. K. Rush, Mond, Mond, 1980, S. 297.

6 Vgl. zu diesem Thema vor allem folgende Literatur: J. Schreier, Göttinnen, 1978; H. Göttner-Abendroth, Die Göttin und ihr Heros, 1980; E. G. Davis, Am Anfang war die Frau, 3.A. 1980; R. v. Ranke-Graves, Griechische Mythologie, 1984; ders., Die weiße Göttin, 1985; ders., Hebräische Mythologie, 1986; G. Weiler, s. Anm. 2. Die genannte Literatur bezieht sich speziell auf eine Sichtweise im feministischen Interesse.

7 Dabei ist noch nicht einmal sicher, ob es sich bei den weiblichen Figuren (wie z.B. die Venus von Willendorf) um Göttinnen handelt. Eher wäre an Fruchtbarkeitsamulette zu denken, die auch in der Geburtsmagie eine Rolle spielen.

8 H. Göttner-Abendroth, s. Anm. 6, S. 119. Vgl. zur folgenden Darstellung S. 79ff.

9 Namen und Funktionen der Göttinnen können sich mit denen anderer Göttinnen zeit- und ortsbedingt vermischen bzw. verschieben. Im Alten Testament wird Baal zusammen mit Ascherat genannt, nicht mit Anat. Ob die Tradenten die beiden Göttinnen verwechselt, die Namen nicht so genau genommen haben, oder ob die zunehmende Bedeutung Baals gegenüber El zur Übernahme der Ascherat durch Baal geführt hat, läßt sich nicht mehr entscheiden.

10 Vgl. J. Gray, The Canaanites, London 1964, S. 119ff. (S. 121).

11 Zur Charakterisierung der Götter und Göttinnen des ugaritischen Pantheons vgl.: E. O. James, The Cult of the Mother-Goddess, London 1959; C. F. A. Schaeffer, The Cuneiform Texts of Ras Schamra-Ugarit, repr. München 1980 (1937); O. Eissfeldt, El im ugaritischen Pantheon, 1951; A. S. Kapelrud, The Violent Goddess (Anat), Oslo, 1969; ders., Baal in the Ras Schamra Texts, Copenhagen 1953.

12 J. Aistleitner, Die mythologischen und kultischen Texte aus Ras Schamra (übers.), Budapest 1959, S. 39 u. ö.; vgl. die z. T. sehr stark abweichende und auch freiere Übersetzung von A. Jirku, Kanaanäische Mythen und Epen aus Ras Schamra-Ugarit, 1962. Wo ein Göttinnenfeminismus jedes Motiv, das nicht die Dominanz der weiblichen Gottheiten belegt, dem Übergang zum Patriarchat zuschreibt, müßte jedenfalls dazugesagt werden, daß es für die Zeit davor keine literarischen Quellen gibt.

13 E. O. James, s. Anm. 11, meint, es könne sich bei den beiden Göttinnen auch um Ascherat und Anat handeln; möglicherweise war Anat ursprünglich die Gattin Els, bevor sie sich dem jüngeren, aufstrebenden Baal zuwandte (S. 74f.). Vgl. Kapelrud, Goddess, s. Anm. 11, S. 34f.

14 So z.B. G. Weiler, s. Anm. 2, S. 96f.; H. Göttner-Abendroth erwähnt El nicht einmal.

15 J. Aistleitner, s. Anm. 12, S. 41.

16 Man muß allerdings dazusagen, daß auch die Texte selbst nicht von Widersprüchen frei sind. Anat, die normalerweise mit und für Baal kämpft, kann auch gegen die Interessen von Baal auftreten (vgl. Kapelrud, Goddess, s. Anm. 11, S. 115).

17 J. Aistleitner, s. Anm. 12, S. 25f.; vgl. auch Anats Kampf gegen Aqhat, mit dem wir uns noch beschäftigen werden.

18 Vgl. E. O. James, s. Anm. 11, S. 74f.

19 J. Aistleitner, s. Anm. 12, S. 27.

20 G. Weiler, s. Anm. 2, S. 5.

21 Kapelrud, Goddess, s. Anm. 11, S. 101 (die Übersetzung aus dem Englischen stammt von mir).

22 J. Aistleitner, s. Anm. 12, S. 19.

23 AaO. S. 52ff.

24 Feministinnen, aber auch manche Männer unter den Forschern nehmen an

diesen Begriffen Anstoß; die einen, weil sie ihnen zu abwertend erscheinen, die anderen, weil zu eingeschränkt. Die Götter und Göttinnen seien im umfassenden Sinne Herrscher über die Natur, „das Leben" insgesamt. Mir kommt das beckmesserisch vor, denn Fruchtbarkeit, Leben und Sterben sind untrennbar verbunden. Vgl. die Diskussion zwischen U. Cassuto, S. E. Loewenstamm und A. S. Kapelrud in: Israel Exploration Journal, Vol. 12/13, 1962/63.

25 Vgl. H. Gollwitzer, Das hohe Lied der Liebe, 1978, S. 29.

26 J. Aistleitner, s. Anm. 12, S. 60; 53.

27 AaO. S. 56f.

28 E. M. Yamauchi, Cultic Prostitution. A Case Study in Cultural Diffusion, in: Orient and Occident (Festschrift für C. H. Gordon), ed. by H. A. Hoffner Jr., 1973, S. 213ff. (S. 214).

29 Ebd.

30 AaO. S. 215.

31 Das wäre z.B. nach E. Sorge eine patriarchale Sichtweise: s. Anm. 4, S. 76.

32 G. Weiler, s. Anm. 2, S. 307.

33 R. Otto z.B. kennzeichnet mit dem Begriff „Numen" bzw. „numinos" „die spezifische Erlebnisform des Heiligen im Unterschied zum ethisch Vorbildlichen in seiner Ambivalenz der Zorn- und Güteseite": Brockhaus Enzyklopädie, 17.A., Bd. XIII, 1971, S. 606.

34 S. o. Anm. 13.

35 J. Aistleitner, s. Anm. 12, S. 27.

36 AaO. S. 26.

37 AaO. S. 67ff. Vgl. D. R. Hillers, The Bow of Aqhat, in: s. Anm. 28, S. 71ff.

38 H. Donner/W. Röllig, Kanaanäische und aramäische Inschriften, Bd. II, Kommentar, 1964, S. 31 (Kilamuwa-Inschrift/Zincirli aus dem 9. Jahrhundert).

39 Ebd., dazu aaO. S. 37 (aus Karatepe 8. Jahrhundert); J. Gray, s. Anm. 10, S. 107ff.

40 Schaeffer, s. Anm. 11, S. 42f.; vgl. den Quellentext auf S. 86f.

41 H. A. Hoffner Jr., Incest, Sodomy and Bestiality in the Ancient Near East, in: s. Anm. 28, S. 81ff.

42 J. Gray, s. Anm. 10, S. 138; Schaeffer, s. Anm. 11, S. 59; das belegen viele Inschriftentexte, s. Anm. 38.

43 Plato, Symposion, hg. und übers. v. F. Boll, neu bearb. v. W. Buchwald, 6.A., (Tusculum) 1969, S. 71; (65; 67). (Rede des Agathon).

44 So z.B. in M. Felix, Octavius (lat.-dt.), hg. u. eingel. v. B. Kytzler, 1965, S. 70ff.

45 Vgl. z.B. Partnerschaft. Liebe mit Verantwortung (Medienkoffer), hg. v. Bundesministerium f. Familie und Bundesministerium f. Unterricht, Kunst und Sport, Wien 1986 (in seinen empirischen Teilen).

46 Zur Kritik an diesem Denkmodell vgl. A. Elsigan, Sittlichkeit und Liebe, 1972, S. 34ff.

47 Plato, s. Anm. 43, S. 25 (Rede des Phaidros). Hier wird ausdrücklich hervorgehoben, daß sogar Frauen aus Liebe ihr Leben hingeben können.

48 AaO. S. 99f.; 103ff. (Rede der Diotima).

49 Plato, Phaidros, in: Sämtliche Werke, Bd. 4 (Übers. v. F. Schleiermacher), hgg. v. W. F. Otto u. a., 1958, S. 26f. u. ö. (Rede des Sokrates).

50 Plato, s. Anm. 43, S. 109f. (Rede der Diotima); ebenso im Phaidros, s. Anm. 49.

51 Vgl. dazu A. Elsigan, s. Anm. 46, S. 55f.; G. Krüger, Eros und Mythos bei Plato, in: Klostermann Texte Philosophie (hg. R. Schaeffler), 1978.

52 Vgl. George Bataille, Der heilige Eros, 1984. Dazu weiter: G. Bataille, Das obszöne Werk, 1985; ders., Die Tränen des Eros, 1981; Lou Andreas-Salome, Die Erotik, 1979; D. O. Schmalstieg, Aber-aber . . . zur kritischen Funktion erotischer Literatur, in: A. Grabner-Haider/K. Lüthi, Der befreite Eros, 1972, S. 60ff.; M. Treut, Die grausame Frau, zum Frauenbild bei de Sade und Sacher-Masoch, 1984; B. Sichtermann, Weiblichkeit. Zur Politik des Privaten, 1983; dies., Krieg und Liebe – apropos Lysistrata, in: Lysistrata, neu übers. v. E. Fried, 1985, S. 9ff.

53 B. Sichtermann, Weiblichkeit, s. Anm. 52, S. 36.

54 Bataille, Eros, s. Anm. 52, S. 262.

55 G. Weiler, s. Anm. 2, S. 270; 306; 309.

56 H. Gollwitzer, s. Anm. 25, S. 33; 35; 42.

57 Im folgenden werde ich mich besonders auf Bataille und Sichtermann beziehen, da beide, wenn sie auch sonst nicht zu „vergleichen" sind, diese Problematik scharfsinnig ins Auge fassen.

58 Sichtermann, Weiblichkeit, s. Anm. 52, S. 35.

59 AaO. S. 39/40.

60 Ebd.

61 Das gilt besonders für die literarischen Werke de Sades, etwas abgemildert für die Batailles und Sacher-Masochs; auch Schriften und Filme P. Pasolinis sind von diesem Problem bestimmt. Sichtermann erwähnt dazu den japanischen Film „Im Reich der Sinne" von Oshima, der die Beziehung von Erotik, Grausamkeit und Tod darstellt (in: Weiblichkeit, s. Anm. 52, S. 39f.).

62 Bataille, Eros, s. Anm. 52, S. 263.

63 Sichtermann, Lysistrata, s. Anm. 52, S. 10.

64 AaO. S. 23.

65 AaO. S. 13.

66 Ebd.

67 AaO. S. 14.

68 AaO. S. 15.

69 Tuli Kupferberg, Bayonet Drill, in: Schmalstieg, s. Anm. 52, S 61 (die Übersetzung aus dem Englischen stammt von mir).

70 M. Enigl, Warum muß ein Kind derart elendiglich verrecken? Art. in der Österreichischen Wochenzeitschrift „Profil", H. 7, Februar 1986, S. 49f.

71 Vgl. Bataille, Tränen, s. Anm. 52, S. 174f.

72 Bataille, Eros, s. Anm. 52, S. 236f.

73 Vgl. Batailles Reminiszenzen in: „Das obszöne Werk" und die biographische Notiz von M. Luckow, s. Anm. 52.

74 Sichtermann, Weiblichkeit, s. Anm. 52, S. 42.

75 Sichtermann, Lysistrata, s. Anm. 52, S. 12.

76 Bataille, Eros, s. Anm. 52, S. 115.

77 AaO. S. 118.

78 Dieser Grundsatz zählt zu den Forderungen des „kategorischen Imperativs" I. Kants (Grundlegung zur Metaphysik der Sitten).

79 Warum das gerade in der römisch-katholischen Kirche so ist, darauf kann in diesem Zusammenhang nicht näher eingegangen werden.

80 Der Trugschluß dieser Argumentation besteht darin, daß man meint: Da die Natur „gute Schöpfung Gottes" ist, wäre menschliches Handeln, sofern es sich am Natürlichen orientiert, eo ipso auch gut. Die Absurdität dieses Schlußverfahrens zeigt sich besonders deutlich im römisch-katholischen Verbot sog. „künstlicher" Mittel zur Empfängnisregelung. Wie immer das Mittel beschaffen ist, es bleibt ja „Mittel", also etwas, das der Mensch aufgrund seiner Freiheit, sich zu entscheiden, anwendet. Auch die „natürlichen" Mittel der Empfängnisverhütung sind daher „wider die Natur", da die freie Entfaltung der Natur, also das Entstehen eines Kindes verhindert wird. In der Struktur unterscheidet sich dieses Denken nicht von dem eines Ernest Bornemann, der eine von moralischen Restriktionen freie und, wie er meint, damit natürliche, „unschuldige" Sexualität als Weg zur „Besserung des Menschengeschlechts" ansieht.

81 Vgl. dazu M. Treut, s. Anm. 52.

82 Bataille, Das obszöne Werk, s. Anm. 52, S. 235.

83 Vgl. meinen ersten Band, s. Anm. 1 (Einleitung), S. 173.

84 Dazu gibt es eine Fülle von Literatur; so z.B.: M. Greiffenhagen (Hg.), Pfarrerskinder, 1982; J. Richter, Himmel, Hölle, Fegefeuer, 1982; D. Scherf, Der liebe Gott sieht alles, 1984; s. R. Dunde (Hg.), Vater im Himmel – Seine Söhne auf Erden, 1986.

85 Sichtermann, Lysistrata, s. Anm. 52, S. 20.

86 AaO. S. 17/18.

87 AaO. S. 13.

88 Sichtermann, Weiblichkeit, s. Anm. 52, S. 40.

89 AaO. S. 42.

90 Als ein Beispiel im christlichen Bereich kann die „Buttlarsche Rotte" genommen werden, nach deren Begründerin Eva M. von Buttlar (1670–1721) benannt (besonders im Raum Hessen wirkend).

91 Vgl. R. A. Knox, Christliches Schwärmertum, 1957.

92 Ich gebe für die folgende Darstellung der Positionen von Erasmus und Luther keine Quellen an, verweise aber auf meinen Aufsatz: Erziehung in der Reformationszeit: Luther und Erasmus als Pädagogen, in: Europa in der Krise der Neuzeit, hg. v. S. Heine, 1986, S. 129ff., wo sich die entsprechenden Belege finden.

93 AaO. S. 150.

94 Vgl. dazu den Grundgedanken der Beziehung von Essen und Liebe in den Arbeiten von Gerhard Neumann, u. a.: Hungerkünstler und Menschenfresser, in: Archiv für Kulturgeschichte, hg. v. E. Boshof, H. 2, 1984, S. 347ff.; vgl. auch das eucharistische Symbol in Dantes Vita Nuova, Kap. 3.

95 Vgl. E. Bornemann, Das Patriarchat, 1975.

96 E. Heintel, Grundriß der Dialektik, Bd. I, 1984, S. 72.

1 M. Janssen-Jurreit, Sexismus. Über die Abtreibung der Frauenfrage, 1976, S. 113.
2 H. Göttner-Abendroth, Die Göttin und ihr Heros, 1980, S. 11.
3 E. G. Davis, Am Anfang war die Frau. Die neue Zivilisationsgeschichte aus weiblicher Sicht, (1971), 3.A., 1980.
4 J. Schreier, Göttinnen. Ihr Einfluß von der Urzeit bis zur Gegenwart, hg. v. G. Meussling, (1968), 1978.
5 R. R. Ruether, Sexismus und die Rede von Gott. Schritte zu einer anderen Theologie, 1985, S. 67ff.; K. Lüthi, Feminismus und Romantik, 1985, S. 125ff.; Kompendienliteratur z.B. E. Moltmann-Wendel, Das Land wo Milch und Honig fließt, 1985; E. Sorge, Religion und Frau, 1985; Schulbücher z.B.: Zeiten, Völker und Kulturen. Lehrbuch der Geschichte und Sozialkunde für die Oberstufe der AHS (5. Klasse), hgg. v. E. Fijala/J. Mentschl, 2.A., Wien 1973, S. 38.
6 Göttner-Abendroth, s. Anm. 2, S. 17–22.
7 R. Fester, Medias in res . . ., in: R. Fester/M. E. P. König u.a. Weib und Macht. Fünf Millionen Jahre Urgeschichte der Frau, 1979, S. 7ff., S. 30.
8 Göttner-Abendroth, s. Anm. 2, S. 15.
9 Davis, s. Anm. 3, S. 136/37; S. 124f.
10 AaO. S. 97.
11 Schreier, s. Anm. 4, S. 37f.; dabei bezieht sie sich vor allem auf zwei Schriften von S. Freud: Neue Vorlesungen zur Einführung in die Psychoanalyse; Massenpsychologie und Ichanalyse.
12 AaO. S. 38.
13 AaO. S. 61f.; auch ohne explizite Berufung auf S. Freud findet sich dieses Argument bei Davis, s. Anm. 3, S. 30ff.
14 AaO. S. 5; S. 8.
15 AaO. S. 120.
16 Davis war von Beruf Bibliothekarin, Schreier ausgebildete Photographin.
17 Davis, s. Anm. 3, S. 10/11.
18 AaO. S. 351/52.
19 Göttner-Abendroth, s. Anm. 2, S. 9.
20 AaO. S. 9/10.
21 G. Weiler, Ich verwerfe im Lande die Kriege, 1984, S. 30.
22 AaO. S. 33.
23 AaO. S. 372.
24 AaO. S. 394.
25 Göttner-Abendroth, s. Anm. 2, S. 14.
26 Davis (s. Anm. 3, S. 75) z.B. bedient sich ausdrücklich dieses zweifelhaften Arguments mittels eines Zitates von Erich Fromm: „Die Heftigkeit des Widerstandes gegen die Theorie von der Mutterherrschaft erweckt den Argwohn, daß er auf dem emotionalen Vorurteil gegen eine Annahme beruht, die dem Denken und Fühlen unserer patriarchalen Kultur so fremd ist. . .". Wer wagt es da noch, Zweifel zu äußern? Es soll allerdings nicht unzulässig verallgemeinert werden, als ob es keine Psychologen gäbe, die eine solche Simplifizierung kritisch betrachteten.

27 P. Watzlawick u. a., Menschliche Kommunikation. Formen, Störungen, Paradoxien, 2.A., 1971, S. 82.
28 Schreier, s. Anm. 4, S. 5.
29 AaO. S. 8.
30 AaO. S. 7/8.
31 Sorge, s. Anm. 5, S. 60.
32 Vgl. G. Schwarz, Was Jesus wirklich sagte, 1971, S. 60ff.; A. Anzenbacher, Einführung in die Philosophie, 1981, S. 203f.; H. Gehrke, Theologie im Gesamtraum des Wirklichen, 1981, S. 106ff., u.ö.
33 Vgl. z.B. Weiler, s. Anm. 21, S. 112 u.ö.; Sorge, s. Anm. 5, S. 27ff.; E. Pagels, Versuchung durch Erkenntnis, 1981, S. 94; anders will dagegen Ruether vom „grundlegenden Paradigma der christlichen Systematik" aus argumentieren (s. Anm. 5, S. 57).
34 Davis, s. Anm. 3, S. 95.
35 Ebd. unter Berufung auf Karen Horney.
36 AaO. S. 96 unter Berufung auf Edward Carpenter.
37 Mit dieser Wendung habe ich den Titel einer Schrift von G. E. Lessing, „Die Erziehung des Menschengeschlechts" von 1780 abgewandelt.
38 Schreier, s. Anm. 4, S. 38.
39 AaO. S. 104.
40 Davis, s. Anm. 3, S. 93ff.
41 Weiler, s. Anm. 21, S. 394/395.
42 U. Wesel, Der Mythos vom Matriarchat, 1980, S. 31.
43 R. v. Ranke-Graves, s. Kap. 2, Anm. 6; L. H. Morgan, Die Urgesellschaft, (1908), 1976; Wilhelm Schmidt, Das Muterrecht, 1955; R. Briffault, The Mothers, 3 Bde., London 1927.
44 Johann Jakob Bachofen, Das Mutterrecht, 1. und 2. Hälfte, Gesammelte Werke Bd. 2 und 3, hg. v. Karl Meuli, 1948; S. 55.
45 Davis, s. Anm. 3, S. 29.
46 AaO. S. 153.
47 Um wieder einmal möglichen Mißverständnissen vorzubeugen: Ich meine diese Art des populären Feminismus. Dagegen ist z.B. Janssen-Jurreit, selbst Feministin, gegenüber den Matriarchatsthesen sehr skeptisch. Übrigens leistet die Kompendienliteratur den Pauschalurteilen Vorschub, indem sie selber Matriarchatsforschung und Feminismus in eins setzt.
48 E. Moltmann-Wendel, s. Anm. 5, S. 53.
49 Bachofen, s. Anm. 44, Bd. 1, S. 22/23.
50 AaO. S. 23.
51 AaO. S. 22.
52 AaO. Bd. 2, S. 925.
53 AaO. Bd. 1, S. 24.
54 AaO. S. 431.
55 AaO. S. 283.
56 AaO. S. 23/24.
57 Anzenbacher, s. Anm. 32, S. 209.
58 Bachofen, s. Anm. 44, Bd. 1, S. 38.
59 AaO. S. 36.
60 Ebd.

61 AaO. S. 37.
62 AaO. S. 49.
63 AaO. S. 134.
64 AaO. S. 124/125.
65 AaO. S. 34.
66 AaO. S. 35.
67 AaO. S. 157; 163.
68 AaO. S. 49; 134.
69 AaO. S. 249.
70 AaO. S. 54.
71 AaO. S. 123.
72 AaO. S. 123/124.
73 AaO. S. 432.
74 AaO. S. 59.
75 AaO. S. 468.
76 AaO. S. 469.
77 AaO. Bd. 2, S. 641.
78 F. Engels, Der Ursprung der Familie, des Privateigentums und des Staates, 7.A., 1964.
79 A. Bebel, Die Frau und der Sozialismus, Nachdr. 1977, S. 557.
80 AaO. S. 58/59.
81 AaO. S. 550.
82 Janssen-Jurreit, s. Anm. 1, S. 118f.
83 W. Schmidt, s. Anm. 43, S. 185.
84 AaO. S. 27.
85 AaO. S. 126.
86 E. Moltmann-Wendel, s. Anm. 5, S. 52.
87 Bachofen, s. Anm. 44, S. 26.
88 B. Wagner, Zwischen Mythos und Realität. Die Frau in der frühgriechischen Gesellschaft, 1982, S. 19.
89 Janssen-Jurreit, s. Anm. 1, S. 130.
90 Vgl. U. Wesel, s. Anm. 42, S. 107ff.
91 AaO. S. 117.
92 I. Illich, Genus, 1983, S. 125.
93 B. Wagner, s. Anm. 88, S. 34.
94 Vgl. die vielfältigen Beispiele bei B. Wagner (s. Anm. 88) und U. Wesel (s. Anm. 42).
95 B. Wagner, s. Anm. 88, S. 201.
96 AaO. S. 67ff.
97 AaO. S. 279f.
98 W. Schmidt, s. Anm. 43, S. 102.
99 Illich, s. Anm. 92, S. 128.
100 AaO. S. 120.

Viertes Kapitel

1 J. J. Bachofen, Das Mutterrecht, in: Gesammelte Werke, hg. v. K. Meuli, Bd. 2, 1. Hälfte, 1948, S. 13; 17 u.ö.
2 AaO. S. 30.
3 H. Göttner-Abendroth, Zur Methodologie der Frauenforschung am Beispiel einer Theorie des Matriarchats, in: Dokumentation der Tagung: Frauenforschung in den Sozialwissenschaften, Deutsches Jugendinstitut München, 1978, S. 10; 16.
4 In der feministischen Literatur erfolgt der Rückgriff auf diese Position (nach dem Soziologiemodell z.B. von E. Durkheim, M. Mauss) eher impliziter, denn expressis verbis.
5 Karl Marx, Zur Kritik der Hegelschen Rechtsphilosophie (Einleitung), in: Karl Marx/Friedrich Engels Studienausgabe in 4 Bänden, hg. v. I. Fetscher, Bd. 1, 11.A., 1976, S. 17–18.
6 Vgl. z.B. H. Baumann, Das doppelte Geschlecht, 1955; B. Wagner, Zwischen Mythos und Realität, 1982; oder auch M.-L. Janssen-Jurreit, Sexismus, 1976 (Kapitel 6 bis 8).
7 P. L. Berger, Auf den Spuren der Engel, 1981, S. 51.
8 AaO. S. 59.
9 H. Göttner-Abendroth, s. Anm. 3, S. 2; 5; 7 u.ö.; unter der Überschrift: Anmerkungen für Leser, welche dem Untergang des Abendlandes entronnen sind (eine Kritik Spenglers) schreibt der österreichische Dichter Robert Musil einiges Treffende über die Intuition (1921), das zu dieser Variante feministischer Denkweise paßt: „Denn heute steht es so damit, daß jeder, der etwas behaupten will, was er weder beweisen kann, noch zuende gedacht hat, sich auf die Intuition beruft. . . : daß man das Wichtigste nicht sagen kann, daß man bis zum Extrem skeptisch in ratione ist . . ., dagegen unerhört gläubig gegen alles, was einem gerade einfällt, daß man . . . nur mit Dunst statt der Kugel schießt: das ist das klinische Bild des durch übermäßigen, fortgesetzten Intuitionsgenuß erweichten Geistes, Schöngeistes unserer Zeit" (in: Gesammelte Werke, hg. v. A. Frisé, Bd. 8, 1978, S. 1053; 1055).
10 P. L. Berger, s. Anm. 7, S. 56.
11 AaO. S. 53.
12 Weiblichkeit in der Moderne. Ansätze feministischer Vernunftkritik, hgg. v. J. Conrad/U. Konnertz, 1986.
13 S. Schade, Cindy Sherman oder die Kunst der Verkleidung, in: s. Anm. 12, S. 229ff.; S. 238.
14 AaO. S. 232.
15 AaO. S. 238 und S. 233.
16 AaO. S. 238.
17 Den Weg dazu faßt H. Göttner-Abendroth einzig in den erhellenden Satz: „Danach geht sie (= die Frauenforschung) in die Praxis über" (s. Anm. 3, S. 7).
18 M. Detienne, Die skandalöse Mythologie, in: Faszination des Mythos, hg. v. R. Schlesier, 1985, S. 13ff.; S. 13.
19 Die Seiten 100 und 101 bieten eine tour d'horizon durch die Hauptargumente der wichtigsten Positionen in der Mythenrezeption. Vgl. dazu z.B. M.

Frank, Der kommende Gott. Vorlesungen über die Neue Mythologie, 1. Teil, 1982; K. Hübner, Die Wahrheit des Mythos, 1985 (Kapitel III); Jan de Vries, Forschungsgeschichte der Mythologie, 1961.

20 G. E. Lessing, Die Erziehung des Menschengeschlechts, § 85.

21 M. Horkheimer/Th. W. Adorno, Dialektik der Aufklärung, 8. A., 1981, S. 1 (Vorrede).

22 Vgl. R. Garaudy, Der letzte Ausweg. Feminisierung der Gesellschaft, 1982.

23 L. Klages, Der kosmogonische Eros, in: Sämtliche Werke, hg. v. E. Frauchiger u. a., Bd. III, 1974, S. 355 ff., S. 391.

24 AaO. S. 392.

25 Vgl. die Darstellung bei M. Frank, s. Anm. 19, S. 33; vgl. weiter: C. G. Jung, Antwort auf Hiob, Gesammelte Werke 11, 2. A., 1973, S. 498 f.

26 Vgl. die Argumentation bei K. Hübner, s. Anm. 19, S. 269.

27 S. Anm. 3.

28 Vgl. P. L. Berger, s. Anm. 7, S. 45.

29 M. Frank, s. Anm. 19, S. 11 u. ö. Man müßte deutlicher unterscheiden, ob sich dieser Begriff auf die Empirie oder auf Kategorien der Erfahrung (z. B. Gut und Böse) bezieht.

30 Vgl. M. Eliade, Mythen, Träume und Mysterien, 1961, S. 281 ff. und S. 293 ff.

31 Zum ganzen Fragenkatalog vgl. M. Eliade, Die Sehnsucht nach dem Ursprung. Von den Quellen der Humanität, 1973; H. Baumann, s. Anm. 6.

32 Eine nähere Bestimmung dessen, was Ätiologie bedeutet, habe ich in meinem ersten Band (Frauen der frühen Christenheit) gegeben (S. 27 f.).

33 Vgl. z. B. die Diskussion „Mythos und Dogma" zum Beitrag von H. Blumenberg, in: Terror und Spiel. Problem der Mythenrezeption, hg. v. M. Fuhrmann, 1971, S. 527 ff.; S. 535 f.

34 Zum Begriff „Geisteshaltung" oder „Geisteslage" als dem produktiven Bewußtsein vgl. K. Heinrich, Die Funktion der Genealogie im Mythos, in: Parmenides und Jona, 1966, S. 9 ff.; S. 11 u. ö.; vgl. Zum Grundproblem auch W. Schmithals, Die Apokalyptik, 1973, S. 22 ff.; Schmithals spricht vom „Daseinsverständnis".

35 K. Heinrich, Parmenides und Jona, in: s. Anm. 34, S. 61 ff.; S. 87.

36 Mit dem Begriff „schwanken" weist K. Heinrich auf die Schwierigkeit hin, „nein zu sagen zu der Drohung des Nichtseins, die manifest ist in Identitätsverlust, Sprachlosigkeit und dem Sog der Selbstzerstörung, in: aaO. S. 68 u. ö.

37 Vgl. dazu P. L. Berger, s. Anm. 7, der über den spezifischen Gegenstandsbereich der Soziologie hinaus das intendiert, was wir später „Existenzialia" nennen werden.

38 So K. Heinrich unter Berufung auf P. Tillich, W. F. Otto, K. Kerényi, M. Eliade.

39 K. Heinrich, s. Anm. 34, S. 12.

40 AaO. S. 13/14. Die starke Angstbesetztheit hat auch M. R. Svilar herausgearbeitet: Denn das Dunkel ist heilig, Europäische Hochschulschriften, Bd. 24, 1976.

41 K. Heinrich, aaO. S. 14.

42 AaO. S. 15.

43 R. Schlesier, s. Anm. 18, S. 9 (Vorwort).
44 B. Gladigow, Mythische Experimente – experimentelle Mythen, in: s. Anm. 18, S. 61ff.; S. 68; 79 u.ö.
45 K. Heinrich, s. Anm. 34, S. 22.
46 R. Schlesier, s. Anm. 18, S. 10 (Vorwort).
47 Ebd.
48 R. v. Ranke-Graves, Griechische Mythologie, (1955) 1984, S. 18.
49 A. Aurnhammer, Androgynie. Studien zu einem Motiv in der europäischen Literatur, Wien 1986, S. 2.
50 Vgl. M. Eliade, s. Anm. 31, S. 158ff.
51 Nicole Loraux, Herakles: Der Über-Mann und das Weibliche, in: S. Anm. 18, S. 167ff. Wie aus der Studie hervorgeht, ist dem Herakles keine Variante der „Liebe" fremd. Dafür, daß das Androgynie-Motiv auch rituell nachvollzogen werden kann, (so u.a. durch Kleidertausch), bringt H. Baumann (s. Anm. 6) eine Fülle von Belegen.
52 J. Bollack/P. Judet de La Combe, Der Mythos zur Schau gestellt, in: s. Anm. 18, S. 145ff.; S. 152; 155 u.ö.
53 Ranke-Graves, s. Anm. 48, S. 18.
54 Auf die enge Verknüpfung des Weiblich-Mütterlichen und Weiblich-Dämonischen im Faschismus weist z.B. M.-A. Macciocchi in ihrem Buch: Jungfrauen, Mütter und ein Führer, 2.A., 1978, S. 80ff., hin.
55 N. Loraux, s. Anm. 51, S. 168.
56 I. Illich, Genus, 1983.
57 Davon ist selbst der große evangelische Theologe Karl Barth nicht frei: Einerseits spricht er sehr treffend von der Geschlechterbeziehung als exemplarischen Bereich der Mitmenschlichkeit; andererseits betont er, daß der Mensch nur als Mann und Frau existiere und leitet davon die Vorrangstellung des Mannes ab. Kirchliche Dogmatik III/4, § 54, 3.A., 1969.
58 Hegel, zitiert und kommentiert in: A. Anzenbacher, Einführung in die Philosophie, Linz 1981, S. 209.
59 Aristoteles, zitiert und kommentiert in: E. Heintel, „Herr aller Dinge, Knecht aller Dinge" – Zum Begriff der Freiheit in philosophischer und theologischer Hinsicht, in: Sprache und Begriff. Festschrift für B. Liebrucks, 1974, S. 122ff.; auch Bert Brecht hat die Dialektik von Freiheit und den wirklichen Verhältnissen als eines seiner zentralen Themen, z.B. in den Geschichten vom Herrn Keuner: Maßnahmen gegen die Gewalt.
60 E. Moltmann, „Wir sind bei Gott, weil wir bei uns selbst sind", in: Deutsches Allgemeines Sonntagsblatt Nr. 7, Februar 1987, S. 16.
61 Vgl. die Platonischen Dialoge „Symposion" (Diotima) und „Menexenos" (Aspasia).
62 Vgl. K. Heinrich, Das Floß der Medusa, in: s. Anm. 18, S. 335ff.
63 K. Heinrich arbeitet die Differenz von Mythos und Bundesgedanken bzw. auch die von Haß und Zorn sehr schön heraus: s. Anm. 35.
64 Vgl. besonders C. Boff, Theologie und Praxis, 1983, und die Arbeiten von P. Freire.
65 E. Moltmann, s. Anm. 60.
66 H. Gehrke, Theologie im Gesamtraum des Wirklichen, Wien 1981, S. 156.
67 Die Formulierung dieser Dialektik „von einem Sinnzusammenhang ‚wider-

sprechender Sätze' her" ist für Luther typisch; vgl. Anm. 59 (Heintel S. 130).

Fünftes Kapitel

1 K. Marti, Leichenreden, 1969, S. 45f.
2 E. Eggimann, Kontakt, Oktober 1972, S. 11f.
3 M. Luther, Der Große Katechismus, Erklärung zum 1. Gebot
4 M. Luther, Vom unfreien Willen, in: K. Aland, Luther Deutsch, Bd. 3, 3.A., 1961.
5 AaO. S. 239.
6 I. Kant, Über Pädagogik, in: Werke in 10 Bänden, hg. v. W. Weischedel, Bd. 10, 1968, S. 691ff., S. 700f.
7 J. Sprenger/H. Institoris, Malleus Maleficarum (Hexenhammer), 1486, ins Deutsche übertragen von J. W. A. Schmidt, Bd. 1, 1920, S. 106f.
8 P. Tillich, Systematische Theologie, Bd. III, 2.A., 1978, S. 125

Schlußwort

1 Robert Musil, Der Mann ohne Eigenschaften, in: Gesammelte Werke, hg. v. Adolf Frisé, Bd. 1, 1978, S. 248.
2 AaO. S. 19.
3 AaO. S. 21.
4 AaO. S. 64.
5 AaO. S. 67.
6 AaO. S. 66.
7 AaO. S. 63.
8 AaO. S. 61f.
9 AaO. S. 150.
10 Georg Simmel, Philosophische Kultur, Gesammelte Essais, (1923), 1986. Alle Zitate stammen aus dem Aufsatz: Zur Philosophie der Geschlechter, S. 64ff.
11 Vgl. aaO. S. 16 (Vorwort von Jürgen Habermas).
12 Barbara Sichtermann, Schwule Musen, in: Die Zeit, Nr. 45 v. 31. 10. 1986, S. 49–50.
13 AaO. S. 50.
14 F. D. E. Schleiermacher in Selbstzeugnissen und Bilddokumenten, dargestellt v. F. W. Kantzenbach, 2.A., 1974, S. 72.
15 Elga Sorge, Religion und Frau, 1985. Die kürzlich erschienene und schon wieder vergriffene 2. Auflage konnte nicht mehr berücksichtigt werden.
16 U. Eco, Die Struktur des schlechten Geschmacks, in: Apokalyptiker und Integrierte. Zur kritischen Kritik der Massenkultur, 1984, S. 59ff.; S. 67ff.
17 AaO. S. 64.
18 AaO. S. 65/66.

19 AaO. S. 68.
20 AaO. S. 71.
21 Helge Pross, Kitsch oder nicht Kitsch?, in: Kitsch. Soziale und politische Aspekte einer Geschmacksfrage, hg. v. H. Pross, S. 19ff., S. 25 unter Berufung auf K. M. Michel.
22 Ebd.
23 U. Eco, Die erzählerischen Strukturen im Werk Ian Flemings, in: s. Anm. 16, S. 273ff., S. 297.
24 H. Pross, s. Anm. 21, S. 26.
25 R. Musil, s. Anm. 8.
26 I. Bachmann, Literatur als Utopie, in: Frankfurter Vorlesungen, 1980, S. 79ff., S. 89/90.
27 AaO. S. 92.
28 Ebd.
29 AaO. S. 94.
30 AaO. S. 95.
31 AaO. S. 89.
32 AaO. S. 95; der zitierte Satz stammt von René Char. Ich habe diesen Satz allerdings abgewandelt und an die Stelle des Wortes „Dichter", von dem Char spricht, das Wort der „Glaubende" gesetzt. Das scheint mir aufgrund der Verwandtschaft von Dichtung und Glaube möglich, auch wenn Char nicht ausdrücklich die Zukunft im Sinne christlicher futurischer Eschatologie einschließt.